TEATRO BREVE DO SÉCULO DE OURO

Coleção Textos

Dirigida por:
João Alexandre Barbosa (1937-2006)
Roberto Romano
Trajano Vieira
João Roberto Faria
J. Guinsburg (1921-2018)

Equipe de realização – Coordenação de texto: Luiz Henrique Soares e Elen Durando; Preparação: Geisa Mathias de Oliveira; Revisão: Marcio Honorio de Godoy; Ilustração: Sergio Kon; Projeto de capa: Adriana Garcia; Produção: Ricardo W. Neves e Sergio Kon.

TEATRO BREVE
DO SÉCULO DE OURO

MIGUEL ÁNGEL ZAMORANO

ORGANIZAÇÃO

Esta obra contou com o apoio Conselho Nacional de Desenvolvimento Científico e Tecnológico – CNPq (nº 424067/2016-1) para sua publicação.

CIP-Brasil. Catalogação na Publicação
Sindicato Nacional dos Editores de Livros, RJ

T248
    Teatro breve do século de ouro / organização Miguel Ángel Zamorano ; [tradução Danielle Olivieri ... [et al.]]. - 1. ed. - São Paulo : Perspectiva ; Brasília : CNPq, 2020.
    320 p. ; 21 cm.

    Tradução de: Vários
    Inclui bibliografia
    ISBN 978-65-5505-000-4

    1. Teatro espanhol - História e crítica. I. Zamorano, Miguel Ángel. II. Olivieri, Danielle.

20-62904   CDD: 862.09
                                           CDU: 82-2.09

Leandra Felix da Cruz Candido – Bibliotecária – CRB-7/6135
11/02/2020 17/02/2020

Direitos reservados em língua portuguesa a

EDITORA PERSPECTIVA LTDA

Av. Brigadeiro Luís Antônio, 3025
01401-000 São Paulo SP Brasil
Telefax: (11) 3885-8388
www.editoraperspectiva.com.br
2020

SUMÁRIO

Apresentação e Agradecimentos 11
Uma Breve História do Teatro Breve....................17
Apresentação das Peças...............................49

PEÇAS

    Nota da Edição.................................. 65
    Corno e Contente – *Lope de Rueda*................ 67
    O Cárcere de Sevilha – *Anônimo*.................. 73
    O Hospital dos Apodrecidos – *Anônimo* 85
    Entremez dos Romances – *Anônimo* 95
    Entremez de Mazalquiví – *Anônimo*.............. 113
    A Guarda Cuidadosa – *Miguel de Cervantes Saavedra* 121
    O Retábulo das Maravilhas – *Miguel de Cervantes Saavedra* 135
    O Velho Ciumento – *Miguel de Cervantes Saavedra*.. 147

A Remendeira – *Francisco de Quevedo y Villegas* ... 163
Entremez da Venda – *Francisco de Quevedo
y Villegas* 169
Carta de Escarramán a Méndez – *Francisco
de Quevedo y Villegas*............................. 177
O Marido Pantasma – *Francisco de Quevedo
y Villegas* 181
A Morte – *Luis Quiñones de Benavente*............ 191
Os Mortos-Vivos – *Luis Quiñones de Benavente*.... 197
O Examinador Miser Palomo – *Antonio Hurtado
de Mendoza*... 209
A Castanheira – *Alonso de Castillo Solórzano* 223
As Carnestolendas – *Pedro Calderón de la Barca* ... 231
O Sininho – *Agustín Moreto y Cavana* 245
O Retrato Vivo – *Agustín Moreto y Cavana* 251
Loa – *Félix Lope de Vega y Carpio* 259

ENSAIOS

Notas Sobre os Subgêneros do Teatro Breve Espanhol
do Século de Ouro – *Carlos Mata Induráin* 265
Burla Burlando: Os Entremezes de Moreto em Seu
Contexto – *María Luisa Lobato*................... 277
O Teatro Breve do Século de Ouro Espanhol
ou Quando a Ideologia se Disfarça de Literatura
Popular – *Vicente Pérez de León*.................. 285
O "Entremez dos Romances", Entre Cervantes
e Góngora – *Alfredo Rodríguez López-Vázquez*..... 297

Traduções e Textos Fontes............................307
Bibliografia 311

APRESENTAÇÃO E AGRADECIMENTOS

A ideia de fazer o livro em questão surgiu ao se constatar um vazio desse repertório no sistema literário brasileiro. Existiam alguns entremezes traduzidos e editados no Brasil, mas não um livro dedicado por inteiro que desse conta da diversidade, da singularidade e das tendências, e que pudesse mostrar, em uma introdução, um conjunto que abarcasse mais de um século de produção e oferecesse um panorama aproximado. O teatro barroco espanhol do período, tão reputado, com suas figuras proeminentes, não se entende bem se levarmos unicamente em consideração as obras de longa duração, comédias de capa e espada, de vilões, palatinas, dramas bíblicos, teológicos, dramas de honra, tragédias, obras hagiográficas etc. Esse conjunto canônico constitui, porém, uma parte da expressão literária e espetacular da época, representativa da vertente mais prestigiosa, idealizada e nobre, embora contenha traços de comicidade vinculados à figura do donaire ou gracioso. Atender apenas a tal produção implica obter uma visão parcial do mundo representado na festa barroca. Com o teatro breve, emerge uma dimensão aparentemente inferior das letras áureas, com seu apelo popular, tons burlescos, vulgares e de intensa comicidade, que Mikhail Bakhtin associaria em outro contexto com o realismo grotesco e o baixo corporal. Se a literatura e o teatro podem oferecer imagens da sociedade e das pessoas contendo verdades morais ou de outra natureza, naquele tempo se acreditava que isso não poderia ser transmitido mediante o humor e o riso, como elementos estruturantes e como fim pragmático das peças, daí que durante séculos tenha se perpetuado a ideia de que teatro menor é teatro pior e se relegado a segundo plano seu estudo e atenção. Hoje existe a convicção contrária: riso e humor são valores em si mesmos e também podem conter verdades elevadas e desmitificar dogmas assentados, como provou *Dom Quixote*, inicialmente um romance cômico, para entreter, zombando dos livros de cavalaria, além de mil coisas mais que se fazem entre veras e burlas.

As vinte peças de teatro breve do Século de Ouro espanhol que integram esta coletânea e as traduções e estudos que acompanham o volume são resultado de um trabalho colaborativo que começou em 2015. Muitas pessoas, de diversas instituições acadêmicas e com diferentes graus de formação e especialização participam como tradutores, pesquisadores, revisores ou consultores. A prática da tradução, no contexto da sala de aula, revelou-se um instrumento formidável para estudar as obras e ter sobre elas uma compreensão mais profunda. Nunca se sabe até que ponto se compreende uma obra literária até se ter de lidar com sua translação a outra língua. Incrementa-se notavelmente o grau de responsabilidade do leitor quando este muda sua categoria para tradutor. A organização da totalidade de sentidos cobra importância única e diferente, e só encontra limite no que cada um estabelece para si como seu horizonte de satisfação.

Pretendeu-se, desde o princípio, que os tradutores e os revisores levassem em conta as características formais dos textos fontes, a singularidade de sua linguagem, o léxico, a organização sintática e as cadências rítmicas, sem esquecer o sentido, que nas interações dialogais do teatro vai atrelado à compreensão do comportamento dos *dramatis personæ*. No diálogo do teatro, de forma evidente, revela-se que falar é uma forma de ação e, como tal, uma interação de condutas em situações comunicativas "reais" para as "pessoas" que falam na peça. Falar revela mundos individuais e sociais que devem ser captados pelos tradutores. Quando as falas possuem forma em verso acontece algo formidável: o grau máximo de artifício comunicativo – com rima, cômputo silábico e distribuição acentual – se expressa mediante uma aparente e espontânea naturalidade oral, criando esse efeito tão característico e denso de sonoridade e significado, música e conceito, unidos. Nesses casos, também tentamos reproduzir os efeitos suscitados nos textos fontes e aproximá-los nas traduções sem fazer demasiadas concessões à tradução etnocêntrica, que trata de domesticar as estranhezas idiomáticas e culturais, tornando-as mais familiares à cultura do destino e atuando às vezes de maneira um tanto servil, procurando a todo custo a clarificação. A proximidade dos dois sistemas linguísticos envolvidos, espanhol-português, ajudou na tarefa; no entanto, cada equipe de tradutores, junto com cada tradutor particular, tomou suas decisões. O processo, em alguns casos, gerou múltiplas versões, que foram discutidas durante meses: quando as peças puderam repousar, como os vinhos, as revisões se prolongaram por um ou dois anos.

Agradeço, de forma encarecida, a todas as pessoas que, de uma ou outra forma, contribuíram para este livro, tanto nas como tradutores quanto nas colaborações com estudos, revisões e consultas. Algumas traduções foram empreendidas, inicialmente em um espaço acadêmico, por estudantes dos cursos de graduação e de pós-graduação (PPGLEN) de Literatura Espanhola da Universidade Federal do Rio de Janeiro (UFRJ), no âmbito de trabalho do Grupo de Estudos e Traduções de Teatro Espanhol (ETTE), sob minha coordenação. Danielle Olivieri e Rafaela Iris atreveram-se com três peças. Fabi Emerick e Giulia Nátali, Giovanna França e Desirée Cardoso, Eduarda

Vaz e Larissa Ribas, com uma, trabalhando, respectivamente, em equipes. Fabi Emerick traduziu a única loa e ajudou como assistente de edição na parte final do projeto. Danielle Olivieri traduziu também os textos dos professores María Luisa Lobato e Vicente Pérez de León. Giovanna França fez o mesmo com o texto de Carlos Mata Induráin. Agradeço à professora Letícia Rebollo, colega da UFRJ, que colaborou na tradução de um texto. À pesquisadora da Biblioteca Nacional do Brasil, Katia Jane de Souza Machado, que fez a tradução de outras duas peças comigo e auxiliou em outras tantas tarefas de revisão e consultas, impagáveis, desde o começo do projeto. No âmbito colaborativo do grupo ETTE, mas pertencentes a outras instituições e com um caráter mais independente, como corresponde a tradutores já formados e com mais experiência, agradeço a todos, começando pela professora Silvia Cobelo, da Universidade de São Paulo (USP), por suas duas traduções, além da tradução do texto do professor Alfredo Rodríguez López-Vázquez. A Eliane Teruel, da USP, por suas duas traduções. A Jacob Pierce e Wagner Monteiro, da Universidade Federal do Pará (UFPA), por uma tradução, e a Wagner Monteiro, por outra. Agradeço ao professor Beethoven Alvarez, da Universidade Federal Fluminense (UFF), por uma tradução e pela ajuda na revisão de outra. Por fim, no âmbito do trabalho do Grupo de Pesquisa Núcleo Quevedo de Estudos Literários e Traduções do Século de Ouro, da Universidade Federal de Santa Catarina (UFSC), coordenado pela professora Andréa Cesco (PGET/UFSC), agradeço pelas três das quatro traduções sobre tal autor, realizadas com a ajuda de sua equipe: Mara Gonzalez Bezerra (PGET/UFSC), Beatrice Távora (CAPES/PGET/UFSC), Cleonice Marisa de Brito Naedzold de Souza (PGET/UFSC), Maria Eduarda da Cunha Kretzer (PGET/UFSC) e Radharani Oribka Bejarano (PIBIC/UFSC). Devo, aliás, à professora Andréa Cesco o devido agradecimento pela revisão do português do texto introdutório "Uma Breve História do Teatro Breve". Quanto às notas de rodapé, alguns tradutores foram mais produtivos; outros, menos, talvez porque considerem que uma boa tradução deva ser semanticamente autônoma e suficientemente autoexplicativa; em todo o caso, foi um espaço textual de confluência entre tradutores, organizador-editor e as citações às referências dos editores dos textos fontes. Tudo com o objetivo de integrar os sistemas de referências dos textos fontes, mediante seleções pontuais, com a produção das próprias referências, servindo de complemento e apoio informativo à leitura.

Agradeço aos pesquisadores especialistas em teatro breve do Século de Ouro, que aceitaram o convite para colaborar neste livro, tão logo tiveram notícia dele, e que atuaram também como consultores e interlocutores do projeto desde seu início, em especial Carlos Mata Induráin, María Luisa Lobato e Vicente Pérez de León. O primeiro, da Universidade de Navarra e do Grupo GRISO, contribui com um artigo no qual informa os principais autores do teatro breve e faz um resumo muito útil dos gêneros que compõem o teatro breve áureo e suas principais características. A professora María Luisa Lobato, da Universidade de Burgos, e coordenadora do Grupo Moretianos, em sua colaboração, ressalta a importância que a burla, como motivo central e estruturante, possui nesse teatro e comenta algumas particularidades do autor que tão bem conhece, Agustín Moreto. Vicente Pérez de León, professor de Estudos Hispânicos, da Universidade de Glasgow, traz uma condensada e lúcida reflexão sobre a presença da ideologia nos entremezes e de sua manifestação pelo riso, assim como analisa a evolução do gênero até Castillo Solórzano. O professor Alfredo Rodríguez López-Vázquez, da Universidade da Coruña, elucida o controverso assunto das atribuições do anônimo *Entremez dos Romances*, do qual também é editor, entre dois possíveis candidatos, Miguel de Cervantes ou Luís de Góngora, e avalia sua repercussão como fonte provável de *Dom Quixote*, em uma discussão que aprecia as características de metateatralidade e metaficcionalidade presentes no entremez, como avançados recursos técnicos que poucos autores estavam em condições de empregar no seu tempo. Dois capítulos a cargo do organizador completam o livro. Um deles é uma introdução ao teatro breve áureo, na qual se esboça um percurso desde sua origem como expressão parateatral no folclore espanhol, sua conexão com outros gêneros literários, especificamente a comédia antiga, a influência da *Commedia dell'Arte*, a função na festa barroca e uma discussão sobre o tipo de comicidade em contraste com o humor encontrado na *comedia nueva* ou teatro sério maior. O outro é um texto no qual se esboçam sintéticas notas sobre cada peça e autor, assim como um resumo do argumento.

Finalmente, agradeço à editora Perspectiva pela acolhida deste projeto em sua formidável coleção de teatro e o magnífico diálogo mantido em todas as fases. Por último, faço corresponder a mim a atribuição dos erros que não se tenham corrigido a tempo, pelo que solicito a devida desculpa, por antecipação. ¡*Vale!*

UMA BREVE HISTÓRIA DO TEATRO BREVE

Sob o rótulo "teatro breve do Século de Ouro" cabem expressões de gêneros diversos, como entremez, *paso*[1], *jácara*, baile, mogiganga e loa. No centro dessa multifacetada agitação artística, encontra-se, por ser a forma mais desenvolvida do ponto de vista artístico e literário-dramático, o gênero maior dos gêneros menores: o entremez. Suas definição e compreensão se ligam tanto aos usos no folclore, em manifestações paraliterárias e parateatrais, quanto à sua função na festa teatral barroca, sendo as duas realidades um dos problemas metodológicos fundamentais para equacionar seu estudo.

Todos os gêneros desse teatro de curto alento possuem um forte vínculo com a cultura popular, não por ser um produto dirigido a ela e consumido por ela, como de fato ocorre, senão porque, no processo histórico de formação, dele resulta uma genuína expressão. Arnold van Gennep propôs uma das distinções metodológicas fundamentais para delimitar o campo científico do folclorista ao estabelecer que os estudos da literatura,

---

1. Era denominado "paso" a peça breve dramática no século XVI, de caraterísticas semelhantes ao entremez.

da música e da história da arte tratam de invenções individuais, enquanto o folclore aborda as produções coletivas, sendo que a referência ao coletivo não significa exatamente que tais produções sejam feitas em comum[2].

Comentarei, a seguir, alguns dos vínculos do teatro breve áureo com a cultura popular e a posterior inserção de seus gêneros na festa teatral, ao lado da comédia. O primeiro deles alude ao fato de que os gêneros do teatro breve, em sua origem remota, assemelham-se a articulações gestadas em um âmbito de participação comunal não dominado pela cultura letrada ou pela profissionalização das funções artístico-literárias. Assim parece ser também em outras partes da Europa, como escreve a historiadora do teatro italiano Marcia Pieri: "No século XV, o teatro, tal como o pensamos modernamente, não existe ainda; é só um evento ligado à economia da festa cortesã ou municipal, onde se mistura com outras linguagens cerimoniais e comemorativas."[3] A transição dos usos populares em festas sacras e profanas para um processo de elaboração literária e de espetacularização dar-se-á gradualmente, na península Ibérica, no decorrer do século XVI, e se fixará no século seguinte, em uma interação de ida e volta entre o teatro de rua e o de praça pública com outros espaços destinados já para a representação teatral, como os *corrales* de comédia e os teatros permanentes. Em tais espaços, pensados para mostrar, ante um público ávido de novidades, as habilidades de representantes e poetas, todos esses gêneros se desenvolverão sustentados em uma base textual, apoiados também em uma cada vez mais aprimorada elaboração estilística. Recursos

---

2. "O problema essencial no folclore é determinar a relação entre o indivíduo e a massa. Não se pode atribuir à massa, como um todo, o dom da invenção, nem mesmo da transformação; todas as vezes que se analisarem de perto fatores que entram em jogo, constata-se que a invenção propriamente dita é obra de um único indivíduo, cuja produção é logo depois modificada por outros indivíduos que entram em contato com o criador ou com a criação, indivíduos que já formam uma pequena coletividade, reagindo sobre outras cada vez mais numerosas e consideráveis, até constituir-se o que chama: massa popular." *O Folclore*, p. 40.

3. Apud N.H. Sforza, *Teatro y Poder Político en el Renacimiento Italiano (1480-1542)*, p. 41.

conhecidos da métrica castelhana se combinarão nos diálogos, adaptados tanto a funções comunicativas de caráter transacional quanto a outras de natureza mais abstrata, reflexiva e lúdica, com uma sofisticada retórica, convertendo a comédia espanhola do século XVII em um gênero prestigioso. Nas formas breves, porém, a polimetria não será tão rígida como na comédia – de fato, a tendência em verso se impõe nos entremezes só a partir de 1617, com *O Examinador Miser Palomo*, de Hurtado de Mendoza –, e as agudezas verbais serão infrequentes e, quando aparecerem, possuirão um caráter burlesco e satírico. Os registros de fala à maneira de um cortesão ou de uma dama, ou no modo erudito de um cavaleiro ou aristocrata, responderão a motivos intencionalmente paródicos, originando a sátira contra a pedanteria galante, pois não haverá cortesãos, damas, cavaleiros ou nobres, senão figuras procedentes do baixo estrato social. Em alguns casos, serão impostores e farsantes com anseios de ascensão social, o que ocasionará o efeito de crítica a tais pretensões de mobilidade entre estamentos (na presente coletânea, encontram-se exemplo em *A Guarda Cuidadosa*, na figura do soldado, e nos tipos que desfilam em *A Castanheira*).

Como é sabido, na segunda metade do século XVI, cidades como Madri, Sevilha, Valência, Valladolid ou Barcelona experimentam um fulgurante crescimento demográfico, consequência do desenvolvimento do comércio continental e americano, provocando deslocamentos da população do campo para a cidade. O aumento da massa urbana propicia a abertura dos *corrales* de comédia, espaços destinados ao ócio e à representação. Othón Arróniz data a primeira *mise en scène* profissional "de 1570 em diante, anos nos quais se consolidam os teatros permanentes"[4]. No entanto, antes da aparição dos centros que irão suprir a demanda de uma emergente sociedade massiva, como denominado por José Antonio Maravall[5], convém destacar uma notável

---

4. *Teatros y Escenarios del Siglo de Oro*, p. 170.
5. Conhecida e controversa é a tese de Maravall sobre a cultura do barroco como uma cultura dirigida verticalmente desde os estamentos superiores: "se os que ▶

presença de outros espaços urbanos que funcionavam simultaneamente como lugares de representação. Os estudos do professor José María Díez Borque[6] constatam que, coincidindo com datas do calendário festivo nas cidades espanholas, há três classes de espaços – classificados de exteriores, internos e profissionais – em que teatro e vida se misturam. Nos exteriores, faz-se teatro: 1. pelas ruas, representando peças teatrais em tablados; 2. usando os tablados para outros tipos de representações; 3. representando peças teatrais em carretas; 4. usando carretas para outros tipos de representações; e 5. usando carretas com personagens vivas ou escultóricas, com diálogos ou textos alusivos sem ação dramática ampla, mas com componentes narrativos. Já se pensamos no teatro dos espaços internos e fechados, encontramos um caráter mais privado nas representações, associados, no geral, a atividades promovidas pela nobreza e pela família real. Da mesma forma que nos espaços exteriores, ao teatro de corte não se atribui uma atuação profissional, graças, em parte, ao tipo de público seleto que assiste à representação. O espectador cativo, descrito por Alfredo Hermenegildo, "assiste às representações dentro do marco que condiciona sua inserção social"[7]. O autor afirma ainda que esse público tem um papel relativamente ritualizado, previsto pela convenção que rege o espetáculo: "Ao espectador cativo, coletivamente considerado, não lhe é permitido o desvio nem a divergência ideológica. É parte do mecanismo que move a representação."[8] Nos dois modos de expressão teatral, de rua e de corte, podem ser observadas enormes diferenças no tocante às funções do espectador, ora livres e expansivas, ora mais engessadas

▷ desempenharam um papel dirigente – não só no âmbito político, mas também no social – no seio dos povos europeus daquela centúria compreenderam os efeitos que podiam provocar, temos de aceitar que, em torno das grandes obras que alguns homens foram capazes de criar no século XVII, crescesse por toda parte uma safra de *midcult* e de *masscult*, cujos produtos vão ser empregados na manipulação dessas massas de indivíduos sem personalidade, limitados em seus gostos e em suas possibilidades de desfrute, mas incapazes de renunciar a uma opinião, embora esta não fosse mais que uma opinião imposta. Essas massas são o público". *A Cultura do Barroco*, p. 165.
  6. *Los Espectáculos del Teatro y de la Fiesta en el Siglo de Oro*, p. 33-71.
  7. *Antología del Teatro Español del Siglo XVI, del Palacio al Corral*, p. 11.
  8. Ibidem.

e contidas. Também são notadas semelhanças na possibilidade de participar ativamente nos eventos que promovem a representação, fato que o teatro profissional, distinguindo-se destes, delimitará, com a divisão entre espaço ficcional e ordinário e a convenção da quarta parede, que, aos poucos, irá consolidando na plateia uma poderosa e eficaz sensação de ilusão. Há também outros lugares público-privados, como o teatro realizado em jardins, onde se aproveita o exotismo dos belos ambientes naturais integrados como elemento cenográfico, e as grandiosas festas aquáticas, realizadas com abundante emprego de efeitos especiais, no estanque del Buen Retiro, em Madri, modelo de teatro cortesão aberto ao público que representava fingidas batalhas navais, produzidas nas festividades oficiais da coroa e em comemorações relevantes da família real, como nascimentos, bodas, batismos etc.

Os gêneros do teatro breve estarão presentes em todo tipo de espaços – exteriores, interiores e profissionais –, saltarão de uns para outros e se moverão por todos livremente, fazendo com que as festas tenham um forte componente teatral, e o teatro profissional, um não menos importante caráter de festa. Essa mistura é um problema na hora de deslindar a gênese do teatro breve, plenamente consciente de seu rango literário-espetacular, no final do século xvi, e que, não obstante, deriva de práticas e manifestações festivas não profissionais que remontam a vários séculos antes[9]. Esse fato dificulta, hoje, limitar com clareza os campos autônomos tanto do teatro como da festa. Díez Borque defende que, comparado ao século xvi, no seguinte, o binômio teatro e festa procura a própria definição autônoma, mesmo encontrando pontos de encontro e confluência:

A existência de gêneros teatrais definidos (a tragicomédia, as formas de teatro breve...) e uma organização teatral precisa colaboram para produzir

---

9. Um tópico da época era que o mundo se assemelhava a um grande teatro, no qual cada indivíduo desempenhava o papel que tinha encomendado por seu nascimento, daí que o barroco seja um tempo de intensa teatralidade e as formas da vida cotidiana se experimentem como uma contínua performance, observadas por um omnisciente e plenipotenciário espectador.

a impressão de que aí começa e termina o teatro, avivando assim o abismo entre teatro e festa. Porém, limitar-se à teoria literária e aos gêneros canônicos que são produzidos nos espaços fechados para o teatro supõe desfocar a complexa realidade teatral do século XVII.[10]

O acadêmico ou o historiador de nossos dias terá dificuldades de segregar teatro e festa acudindo à teoria dos gêneros e à atribuição de propriedades prototípicas advindas das análises formais e comparatistas intertextuais. Se analisar os gêneros das formas breves do teatro áureo nos leva, na sua origem, até o folclore popular, é inteiramente compreensível que o legado de tal teatro, que chega no suporte gráfico da escrita e que atualmente percebemos em valiosas edições introduzidas e anotadas por especialistas, atue também como barreira, bloqueando, em parte, o acesso do leitor a toda essa riqueza parateatral que as pesquisas folclóricas aportam, como complemento imprescindível para sua compreensão e seu desfrute. María Luisa Lobato, em uma de suas elucidações sobre a historiografia deste teatro, aponta como uma das razões do atraso no estudo da teatralidade áurea, em contraste com a tradicional preocupação filológica espanhola com a literatura teatral, que "o que chegou até nós, em diversos suportes, são unicamente os textos, carentes de toda a carnalidade que lhes acompanhou em sua apresentação nos tablados". E, mais adiante: "Da mesma maneira que encontrar fósseis de opabinias no deserto não é localizar a fauna e sua vida no Período Câmbrico, os textos, por mais ricos que sejam, não dão ideia das circunstâncias em que sua concepção e exploração nos teatros foram originadas."[11]

Certamente, a pesquisadora ressalta um fato elementar: os textos, uma vez que se desvinculam de seu enunciador e entram no circuito comunicativo e no decurso da história, também se separam dos aspectos constitutivos – biográficos,

---

10. Ibidem, p. 35.
11. M.L. Lobato, Historiografía de los Géneros Teatrales Breves Áureos, *Teatro de Palabras*, n. 6, p. 154. Disponível em: <https://www.uqtr.ca/>.

estéticos, sociais, políticos – e das circunstâncias nas quais nasceram, cujos sentidos, de uma ou outra forma, encontram-se implícitos em seu cifrado estético. Em seu devir histórico, e antes de sua fixação no teatro profissional, o que conhecemos como gêneros do teatro breve áureo decerto resultou de uma plural forma expressiva engatilhada na oralidade, que fervia em um criativo e dinâmico amadorismo participativo nas festas regulares do calendário cristão, como Natal, Carnaval, Corpus Christi etc. As codificações literárias dos textos, com todo o valor que as edições atuais têm, operam, porém, com as obrigadas limitações, como indício de um espaço limiar conflitivo entre a letra e aquilo que evoca o ambiente festivo da energia coletiva: corpo, gesto, movimento, palavra cantada, bailes procazes, disfarces, gargalhadas, burlas, obscenidades, ruídos, injúrias, mascaradas e mimos. Porque muito antes de virarem históricos gêneros literário-teatrais, cristalizados pelas plumas de grandes escritores, no final de século XVI, e cultivados por profissionais da cena durante todo o século XVII, as formas breves eram produzidas e atuadas por grêmios e corporações, nas celebrações do Corpus Christi. Na tentativa de traçar a evolução do entremez, Agustín de la Granja afirma que:

O entremez, segundo entendo, recebia nomes muito diferentes, no princípio do século XVI. É possível que a diversificação terminológica ("dança", "mimo", "jogo", "carro", "paso") respondesse, nesses momentos iniciais, mais ao critério do público que assistia a estas divertidas ações breves que a uma precisa consciência de gênero por parte de quem as compunham ou as representavam, ou seja, por parte dos diversos ofícios ou grêmios de artesãos.[12]

Na festa, os participantes não parecem ter uma consciência precisa do que distingue entremez de *paso*, dança, mimo ou jogo. De forma semelhante, muito antes da sugestão de Agustín de la Granja, o responsável por revitalizar nas letras hispânicas o

12. Ver El Entremés y la Fiesta del Corpus, *Criticón*, n. 42.

interesse pelo teatro breve do período, Emilio Cotarelo y Mori, escreve, na indispensável *Colección de Entremeses, Loas, Bailes, Jácaras y Mojigangas*:

Os verdadeiros entremezes não apareceram ou não foram nomeados assim até o século XVI, quando a voz castelhana tinha já dois séculos de existência, e é evidente que durante esse período a voz entremez havia sido aplicada a coisas diversas do que ao brinquedo dramático [...]. Essa voz foi cambiando até chegar a designar uma diversão que consistia principalmente em grupos de figuras de madeira, cartão ou qualquer outra matéria leviana, com movimento ou sem, representando cenas sacras ou profanas, porque nisso consistiam os entremezes na Idade Média.[13]

Cotarelo dá a entender que os "verdadeiros entremezes" recebiam esse nome porque eram apresentados nos teatros profissionais do século XVI, mas, ao mesmo tempo, traz documentos que comprovam o uso desse termo plenamente ativo em práticas parateatrais e comunitárias, em meados do século XV, como comprova queixa apresentada aos juízes de Mallorca por um dos conselheiros locais, em 1442, contra os abusos introduzidos nas representações que se faziam na festa da Páscoa, na qual se diz: "Costumava-se em tempo passado fazer em tal dia diferentes entremezes e pelas paróquias representações devotas e honestas, tais que moviam o povo à devoção, mas daquela época até hoje se fazem pelos confrades da Caridade das paróquias, jovens em sua maioria, entremezes de namoro e alcoviteiras, e outros atos desonestos e reprovados, principalmente neste dia."[14]

O contencioso entre as atividades promovidas nas festividades sacras, embutidas de entremezes, bailes, mascaradas e mogigangas, e a rigidez doutrinal da Igreja Católica, sobretudo a partir do Concílio de Trento, no tocante aos costumes, e inteiramente preocupada com a observação rigorosa dos ritos

---

13. Disponível em: <https://archive.org/details/coleccindeentro101cotauoft/page/n9>, p. LIV-LV.
14. Ibidem.

e cultos, estendeu-se por vários séculos. O soterrado conflito histórico, simbolizado, no Carnaval, com a batalha burlesca entre os impulsos biológicos de dom Carnal e os ascéticos de dona Quaresma, deu lugar a uma continuada e enérgica resposta por parte da sacra instituição e seus poderes, em forma de censuras em sermões públicos, assim como em outras disposições mais coercitivas, como editos e decretos, que, aos poucos, foram adquirindo força de lei e penetrando nos hábitos da população. Exemplo do primeiro, o historiador Henry Kamen recolhe numerosos estratos de documentos, entre eles o sermão de Diego Pérez, quando predicava em Barcelona, na véspera do Carnaval de 1583, denunciando, com intensidade recalcitrante, "lo que oy vemos com nuestros ojos, em Cathaluña":

Quem não vê que pela maior parte param as máscaras em torpezas e desonestidades? Em maus pensamentos e maus desejos e em coisas que se fazem ocultas e públicas, que é uma vergonha dizê-las? O que acontece por essas ruas? O que se faz por essas casas entrando, disfarçados e disfarçadas onde lhes apetece? Sabeis melhor que eu que alguns estão lastimados e calham por sua honra. Em tempos de máscaras, todos os bandoleiros e toda a fez da terra vêm a Barcelona e andam a seu bel-prazer pelas ruas e casas, e fazem o que querem, embora os guarde o diabo de matar e furtar. Neste tempo de homens loucos e perdidos e de mulheres enfermas, nesta infernal féria, acabam de negociar seus negócios. Neste tempo, são excessivos os gastos que de santo Antônio até Quartas Cinzas gastam-se em máscaras, em vestidos, em menestréis, em comer e beber.[15]

As festas populares mais estudadas, vinculadas a cultos da Igreja Católica, nas quais gêneros afins ao teatro breve terão uma presença ativa, são as de Corpus Christi. Em 1608, o bispo Rafael Rovirola, mediante uma ordem ditada em 4 de fevereiro, coincidindo com a época do Carnaval, tenta controlar, para uma melhor celebração do Corpus, os impulsos da população nas procissões: "Mandam que, no dia de Oitavas do Corpus e outras solenidades, ponham ramas e adornem bem as ruas, não bailem

15. H. Kamen, *Cambio Cultural en la Sociedad del Siglo de Oro*, p. 166.

nem dancem diante do Santo Sacramento, nem nas procissões, homem nem mulheres, embora estejam em idade infantil, cantem e toquem letras e tonadas profanas e lascivas, nem usem violões ou outros instrumentos indecentes."[16]

Se o uso da palavra entremez se remonta a pelo menos dois séculos antes no folclore, com claros elementos parateatrais, o mesmo ocorre com outras denominações que a historiografia do teatro breve cataloga como subgêneros próprios, por exemplo, as mascaradas, as farsas e os mimos, cuja relação com o Carnaval medieval e renascentista encontra-se magnificamente documentada em estudos do folclore por toda Europa. Podemos falar, portanto, de um processo de migração a partir de tais práticas festivas de caráter coletivo e popular, com gêneros amalgamados na festa, até a progressiva fixação nos cenários dos *corrales* de comédia, em que surgirá o lugar idôneo para o desenvolvimento dos gêneros teatrais, com a intervenção letrada dos poetas dramáticos e a produção massiva de textos, ao mesmo tempo que se ensaia uma concepção do espetáculo teatral moderno, com técnicas de atuação, recursos cenográficos, profissionalização de companhias e ordenanças que regulamentarão os espetáculos.

Alguns antecedentes se referem a lentos processos de elaboração tanto de festas profanas quanto de ritos litúrgicos, tantas vezes misturados, em uma transição lenta que vai desde espaços para a festa (parateatrais) até lugares específicos para a representação (teatrais); por outro lado, na formação e evolução do teatro breve reconhece-se uma influência que incide diretamente sobre o eixo literário-espetacular, com práticas que já são espetáculo e não unicamente expressões do folclore. Refiro-me à influência do teatro italiano[17], especificamente à *Commedia Dell'Arte*, e a alguns de seus comediantes-empresários, cuja

16. Ibidem, p. 171.
17. Obras de referência imprescindíveis sobre a influência italiana da *Commedia Dell'Arte* na formação do teatro espanhol são: J.V. Falconieri, Historia de la Commedia Dell'Arte em España, *Revista de Literatura*, t. XII, n. 23-24; O. Arróniz, *La Influencia Italiana en el Nacimiento de la Comedia Española*.

passagem pela Espanha está documentada por fontes notariais, como a companhia de cômicos de Alberto Naselli, conhecido como Zan Ganassa, que, em 1575, ganhou um certame de melhor representação nas festas do Corpus Christi, em Sevilha. Como se sabe, a concepção fundamental do espetáculo por parte dessas companhias baseia-se na improvisação, na oposição entre recitação premeditada, apreendida de memória, e recitação improvisada, isto é, não a partir de ocorrências imaginativas do comediante no momento da atuação, senão "combinando fragmentos aprendidos de memória e conectados, com grande capacidade inovadora do ator, a partir de roteiros chamados *scenari*, *soggetti* ou *canovacci*"[18]. De maneira que, para o desenvolvimento do teatro espanhol, no último terço do século XVI, uma linha de influência aponta às companhias italianas, sobretudo no tocante aos primeiros modelos profissionais na organização de companhias, com a divisão de funções e outras inovações, como a inclusão de mulheres nas representações e a secularização dos temas tratados. Randall Listerman faz notar que um dos traços fundamentais da *Commedia Dell'Arte* era sua organização profissional: "eram homens e mulheres que, pela primeira vez na Europa, ganhavam sua vida representando obras. Não há dúvida de que Lope de Rueda conheceu estes homens italianos e aprendeu com eles"[19]. As conexões estendem-se também a uma correlação entre tipos característicos da *Commedia Dell'Arte* e do entremez. Em um estudo, Javier Huerta Calvo demonstra tal paralelismo, ao traçar as semelhanças encontradas entre os Zanni, da *Commedia*, e os Criados, do entremez, que podiam ser divididos em duas classes, segundo as funções: um perspicaz ou pícaro, encarnado na máscara de Arlequim, e outro tolo ou bobo. Uma recriação do modelo encontra-se no *paso* de Lope de Rueda, *Los Criados*: em Luquitas, como o criado perspicaz,

---

18. M. del V. Ojeda Calvo, Nuevas Aportaciones al Estudio de la *Commedia Dell'Arte* en España, *Criticón*, n. 63, p. 124.
19. R.W. Listerman, La Commedia Dell'Arte: Fuente Técnica y Artística en la Dramaturgia de Lope de Rueda, *Actas del VI Congreso Internacional de Hispanistas*, p. 464-466.

e Alameda, o simples. Outras correlações propostas seriam a máscara do Dottore (Doutor Graciano) com o Doutor de alguns entremezes, por exemplo, aquele incluído no volume do *paso Corno e Contente*, de Lope de Rueda; as máscaras de Pantalone com o Vejete [Velhote] dos *pasos* e entremezes espanhóis, identificados, com facilidade, em *O Velho Ciumento*, de Cervantes, e no Velhote de *As Carnestolendas*, de Calderón de la Barca, presentes nesta antologia; ou a máscara do Capitano Spavento, inspirado no capitão espanhol de campanha pela Itália, fanfarrão, arrogante e jactancioso, reconhecível na figura do Soldado, de *A Guarda Cuidadosa*, de Cervantes. No referente à onomástica, Javier Huerta Calvo encontra também uma notável coincidência no sentido atribuído aos nomes das máscaras ou tipos:

Na *Commedia Dell'Arte* aparecem Zan Padella (o panela), Zan Polpetta (o almôndega), Zan Cucumero (o melancia) ou Zan Salciza (o salsicha), no entremez encontramos nomes igualmente burlescos e de constituição léxica semelhante, como o licenciado Badulaque, o licenciado Cazoleta, o licenciado Almondiguilla, o doutor Matanga, o licenciado Mosquete, o sacristão Palomino etc.[20]

Nas revisões historiográficas das últimas décadas, é comum encontrar em Lope de Rueda o lugar de honra quanto à origem do teatro espanhol. No entanto, já antes, Juan del Encina, Bartolomé Torres Naharro ou Gil Vicente (que compôs obras em português e castelhano), entre outros, escreveram autos e églogas, que guardam extraordinárias semelhanças com os entremezes de fim do século. Alfredo Hermenegildo diz, a respeito desses insignes antecessores, que eram homens de teatro, mas não exclusivamente: "vão a caminho de sê-lo, porém vivem, ainda, em um espaço histórico em que não se pode falar de público de teatro no sentido que a palavra terá a finais do século XVI"[21].

---

20. *El Nuevo Mundo de la Risa*, p. 125-134.
21. A. Hermenegildo, op. cit., p. 22. Hermenegildo, ao analisar as obras de Juan del Encina a partir do problema da teatralidade, percebe quando e como a escritura teatral se distingue e separa do que é estritamente literário "próprio da tradição do cancioneiro,

Talvez essa seja uma diferença fundamental com o pioneiro Lope de Rueda, que, entre 1540 e 1560, unificou em sua pessoa as atividades de empresário, comediante e autor de peças, escrevendo-as, negociando-as, dirigindo-as e nelas atuando. Se bem que seja certo que ainda se trata de um teatro itinerante, supõe um passo fundamental na direção da autonomia do ofício, que posteriormente se especializará, ramificando-se e profissionalizando-se. Os cômicos da língua e os poetas dramáticos, a partir de Lope de Rueda, não estarão mais sujeitos, ou pelo menos não como estavam, às limitações criativas e à servidão funcional de uma casa nobiliária, papal ou real, e às imposições de sua corte. Esse modelo de autor-ator-empresário de companhia, aparentado novamente da influência da *Commedia Dell'Arte*, servirá de referência às próximas gerações. Meio século após a morte de Lope de Rueda, Cervantes deixa, em 1614, uma valiosa lembrança desse teatro, no prólogo de *Ocho Comedias y Ocho Entremeses Nuevos Nunca Representados*:

Eu, como o mais velho que ali estava, disse que me lembrava de ter visto representar ao grande Lope de Rueda, varão insígne na representação e no entendimento. Foi natural de Sevilha e de ofício *batihoja*, que quer dizer dos que fazem pães de ouro; foi admirável na poesia pastoril e, nesse modo, aqui ou ali, ninguém lhe avantajou [...]. No tempo deste célebre espanhol, todos os aparatos de um autor de comédias encerravam-se em um saco e cifravam-se em quatro pelicos brancos adornados de guadameci dourado e em quatro barbas e cabeleiras e quatro bengalas, pouco mais ou menos. As comédias eram uns colóquios como éclogas, entre dois ou três pastores e alguma pastora. Eram adereçadas e dilatadas com dois ou três entremezes, de negra, de rufião, de bobo ou de biscainho: que todas essas quatro figuras e outras tantas fazia o tal de Lope, com a maior excelência e propriedade que se pudesse imaginar. Não havia, naquele

ou do que é estritamente litúrgico, os signos empregados no ofício religioso" a partir do momento em que determinados índices da escrita "articulam a narração nas tábuas de um cenário e não na leitura individual" (p. 23). Essa atitude de conceber como gênese da obra um espaço tridimensional de atuação através desses tipos de fórmulas e índices irão gestando na consciência do autor uma progressiva concepção da teatralidade, que não seria possível se simultaneamente não existissem as condições materiais e culturais propícias para seu desenvolvimento.

tempo, tramoias nem desafios de mouros e cristãos, a pé nem a cavalo; não havia figura que saísse ou parecesse sair do centro da terra pelo oco do teatro, o qual era composto por quatro bancos em quadro e quatro ou seis tábuas acima, com que se levantavam do solo quatro palmos; nem menos desciam do céu nuvens com anjos ou com almas. O adorno do teatro era uma manta velha, puxada por duas cordas de uma parte a outra, que fazia o que chamam de vestuário, detrás do qual estavam os músicos, cantando, sem violão, algum romance antigo.[22]

O ofício de *batihoja*, embora muito humilde, dá-nos a entender quão pouco estimada era a profissão de comediante, pois, nas credenciais de apresentação, os representantes deviam acompanhar-se de outra, supostamente mais crível, séria ou honrada. Resulta comovedora a eloquente descrição feita por Cervantes de um teatro primitivo e rudimentar, organizado com elementos básicos, em contraste com a antipatia que trata o desenvolvimento dos meios técnicos para acompanhar as comédias, advindos do uso de máquinas ou tramoias, com pessoas a pé ou a cavalo, figuras que podiam sair do centro do cenário, tanto como descer até ele vindas do alto, assim como anjos ou almas voadoras em peças religiosas e de caráter hagiográfico. Nesta sintética nota, o autor de *Dom Quixote* parece repudiar a tendência monumental e de artifício do "teatro de nosso tempo". Quando compara os dois momentos do estado do teatro, separados por um intervalo de cinquenta anos, aprecia-se com nitidez a evolução desde Lope de Rueda, um autor de companhia e comediante independente que se desloca em uma carreta com um rústico retábulo, até o que podemos inferir pelas caraterísticas apontadas de um teatro de maior porte, com edifícios estáveis e fixos, regulamentos e ordenanças municipais, pagamento de ingressos, calendários de atuações, repertórios de obras, taxas, aprovações e especialização de funções técnico-administrativas e artísticas, como assim já era, em sua fase inicial, pré-industrial, no ano da publicação das palavras

---

22. Miguel de Cervantes, *Entremeses*, edición de Nicholas Spadaccini, p. 91-92.

comentadas, em 1614. Não menos importante é a seguinte observação: "Eram [as comédias] adereçadas e dilatadas com dois ou três entremezes, de negra, de rufião, de bobo ou de biscainho: que todas essas quatro figuras e outras tantas fazia o tal de Lope." No depoimento, a conexão do entremez com o gênero maior da comédia é fundamental, porque implica, nos primórdios do teatro moderno e profissional, que o gênero menor e o gênero maior aparecem integrados no espetáculo. No entanto, é tido como algo supletório, de adereço ou adorno da comédia; associa-se o seu papel também à duração, pois o emprego de um ou dois entremezes dilata as representações e, aproveitando a ocasião, introduz variedade no espetáculo. Tudo isso é parcialmente certo, só precisamos acudir aos dicionários da época para comprová-lo. Sebastián de Covarrubias, no *Tesoro de la Lengua Castellana o Española*, de 1611, define entremez como aquilo "que se entremete entre un acto y otro de la comedia para alegrar y espaciar el auditorio". Já para o *Diccionario de Autoridades*, de 1726, entremez é "representación breve, jocosa y burlesca, la qual se entremete de ordinario entre una jornada y otra de la comédia, para mayor variedad, o para divertir y alegrar al auditório".

O teatro breve do Século de Ouro, até pouco tempo atrás, ocupava uma posição periférica no sistema literário espanhol, consequência da percepção de que o dito *corpus*, numeroso e heterogêneo, era qualitativamente inferior se comparado às comédias, obras de prestígio com as quais as letras espanholas obtiveram reconhecimento e fama. Como escreve María Luisa Lobato: "Mais de quatro séculos tiveram de transcorrer desde as primeiras produções deste signo, que centramos, por razões práticas, na Égloga *del Antruejo* (1496) e no *Auto del Repelón* (1509), de Juan del Encina, até o início de sua publicação e seu estudo sistemático, que pode ser fechado em 1911, com a recopilação e os estudos pioneiros de Cotarelo y Mori."[23]

---

23. M.L. Lobato, op. cit., p. 154.

Certamente, funcionou com eficácia profilática durante séculos o preconceito de que as expressões oriundas da cultura popular eram inferiores às gestadas, ou pelo menos às pensadas, para o consumo de um destinatário erudito que, em muitos casos, coincidia com integrantes de um poder financeiro e político. Uma primeira aproximação nos levaria a pensar que é à sombra da *comedia nueva*, nome como seria conhecido o teatro espanhol do século XVII, que as também diversas formas do teatro breve coexistem, subapreciadas como um complemento da obra maior, quando do evento no qual se inserem: as representações teatrais. Porém, um olhar mais atento sobre a documentação disponível hoje e aos já numerosos e excelentes estudos deixa claro que esses gêneros, menores em extensão, constituem algo mais que um adorno complementário do conjunto da festa teatral barroca fixada nos *corrales*, nos anos finais do século XVI. Em primeiro lugar, porque o que se salva em muitas representações, em função da pouca qualidade da obra maior, é precisamente a energia cômica, o riso liberador e a irreverência festiva dos entremezes, *jácaras* e bailes. O encarregado de prologar a obra *Jocoseria* (1645), de Luis Quiñones de Benavente, escreve nesta que, para "o autor que tinha uma comédia ruim, acrescentar dois entremezes deste gênio [Quiñones] lhe dava muletas para que não caísse, e [para] o autor que tinha uma boa, dava-lhe alas para que voasse". Em segundo lugar, como foi dito, a origem das formas breves era encontrada em manifestações parateatrais, comemorativas e semiprofissionais, como incisos nas procissões, o que implica, como parece, um uso independente, desligado de uma obra de longa duração[24]. Sua interligação se referirá a práticas posterio-

24. Não parece pensar assim Eugenio Asensio, autor dum imprescindível e pioneiro estudo dedicado ao tema. Em *Itinerario del Entremés*, ele define entremez como "parte desprendida da comédia pela mão de Lope de Rueda, há medrado como pranta parasita enroscada em hostil intimidade ao tronco do qual brotou" (p. 15). Para esse crítico, o entremez nunca se faz autônomo completamente da comédia: "como não seja nas chamadas folias de entremezes que se representavam principalmente nos dias de carnaval" (p. 16). Na minha opinião, creio que Asensio considera a explicação da origem do entremez desde uma perspectiva inteiramente dependente da teoria dos

res, aquelas nas quais os gêneros menores – entremezes, loas, *jácaras*, bailes, mogigangas – e maiores – comédia de capa e espada, tragicomédias ou tragédias – procuram a definição de um espetáculo total, em um sentido moderno, apresentando-se ao espectador dos teatros urbanos para oferecer-lhe o pacote de um variado programa. A fixação desse binômio no espetáculo barroco terá como resultado as formas breves interagindo com as peças maiores, em um discurso fragmentado e interrompido, com a loa abrindo o espetáculo, primeira jornada da comédia, entremez, segunda jornada, baile ou *jácara*, terceira jornada, baile ou mascarada, e fim de festa. Totaliza-se, com a proposta, uma unidade que garantia ao vulgo e ao discreto uma diversão variada, durante um máximo de duas horas e meia.

A mistura, e a promiscuidade, entre gêneros e modos (alto, médio e baixo) é um elemento característico, no final de século XVI, como põem de manifesto os problemas taxonômicos encontrados pela crítica para delimitá-los e confiná-los. Porém, cabe ao menos lembrar que a ruptura com a tradição clássica não foi pacífica e que a controvérsia da recepção desse processo teve de enfrentar o receio de quem pensava que isso levaria a uma deriva claudicante que degradava os logros de uma tradição nobre, consequência da concessão ante um público misto e heterogêneo, composto não só por discretos ou eruditos, que ganhou imediatamente o apelativo de vulgo[25]. Tal percepção sustentava-se em uma concepção aristocratizante que

gêneros textuais, sem considerar os aspectos paraliterários e parateatrais advindos do folclore festivo nos séculos anteriores, quando nem comédia nem entremez possuem uma definição precisa na cultura letrada porque nem sequer constituem uma prática artística profissional, não obstante, em outras partes de sua obra, parece reconhecer a dependência do entremez duma fonte que não é a comédia, como quando escreve: "na atmosfera do carnaval tem seu lar a alma do entremez originário: o desabafo exaltado dos instintos, a glorificação do comer e beber, a jocosa licença que se regozija com os enganos conjugais, com o escárnio do próximo e o blefe, tanto mais celebrado quando mais pesado" (p. 20).

25. María Luisa Lobato ponderava a respeito da importância histórica do *vulgo*: "muito se podia queixar Lope do vulgo em 1609, mas se não fosse por sua necessidade de 'darle gusto' e com isso, o advertimos, de receber seu pago, talvez boa parte de sua produção não teria sido levada a cabo e nunca haveria concebido algumas de suas obras primas". Op. cit., p. 156.

desconfiava da tendência que vinha-se impondo desde baixo, reclamando produtos culturais para uma população urbana que desempenhava um rol de consumidor cultural inédito. É certo que o processo já em marcha era irreversível e que tanto o erudito quanto o massivo-vulgar estavam, para a felicidade de uns ou o desgosto de outros, mesclados, e até as obras maiores gestadas na onda da *comedia nueva* lopesca podiam ser consideradas um gênero impuro, como reconhece Lope de Vega, em seu manifesto poético, de 1609, dirigido à Academia de Madri: "O trágico e o cômico mesclados, / e Terêncio com Sêneca, porém seja / como outro Minotauro de Pasífae, / farão grave uma parte, outra ridícula, / que esta variedade deleita muito: / bom exemplo nos dá a natureza, / que por tal variedade tem a beleza."[26] Também aqui podemos notar o espírito carnavalesco trabalhando no avesso da rotineira máquina inventora, gerando disrupções e cruzes. De maneira análoga, como os gêneros maiores provocam grande número de subgêneros, comédia de capa e espada, palatina, de vilões, de santos, tragédia, drama bíblico, mitológico, entre outros, e as fronteiras entre eles perdem progressivamente seus contornos demarcadores e sua rigidez, permitindo permuta de traços prototípicos, acontecerá o mesmo nos gêneros breves, originando uma prolífica hibridação, como se pode comprovar nos títulos dados pelos autores a suas peças: bailes entremezados, entremezes cantados, loas dramatizadas etc.[27]

Se os aspectos mencionados até agora relativos à origem do teatro breve áureo nessa dupla via, folclore e Carnaval, com os costumes festivos e sacros da vida cotidiana de fundo, por um lado, e a influência italiana da *Commedia Dell'Arte* e a literatura e o teatro de seu tempo, com a farsa medieval, a facécia, a novela italiana, os contos populares e a comédia, por outro, permitem situá-lo em seu devir histórico no século XVI, o elemento

---

26. L. de Vega, *Arte Nuevo de Hacer Comedias*, p. 141, vv. 174-180.
27. Remeto à contribuição do professor Carlos Mata Induráin, no anexo deste livro, onde faz uma sucinta apresentação desses gêneros.

genuíno e indispensável nele é seu senso cômico, uma comicidade pura e concentrada, distendida e livre, às vezes absurda, delirante ou fantástica, que apaga ou dilui qualquer outro propósito, como algum tipo de intenção ética ou moral, pelo menos no princípio, no entremez antigo, até Cervantes. Com este, e a partir deste, com Quevedo, Hurtado de Mendoza, Castillo Solórzano, Quiñones e outros, o entremez, instrumento então nas mãos de sujeitos demasiado conscientes do poder advindo de uma técnica literária sofisticada, conhecedores de uma tradição com a qual podem jogar[28], em um ambiente de rivalidade cortesã e com sua projeção na história em jogo, a pureza cômica do entremez se modula, orientando-se progressivamente também como crítica social, na qual o enfoque satírico parece se ajustar para mostrar o lado útil e funcional do humor e do riso, e não só o regozijo despreocupado e liberador[29]. No entanto, o sentido da comicidade no teatro breve é diferente, em grau e densidade, da comicidade que encontramos na comédia[30]. Para procurar essa diferença é preciso reconhecer em tal busca uma operação forçada por uma autoimposta necessidade teórica de esclarecimento, e que, na realidade dos gêneros, como provavelmente na realidade das mentes de seus artífices, não existe um tipo de comicidade claramente delimitada pelo lado dos entremezes e de outra comicidade pelo lado da *comedia nueva*, de capa e espada, por exemplo. Não há exclusividade de um traço cômico prototípico entre gêneros maiores e gêneros breves, parecendo entretanto haver aspectos responsáveis por imprimir caraterísticas distinguíveis em ambos dispositivos de

---

28. O metateatro e a metaliteratura adquirem nesse momento carta de natureza legal, considere-se nesta coletânea, à guisa de exemplo, o papel intertextual e metaliterário do *Entremez dos Romances*, e as relações metateatrais dos entremezes *O Retábulo das Maravilhas* e *As Carnestolendas*.
29. Distinta em matizes é a tese que defende, neste mesmo livro, num texto originalmente escrito para esta edição e, portanto, inédito, o especialista em teatro breve do Século de Ouro da Universidade de Glasgow, Vicente Pérez de León, para quem a ideologia está presente na literatura espanhola desde seus inícios (remetemos o leitor ao apêndice onde poderá encontrar nessa contribuição os argumentos da mesma).
30. Vocábulo este que designa por extensão toda peça de longa duração representada nos teatros profissionais, mesmo que seu estilo seja épico ou sua morfologia trágica.

enunciação, diferentes por seus fins e usos pragmáticos, e que coincidirão com os elementos que poderiam ser levados em consideração desde uma recepção do espetáculo pelos autores e público da época. Solidariamente com sua origem popular e raízes folclóricas, os gêneros do teatro breve parecem colados ao universo do inferior corporal e suas múltiplas vicissitudes, transgressoras, escatológicas e potencialmente subversivas, em um grau inexistente na comédia barroca, que está, queira-se ou não, dominada e delimitada pelo decoro poético, moral e estamental. O nexo entre as formas do teatro breve com o Carnaval oxigena, sempre dentro de certos limites, as enormes possibilidades expressivas desenvolvidas nos gêneros menores. O antropólogo basco Julio Caro Baroja lembra que, nos povos cristãos da Europa medieval, "carnalitas era uma noção oposta a espiritualitas" e que, basicamente, o "homem carnal era aquele que não via a Deus", e cita, como prova da sobrevivência, em séculos posteriores, desse conceito estruturante de mentalidades, um texto clássico da *Guia Para Pecadores* (1567), do frei Luís de Granada, no qual lemos: "Nisto, diferenciam-se os homens carnais dos espirituais: que uns, à maneira de bestas brutas, movem-se por estes afetos (os de sangue e carne), e os outros, pelo espírito de Deus e pela razão."[31] Para Julio Caro Baroja, resulta evidente que, para esses homens, o velho paganismo (e o paganismo em geral) fundamentava-se na carnalidade: "implica não só realizar atos opostos ao espírito cristão, senão também atos irracionais, ou, inclusive, loucos"[32]. Essa irracionalidade ou loucura inspiradora do espírito carnavalesco é também inspiradora de não poucos entremezes e bailes sensuais – entre eles, um dos mais famosos: o baile do Escarramán –, como se manifesta nos argumentos que denunciaram sua indecência, na dura controvérsia mantida em torno da licitude moral do teatro entre detratores que advogavam por sua proibição e os defensores que pregavam pela sua continuidade, e que se salda, provisionalmente,

31. J.C. Baroja, *El Carnaval*, p. 52.
32. Ibidem.

com a contundente conclusão do padre Guerra (1638-1682): "A comédia é indiferente no cristão, e conveniente no político."[33] A comicidade presente no gênero entremez pode ser perfilada em campos separados e contíguos existentes na dicotomia que enfrenta a carnalidade, no entremez, e a espiritualidade, na comédia, como dois respectivos princípios dominantes que não excluem um ao outro, mas que se submetem quando se trata de deixar claro que prevalecem em sua jurisdição. A polaridade entre gêneros, entremezes de um lado, comédias de outro, funciona, aliás, como um contraste paralelo entre mundos, com maneiras, linguagem e estilos que, de forma idealizada e conceitualmente elevada, são representados na comédia, e que, de forma obscena, burlesca, satírica, licenciosa e crua, os são nos entremezes. O vínculo enfatizado do teatro breve com a cultura popular não será encontrado no gênero comédia, pois, como sintetiza José María Díez Borque, pensando na comédia de Lope, esta "não se manifesta como arte popular, senão como formas populistas, sem tensão dialética entre o autor e a realidade", para, mais adiante, concluir com um diagnóstico ainda mais rotundo:

> Na comédia, produz-se uma evasão da realidade, propondo uma ideologia gratificadora e conservadora, tendente a manter os grandes ideais patrocinados pela aristocracia. Só em detalhes isolados e dispersos, a comédia é testemunhal e, ainda nesse caso, tudo aparece ordenado segundo um modelo que se converterá em padrão. A tendência à polarização honra-desonra, isto é, comédia-romance picaresco é caraterística chave de nosso século XVII, porque, como insinua Sánchez Albornoz, falta uma consciência burguesa capaz de oferecer um ideal de vida diferente do ideal heroico e de seu reverso picaresco.[34]

Ao vincular o teatro breve, em linhas gerais, com a carnalidade e o "desabafo exaltado dos instintos", chegamos à categoria

---

33. E. Cotarelo y Mori, *Bibliografía de las Controversias Sobre a Licitud del Teatro en España*, edição de 1904, p. 62-65.
34. J.M.D. Borque, *Sociología de la Comedia Española del Siglo XVII*, p. 359.

do realismo grotesco, tanto na sua versão sublime quanto na degradada, que tão incisivamente desenvolvera Bakhtin, em seu famoso livro *A Cultura Popular na Idade Média e no Renascimento* (1995), e a seus diversos mecanismos, como a imitação paródica dos ritos solenes da cultura oficial e suas célebres inversões, os coroamentos e destronamentos de objetos e pessoas, as injúrias, as tundas e surras etc. O cômico entremezil, identificado com o conceito escorregadio do baixo corporal e seus impulsos, atrela-se à origem social dos agentes que povoam esse universo. Coletados nas classes baixas e ínfimas, saem as figuras para caricaturar o complexo mundo onde a natureza das relações sociais se pauta por mecanismos instintivos, agressivos e egoístas, como se pode apreciar com o paradigmático recurso comportamental do motivo das burlas e enganos. Escreve Eugenio Asensio, em *Itinerario del Entremés*: "Do mundo inferior do subsolo da sociedade, saltam à plena luz da arte, criaturas amassadas de vileza."[35] E, mais adiante, como "floresta de instintos em que o forte e astuto triunfa"[36], descreve o brilhante estudioso os *pasos* de Lope de Rueda. Não poucos entremezes expressam em seus pequenos mundos e em suas tramas singelas a polarização entre tipos que possuem habilidades ou alguma superioridade intelectual, da qual se valem maliciosamente, como os pícaros, sobre aqueles ingênuos, confiados ou simplesmente curtos de entendimento, aos que tratam de enganar, como o bobo. Na preceptiva dramática da época, encontramos numerosos referentes para delimitar, nas ações que devem ser imitadas pelas obras, o campo cômico humorístico do campo grave transcendente. Por exemplo, em clara referência à *Poética*, de Aristóteles, na mais influente doutrina poética do final do século XVI na península Ibérica, a obra *Filosofia Antigua Poética* (1596), Alonso López Pinciano, em seu diálogo imaginário com Fadrique, lembra: "a comédia é imitação dos piores, como a tragédia é dos melhores [...]. É fábula que, ensinando

---

35. E. Asensio, op. cit., p. 30.
36. Ibidem, p. 36.

afetos particulares, manifesta o útil e prejudicial à vida humana", sendo seu estilo "popular e seu fim, alegre"; ou como sentença, em outra parte, "a tragédia demanda estilo alto e a comédia, baixo"[37]. Com a referência ao que se deve ensinar, o útil e prejudicial à vida, a doutrina de Pinciano para o teatro justifica o sentido e a função moral da comédia, que, desde Aristóteles, associa-se ao combate e denuncia os vícios e defeitos particulares, daí sua propensão à criação de tipos locais, facilmente reconhecíveis pelas comunidades de destinatários, portadores de estigmas risíveis, tanto físicos quanto morais. Tudo isso para que possa servir à comunidade de contraexemplo, como aquilo que não deve ser feito ou como o que deve ser evitado. Isso quer dizer que o humor e o riso implicados no gênero cômico, a partir de Aristóteles, não deviam estar ausentes de uma finalidade ética ou moral e, portanto, de uma meta ou fim, em forma de contribuição, segundo uma leitura social dos conflitos e tensões. No deslinde teórico do grave e do cômico, praticamente com o nascimento dos gêneros tragédia, comédia e drama satírico, na Grécia do século V a.C., a base de sustentação para criar os efeitos de verossimilhança desses mundos e seus ambientes descansaram nas propriedades e qualidades das pessoas, agentes das ações, *dramatis personæ*, interpretados sempre em sua dimensão social, com qualificativos que apontavam uma dicotomia grosseira e sem matizes: "a primeira das diferenças entre a tragédia e a comédia é que a tragédia deve ter pessoas graves, e a comédia, comuns"[38]. O atributo essencial de "comuns" é decerto amplo, mas parece existir um consenso implícito entre comediógrafos, discretos, eruditos, cavalheiros e o resto de notáveis e honrados, em fins do século XVI, do que implica e do estamento social a que se refere e endereça o cômico popular. Muito antes de George Johnson e Mark Lakoff explicarem para nós a importância conceptual

---

37. *Filosofía Antigua Poética* (1596), em F.S. Escribano; A.P. Mayo, *Preceptiva Dramática Española, del Renacimiento al Barroco*, p. 97-98.
38. Ibidem, p. 98.

das metáforas espaciais para a cognição e a valoração de nosso mundo circundante, já se encontrava instalada e operativa a divisão entre alto e baixo, com a dimensão elevada, espiritual, grave e séria de um lado, e a dimensão inferior, matérica, vulgar e risível, de outro. A união do baixo e degradado com o popular e comum teria o efeito de provocar um tipo de riso específico, pois, sem a consecução deste, não deve haver comédia: "para rir são todos esses, e, se deles vós não rísseis, mereceis que eles riam de vós"[39], diz Fadrique. Porque, certamente, se o objeto ridicularizado não lhe provoca riso, você – espectador – se converte, graças ao mecanismo instaurado pelo cômico, em ridículo para os outros. É justo mencionar que López Pinciano caracteriza o cômico e o trágico tendo em mente as obras de longa duração, tomando como referência comédias e tragédias da antiguidade greco-romana, e não pensa nos gêneros do teatro breve, os quais praticamente ignora em seu tratado. Quem faz uma menção qualitativa, apesar da economia de meios empregada, é Félix Lope de Vega y Carpio, em *Arte Nuevo de Hacer Comedias en Este Tiempo*. Ao comentar as comédias "de prosa tão vulgares" de Lope de Rueda, ele diz: "de onde veio o costume / de chamar entremezes as comédias / antigas, onde a arte está na sua força / sendo uma ação entre plebeia gente / pois entremez de rei jamais foi visto"[40]. Parece plausível inferir que, entre López Pinciano e sua denominação "gente comum" para a comédia e a expressão "plebeia gente", de Lope de Vega, para as ações imitadas nos entremezes, existe uma oscilação de grau na escala descendente da definição social das pessoas, temas, modos, costumes e formas de tratamento. O *Tesoro de la Lengua Castellana o Española* define *plebeyo* como "o homem baixo na república, que não é cavaleiro, fidalgo, nem cidadão". O *Diccionario de Autoridades* o caracteriza também em sentido negativo: "Toma-se regularmente pelo sujeito que não é nobre nem fidalgo." A definição de uma propriedade representativa

---

39. Ibidem, p. 99.
40. Lope de Vega, op. cit., vv. 69-73.

do comportamento de um grupo social se faz tomando como modelo outro grupo, precisamente aquele considerado ideal ou superior, e com certeza o grupo social de referência, portador dos valores superiores e virtudes. À carência de nobreza e de fidalguia da "plebeia gente", é acrescentada outra carência, a de cidadania ou urbanidade, decoro e respeito no trato interpessoal, gerando, mediante a ausência de tais virtudes cívicas, localizadas em outro estamento social que nunca pisa o chão de um entremez, as possibilidades de uma comicidade carnal, instintiva e pagã, em um universo caótico, ruidoso, grosseiro, procaz, injurioso, blasfemo, lascivo, desleal, conjurador e, no fim das contas, violento e bruto. Isso não podia durar muito e, definitivamente, esse ar de liberalidade devia ser contornado pela consciência cada vez mais sufocada dos novos homens de letras, como aconteceu, de fato, na evolução do entremez, que foi trucidando seu espírito carnavalesco e reduzindo seu potencial subversivo[41].

Essas serão marcas decisivas do mundo entremezil, dos *pasos*, *jácaras* e bailes, que deixam em aberto para os poetas dramáticos a estruturação de temas em um universo sem honra, e de tramas protagonizadas por sujeitos de ínfima linhagem, para deleite e passatempo tanto do vulgo quanto do gentil. O lado subversivo e irreverente, ou pelo menos nas antípodas de uma literatura moral e idealista, imbuído do espírito ambivalente da festa, é apreciado em peças desta coletânea, como nos entremezes de *O Cárcere de Sevilha*, de *Mazalquiví* ou de *O Hospital dos Apodrecidos*, nos quais se apresenta um mundo ao avesso, estranho e esquivo às regras do decoro, com inversões e processos de carnavalização que exaltam, entre burlas e veras, o sentimento da honra na infâmia, sobretudo nos dois primeiros, de personagens que parecem querer equiparar-se a heróis épicos, mas que glorificam as virtudes da vida criminal e bandoleira.

---

41. Ver M.A. Zamorano, Subversión y Censura en el Entremés Carnavalesco, *Hipogrifo*, v. 8, n. 1, 2020.

Conforme manifestado, o fim primordial dos entremezes, procurado acima de tudo, é fazer rir e induzir no coração dos gentis a alegria da festa. O riso, como efeito pragmático, condiciona a escrita do teatro breve. Todos os seus artífices o procuram como garantia do sucesso e fama. Só que, como sabemos, rir não comporta exclusivamente uma reação fisiológica de certos músculos do corpo e da face, senão que implica, concomitantemente, um ato de participação social e de afirmação identitária, uma apreciação valorativa e um ato súbito de compreensão paradoxal. Como não podemos rir e refletir ao mesmo tempo, o julgamento empático que se quer rápido e efêmero, advindo do riso, projetado sobre as pessoas dramáticas que representam o enredo, propicia um jogo lúdico entre as identidades representadas na peça e a identidade e a posição social do espectador, gerando, com as gargalhadas, um fluxo de significados em uma comunidade participativa consciente de suas diferenças e semelhanças, que podiam, sob o efeito universal e catártico do riso, nivelar durante alguns segundos as hierarquias que ferrenhamente separam as pessoas no segregado mundo do barroco. Se uma marquesa oculta em um camarote, um conjunto de barulhentos mosqueteiros, várias damas e criadas na *cazuela*[42], comerciantes, galãs, cafetões, meretrizes, cortesãos e algum homem do baixo clero podem compartilhar um mesmo lugar e surpreenderem-se rindo juntos em um *corral* de comédias, resulta evidente entender qual era o benefício do teatro para a coesão e a formação de uma identidade nacional em torno de temas, temperamentos e costumes. A função social do teatro ia além da mera transmissão dos conteúdos conscientemente propostos nas peças. Mas, convenhamos, essa pode ser uma ponderação excessivamente ingênua e utópica. Talvez a realidade histórica fosse diferente; na verdade, não sabemos até que ponto todos estavam dispostos a fazer do riso um ato de comunhão secular, ecumênico e nivelador. Pois,

---

42. Cazuela era chamado o lugar destinado às mulheres nos corrais de comédia.

como dizia Pinciano, "as pessoas graves riem pouco, porque rir muito é de gente comum"[43]. A consciência de que o riso é um fator que pode, provisoriamente, apagar as diferenças sociais e igualar cavalheiros com lacaios correu paralela à ideia oposta de que o controle do riso implica um fator de construção social da pessoa, um ato de disciplina social em que se torna ativa a manutenção das hierarquias e intocada a "natural" segregação de estamentos, castas, posições etc. Daí que não seja raro perceber como os motivos causantes do riso mudam nas configurações estratégicas e estruturais das peças de diferentes períodos, ocasionando a debatida evolução do entremez de virada do século como gênero literário-espetacular e instrumento, por sua vez, de conteúdos morais e ideológicos. Não podia ser de outra forma, se tratamos de compreender uma manifestação artística que cruza diferentes etapas na formação cultural de uma comunidade política e heterogênea de usuários, apesar de Asensio, em seu fundamental ensaio, já referido, ter afirmado dos entremezes que se tratava de "comicidade de um matiz específico, jocoso ou burlesco, sem pretensões morais, sem outro fim que o deleite"[44]. Talvez o fosse aplicável em certo período, e, sem dúvida, no entremez fora do teatro profissional e no chamado licencioso, aquele que vigorava nas festas e no Carnaval, mas não parece tão desprovido de pretensões morais no momento da especialização dos poetas dramáticos, quando endereçam suas peças pensando em grupos sociais mais específicos ou restringidos a temas de interesse nacional, em um processo de conscientização ideológica forte, como foi o período da contrarreforma. Aqui, os motivos causantes do riso também mudam de signo, pois devem ser moldados e modulados em solidariedade a funções e objetivos de caráter pragmático e institucional. Resulta fundamental, para entender o processo, lembrar o que Bakhtin escreve sobre o riso, nesse período:

43. Em F.S. Escribano; A.P. Mayo, op. cit., p. 98.
44. E. Asensio, op. cit., p. 17.

A atitude do século XVII em diante a respeito do riso pode ser definida da maneira seguinte: o riso não pode expressar uma concepção universal do mundo, só pode abarcar certos aspectos parciais e parcialmente típicos da vida social, aspectos negativos; o que é essencial e importante não pode ser cômico; a história e os homens que a representam (reis, chefes militares e heróis) não podem ser cômicos; o domínio do cômico é restringido e específico (vícios dos indivíduos e da sociedade); não é possível expressar na linguagem do riso a verdade primordial sobre o mundo e o homem; unicamente o tom sério é de rigor; daí que o riso ocupe na literatura um nível inferior, como um gênero menor que descreve a vida de indivíduos isolados e dos baixos fundos da sociedade; o riso ou é uma diversão passageira ou uma espécie de castigo útil que a sociedade aplica a certos seres inferiores e corrompidos. Esta é, esquematicamente, a atitude dos séculos XVII e XVIII ante o riso.[45]

O riso ambivalente, derivado do folclore festivo e carnavalesco, estava presente nas festas populares de toda a Europa medieval e renascentista, contagiando com sua mofa e seu sentido vitalista os gêneros do teatro breve, no qual o vínculo era mais natural e próximo que na obra maior e idealizada da comédia. Bakhtin o descreve eloquentemente no modelo de François Rabelais e em apreciações parciais da obra de Cervantes e Shakespeare, elogiando que estes souberam transpor em elaborações literárias o espírito do Carnaval, sem traí-lo. Cabe, na opinião do crítico russo, uma função da festa e do Carnaval inerente aos usos da cultura popular, pela qual se afirmava, mediante o riso e a alegria corporal, o triunfo momentâneo sobre o temor cósmico:

Assiste-se assim a uma liberação consequente da seriedade mesquinha dos pequenos assuntos da vida corrente, da seriedade egoísta da vida prática, da seriedade sentenciosa e falaz dos moralistas e beatos, e, no fim das contas, da imensa seriedade do temor que ensombrecia os quadros lúgubres do fim do mundo, do juízo final, do inferno e os do paraíso e da beatitude eterna.[46]

45. M. Bajtin, *La Cultura Popular en la Edad Media y el Renacimiento*, p. 65.
46. Ibidem, p. 343.

Contudo, na medida em que o século XVII avança e, com isso, a profissionalização do teatro e a consciência dos autores sobre as implicações discursivas para a nação entre teatro e cultura oficial[47], o riso também decanta seu sentido e, dando uma guinada, restringe o potencial de seus efeitos catárticos e liberadores, apontando em alguma de suas tendências, como os entremezes de desfile de figuras, uma função quase sempre moralizadora e ideologicamente alinhada à compreensão do Estado sobre como deviam ser os costumes e comportamentos ideais dos súditos do rei[48]. Essa reticência a transpor, na literatura e no teatro, o potencial utópico do riso oriundo da cultura popular, "a conquista familiar do mundo"[49], supõe, de fato, para poetas e atores cômicos, o recado de que, para atingir objetivos pessoais, de ascensão, fama e reconhecimento social, devem prestar um serviço à república (eufemismo que, na época, denomina a monarquia absolutista) e abraçar um pragmatismo programático, esperando despertar a simpatia e o favor dos poderosos e representantes do *status quo*. O riso advindo do teatro breve e seu vínculo com a cultura popular, a partir dessas transformações, começa a ser contornado, pois, além de uma arte efêmera e deleitosa, deve também resultar útil e de proveito. Assim será justificada sua necessidade contra os que advogam por sua proibição.

47. Não devemos esquecer que vários dos entremezistas importantes da primeira metade do século XVII eram homens da corte e serviam como secretários de nobres, como Quevedo, Castillo Solórzano e Hurtado de Mendoza.
48. Martínez Millán, em seu estudo sobre a corte de Felipe II, desde o ponto de vista sociológico e antropológico, escreve que "a sobrevivência num cenário tão competitivo como a corte exigia a prática de determinadas ciências entre as que destacavam a arte da observação, dissimulação e conversação. A boa criança e o conhecimento da etiqueta permitiam distinguir ao nobre do plebeu, mas também o cerimonial gerava constantes conflitos entre pessoas e corpos com respeito à posição que era concedida no teatro social". E em outra parte: "O absolutismo já não se expressava de forma primordial na administração estatal nem nas doutrinas políticas; o eixo do mesmo encontrava-se no modo de vida." Ver em *La Monarquia de Felipe II: La Casa del Rey*, p. 22-23.
49. Bakhtin denominou assim o processo advindo da análise do famoso episódio do limpabunda, no livro I de *Gargântua*, onde se exemplifica eloquentemente o sentido dos processos de rebaixamento de objetos, cuja mudança criativa da função utilitária os libera para um novo nascimento no mundo material. De maneira semelhante, no *Quixote* de Cervantes teríamos o episódio do juízo do baciyelmo.

O mundo do teatro breve perfila uma técnica de composição contraposta ao mundo da comédia, com enredos de mínima complexidade, escassa profundidade psicológica na construção de caracteres, "técnicas de caricatura, exagerações, metáforas animalescas [...], paródia, linguagem de baixo estilo, falas dialetais, jargão e onomástica de personagens com conotações pejorativas"[50], subordinadas a uma função humorística no esquema da sátira e da burla. Se, na *comedia nueva* de Lope de Vega e seus coetâneos, os tipos singelos e os representantes das classes baixas, com exceção das comédias de vilões, ocupa uma posição subalterna nas intrigas e nos temas, no teatro breve, como já foi apontado, os indivíduos do povo, "a plebeia gente", são os protagonistas, ao mesmo tempo que o grupo social elevado e médio praticamente desaparece.

Sobre qual possa ser a melhor maneira de se aproximar, hoje, da leitura desse teatro, a resposta obviamente não pode ser categórica nem definitiva, sob o risco de se autocancelar. Mas, certamente, o significado dos textos teatrais não pode unicamente ser atrelado à palavra confinada no campo referencial da fábula, sem levar em conta a legítima aspiração do texto teatral a realizar-se e materializar-se, pois, como traço distintivo do gênero, suas características condicionam os modos de uso, exigindo uma disponibilidade em consonância com o que virtualmente pressupõe em sua origem enunciativa, tanto como em sua gênese conceitual, o texto pensado para teatro. Daí que toda a dimensão paralinguística, cinésica e prosódica, encerrada instavelmente na porosa escrita dos diálogos, convoque competências afins às formas históricas de execução para as quais esses diálogos foram concebidos, das quais, infelizmente, não possuímos mais que informações indiretas e parciais, que, creio, são suficientes para fornecer munição à criativa máquina mental do leitor. Muito do que vemos e escutamos na leitura das interações dialogais se explica por uma complexa transposição

---

50. I. Arellano, em *Teatro Breve del Siglo de Oro*, edición de Ignacio Arellano, p. 259.

sinestésica do órgão da vista, após substituir a cadeia de traços gráficos por aquilo que representam como signos potencialmente cênicos.

O ato de leitura de peças, se pensarmos no aspecto inerente do folclore, atualiza práticas, gestos sociais, detalhes sutis de uma cultura e de um modo de sentir o mundo que, provavelmente, são desconhecidos ao leitor atual; porém, no transcurso da leitura, este estará em condições de realizar uma apropriação epistêmica e uma elaboração de sentidos para dotar-se de uma experiência que não possuía, e que deve guardar, forçosamente, alguma conexão com a experiência compartilhada por aquela outra comunidade de usuários históricos, constituída pelos destinatários originais. Esse elo fundamental entre comunidades de leitores e espectadores de diferentes épocas dá sentido ao que quer que seja uma tradição discursiva, pois, ao situarmo-nos nela, criamos compromissos afetivos complexos que se projetam no presente e que contribuem a manter ativo o passado. É, no fim das contas, o que se espera desta coletânea: aportar elementos de discussão sobre uma época confusa e crucial, despertar inquietações e aproximar um repertório tradicionalmente periférico de leitores interessados, para que, uma vez lidas, algumas destas peças, inéditas e pela primeira vez traduzidas, logrem ser vistas e ouvidas nos cenários brasileiros.

APRESENTAÇÃO DAS PEÇAS

O *paso* de Lope de Rueda (1510-1565) que abre esta coletânea foi editado por Juan de Timoneda, em 1567. Integra um conjunto de obras breves, chamadas *El Deleitoso*, originalmente numeradas e sem título "para pôr em princípios e entremeios de colóquios e comédias". O título *Cornudo y Contento* (ou *Corno e Contente*) foi-lhe atribuído por Leandro Fernández de Moratín, quando editou cinco *pasos* em *Origenes del Teatro Español*, de 1830. No argumento, Bárbara faz crer ao marido, o simples Martín de Villalba, que está doente para justificar os encontros com o amante, que se faz passar pelo primo da mulher. O desespero de Martín é proporcional à sua incapacidade de interpretar os indícios explícitos do adultério, convertendo-se em objeto central da burla. O riso explora a fraqueza do débil, que se torna vítima fácil da astúcia dos outros. Fernando González Ollé[1] identificou como principal característica dos *pasos* de Rueda um tipo de comicidade "primária, tosca e brutal" que descobre uma sociedade de instintos agressivos, na qual triunfarão o forte

---

1. Em L. de Rueda, *Pasos*, p. 26.

e o ligeiro. O doutor, por exemplo, trai o juramento hipocrático, pois segue a corrente com Martín, simulando ignorar a doença fingida de Bárbara, já que quanto mais tempo se mantenha a falsa enfermidade mais receberá as visitas do simples com seus presentes. O interesse privado sacrifica a ética profissional. A estrutura se compõe de duas partes: na primeira, Martín visita o doutor para que cure a esposa; na segunda, Martín cruza com os amantes que, fugindo de casa, dizem-lhe que vão internar Bárbara em um convento para pôr um remédio definitivo em seus males. Em ambas as situações, a ironia brota do contraste de duas realidades: a imaginada por Martín de Villalba e a transparente evidência dos fatos.

O entremez de *O Cárcere de Sevilha* coloca o leitor na densa atmosfera da célebre prisão de Sevilha. Antro marginal, povoado por mais de mil reclusos: o procurador Cristóbal Chaves o descreveu como "a pior gaiola do mundo, pelos pássaros que vêm até ela de todas as partes"[2]. O mundo da vida criminal organizada ("El Hampa" e "La Germanesca") se concentra nesta preciosa peça anônima, que oferece, na forma de relato ou de diálogo, uma rica variedade dos costumes delitivos de roubo, prostituição, chantagens, assassinatos e surras por encomendas, com suas pitorescas personagens – rufos, valentões, proxenetas, prostitutas, alcoviteiras – e aqueles com quem mantinham forçosa relação – alcaides, procuradores, juízes e guardas prisionais. No argumento, o escrivão trata de comunicar a Paisano sua sentença de morte, enquanto joga em sua cela uma partida de cartas com seus comparsas. Sem reagir, com altivez e desapego à vida, continua o jogo, recebendo elogios em uma espécie de memorial épico de suas façanhas criminosas e suas muitas habilidades em matéria do crime, todas glosadas com solenidade por seus "honrados" camaradas. A peça deixa-nos inúmeros detalhes sobre a exaltação dos códigos éticos desses grupos marginais e de sua organização e disciplina, tão semelhantes

---

2. P.H. Puga, *Sociedad y Delincuencia en el Siglo de Oro*, p. 96. Em espanhol, *pájaro* (pássaro) possui o sentido figurado de pessoa astuta e com poucos escrúpulos.

a outras corporações institucionais, aplicando-se tanto como uma inversão humorística quanto crítica da sociedade. A linguagem de *germanía* (jargão dos marginais e delinquentes), que se aprecia extraordinariamente no texto original, funciona no plano linguístico como um sistema de desvio e, na dimensão social, como um código solidário e afetivo de identidade e reconhecimento dos integrantes da sociedade organizada do crime. Imperdíveis são as exagerações patéticas, ridículas e sentimentais de Beltrana e Torbellina, mulheres de Paisano, ante a perspectiva da perda de seu protetor e proxeneta. Imagens deliciosas do grotesco são servidas neste como em poucos entremezes.

O Hospital dos Apodrecidos é uma obra anônima que inaugura a tendência do entremez de revista de figuras. Nesta antologia, ela pode agrupar-se com *O Examinador Miser Palomo*, *A Remendeira* e *A Castanheira*. Eugenio Asensio rastreia e sintetiza, no *Itinerario del Entremés*, os traços dessa tendência, quando, no começo do século XVII, surge o interesse pelo retrato, que conduz "à paixão por descrever e classificar a fauna social velha e nova e a anedota converte-se em mero pretexto para um desfile de entes ridículos que se chamavam figuras [...] enchendo-se a palavra com uma ênfase pejorativa que sugere afetação ridícula"[3].

Neste tipo de entremez, a ação perde importância ao ser substituída por uma única situação em que desfilam e se reveem os vícios de caráter das figuras satirizadas, como em um cerimonial cortesão ao avesso: Cañizares se apodrece, porque um conhecido usa chinelos no verão e leva a espada com a canhota; os maus poetas enfermam Pero Díaz; Valenzuela se consome, vendo como a seu vizinho tudo lhe sai bem; Gálvez se ofusca, porque uma linda dama enamora-se de um senhor careca de óculos; e Villaverde se enerva, porque sua mulher tem os olhos azuis, em lugar de pretos. As autoridades do hospital, Leyva, o Secretário e o Reitor, encarregadas de avaliar as oscilações de humor das figuras que desfilam ante eles, exibindo uma mania

---

3. E. Asensio, *Itinerario del Entremés*, p. 77-80.

ridícula ou um transtorno absurdo, caem em idêntica compulsão patológica de enfurecer-se com o defeito alheio e, desse modo, serão também detidos pelos Ministros, que, não devemos esquecê-lo, tal e como indica uma rubrica, são os Pícaros. De forma que o giro da ação eclipsa a divisão entre sãos e loucos, juízes e julgados, para denunciar que, em uma sociedade preocupada em excesso com a murmuração e a fofoca, na qual cada sujeito se ocupa mais do alheio que do próprio, ninguém se livra do mal e todos se apodrecem por contágio.

O *Entremez dos Romances* é uma peça editada em 1612 e famosa por sua relação com *Dom Quixote*. A controvérsia sobre a autoria e a data de sua composição chega até os dias de hoje. Quem defende que sua composição foi anterior à obra de Cervantes, de 1605 – Ramón Menéndez Pidal o situa em cerca de 1596 –, tem sólidos motivos para pensar que, pela semelhança do argumento, trata-se de uma influência direta sobre a obra-prima da literatura espanhola. Na ação, Bartolo enlouquece de tanto ler o Romanceiro e abandona sua casa para ir à guerra matar "Drake e prender a rainha" da Inglaterra. A loucura é parecida com a de dom Quixote, de alteração da identidade. A personagem protagonista, Bartolo, abandona sua identidade, deixa de ser quem é para assumir personalidades de várias histórias contadas em romances. Dom Quixote tinha claro quem queria ser e termina por ter um conhecimento preciso de si; Bartolo, porém, não, pois é tomado por uma fúria violenta e irracional que lhe faz passar de umas para outras identidades sem razão aparente que não a de uma memória trucidada e desgovernada. A essa loucura produzida pela mutação de personagens se acrescenta a insanidade do raciocínio que, diferente de dom Quixote, como ressaltou Cesáreo Bandera, não há, pois este é claro e ordenado quando não toca matéria andantesca. Um elemento de não pouco interesse na peça é sua concepção, como uma costura de fragmentos do Romanceiro que saem da boca de Bartolo, o que dá origem a uma relação intertextual, metaliterária e paródica entre o entremez e o repertório romanceril.

Uma singularidade do *Entremez de Mazalquiví* é a mistura da prosa e do verso que, até o começo do século XVII, era mormente prosaico, pela influência de Lope de Rueda. Na segunda década do século XVII, prosa e verso oscilam, até que o verso triunfa como a forma preferida de composição para o restante da centúria. O *Entremez de Mazalquiví* possui uma estrutura mais complexa que os textos de Rueda, com duas partes, uma em prosa e a outra em verso. Na primeira, evoca-se uma situação semelhante a uma audiência pública do mundo marginal, com um rei de rufiões fazendo justiça e resolvendo pleitos, em uma cascata de situações pitorescas que lembram estereótipos da vida criminal e dos ambientes da prostituição. Na segunda, com seu exército de delinquentes, em uma paródia burlesca de uma campanha militar das tropas do rei, este vai até Andújar para reprimir a rebelião do dono de um puteiro, que não quer dividir os benefícios de seus negócios com Mazalquiví, o abade maior. Essa falta de respeito e a insubordinação provocarão a ira de Mazalquiví. A linguagem e os comportamentos são os que se podem esperar do ambiente marginal, com as falas de *germanía* e a exaltação dos códigos de conduta que parodiam, com risível solenidade, o ponto de honra de personagens nobres.

Com os entremezes de Miguel de Cervantes Saavedra (1547-1616), o gênero chega ao ponto máximo de esplendor; pelo menos, constitui um divisor de águas, pois já a partir deles terá pouco sentido afirmar que os entremezes são "férias morais", isto é, jocosos e inconsequentes passatempos. A ideia, por seu vínculo com as festas e o Carnaval, de que os entremezes eram um brinquedo cômico para evadir-se da realidade social e de seus temas controversos foi introduzida pelo mestre Eugenio Asensio. No entanto, a afirmação se debilita quando aplicada a Cervantes e deve ser matizada, pois, na obra do alcalaíno, quase nunca há algo superficial e que não comporte diversas capas de interpretação possíveis para o atento olhar crítico.

Em *A Guarda Cuidadosa*, um sacristão e um soldado pobre disputam o amor de uma criada bonita e tola. O centro da ação está no soldado que, para evitar que os homens dela se aproximem, monta guarda na casa onde a pretendida jovem serve como criada. Isso provocará um desfile de personagens que tratarão de chegar à casa por diversos motivos, mas não conseguirão passar por seus umbrais; o dono, inclusive, também terá impedido o acesso à sua propriedade, intensificando o absurdo da situação. Essa exagerada defesa, que se torna sacrifício burlesco, só caberia teoricamente aos amantes oficiais aceitos por suas amadas, e não aos rejeitados, daí o soldado virar uma figura bufa, quase quixotesca. Cervantes infunde nele o arrogante ar de um fantoche militar ao tempo que o perfila como um soldado caído em desgraça, faminto e pobre, que perambula desnorteado pela urbe sem ter onde cair morto, nutrindo-se de imaginarias glórias militares. Sua inútil ação, emuladora dos tempos em que os soldados também eram respeitados poetas enamorados, amplifica-se nos ecos da paródia e no rebaixamento do sacrossanto valor do heroísmo, da melancólica resistência e da defesa de causas perdidas. Sentimento que, provavelmente, experimentou Cervantes, ao lembrar-se dos tempos de quando era jovem soldado e acreditava na utópica união da cristandade sob o domínio espanhol. Desmoronando-se aquele projeto e com uma caterva de soldados famintos e mutilados, estes passaram rapidamente da promessa heroica e gloriosa do ideal a, na realidade, desempenhar a função dos novos pícaros da Espanha.

O Retábulo das Maravilhas é uma das mais importantes e mais bem realizadas criações do teatro breve espanhol em sua história. Nela combina-se a tradição picaresca, a elegância do engano sutil e malicioso, com a burla mordaz à ignorância aldeã e a seus valores mais irracionais e metafísicos, como a limpeza de sangue e o sentimento de superioridade étnico-religioso. Tudo concebido com uma sofisticada técnica de teatro invisível, em que cabe o sobreposto – como nas bonecas *matrioskas*, o teatro dentro do teatro –, com personagens que duplicarão suas funções, ao serem, simultaneamente, espectadores e atores da própria comédia bufa. Chirinos, Chanfalla e

Rabelín se apresentam em um pequeno povoado para vender às autoridades locais os prodígios de seu maravilhoso retábulo, mas antes se asseguram de que estas entendam a dupla condição que faz possível o milagre: ele só poderá ser contemplado por pessoas que não tenham procedência de convertidos ("raza de conversos") e nem origem de ilegítimo matrimônio. Dessa forma, as autoridades e seus familiares farão e dirão toda classe de hilárias estupidezes para demostrarem uns aos outros que veem, sentem e até temem as coisas que os pícaros dizem sair do retábulo.

O Velho Ciumento é uma das mais divertidas sátiras teatrais contra o controverso tema dos matrimônios assimétricos formados entre meninas e velhos. Cervantes mostra-se intransigente e crítico com o matrimônio que legaliza usos contrários à lógica dos ciclos naturais e que deixa insatisfeitas ambas as partes, sendo uma constante fonte de desdita e infelicidade. Esse tipo de união forçada, na grande maioria dos casos por interesses materiais, não só gerou um tenso debate moral na sociedade como um verdadeiro problema prático de convivência, que justificava a infidelidade. Agustín de la Granja sintetiza o esquema com uma certeira fórmula: "onde há uma esposa insatisfeita haverá um marido corno". Cañizares é o velho ciumento que complica sua aprazível vida ao contrair matrimônio com a novinha dona Lorenza. A jovem esposa, após morar um ano encerrada em casa sem gozar os frutos do matrimônio, com a ajuda da alcoviteira Hortigosa e da lúbrica ninfetinha Cristina, decide arriscar a honra para ter sua primeira experiência sexual. A peça expressa, como poucas, um recurso típico da literatura da época, que Américo Castro denomina "o engano aos olhos", isto é, a melhor das burlas acontece na frente da vítima, coroando-se, desse modo, a sagacidade dos burladores. O procedimento também é conhecido por outras de suas variantes: enganar com a verdade.

Nos entremezes de Cervantes, o objeto da burla é sempre merecedor de castigo, porque nele haverá algo errado, sem importar se os burladores são ladrões de ocasião (*O Biscainho Fingido*), pícaros ambulantes (*O Retábulo das Maravilhas*), sacristães e barbeiros (*A Cova de Salamanca*) ou mulheres infiéis (*O Velho Ciumento*). Após Cervantes, a arte entremezil voltará a se recolher, sendo difícil encontrar no teatro breve pós-cervantino peças com semelhante complexidade estrutural ou iguais profundidade e capacidade associativa de temas e ideias; porém, este seguirá sendo fiel a si mesmo: ágil, divertidíssimo, espelho de modas e tendências sociais e engraçado no tocante à representação de comportamentos e usos linguísticos. Com Quevedo, alcançará sua maior densidade satírica, como se poderá apreciar na seleção das quatro peças da coletânea.

Em *A Remendeira*, Francisco de Quevedo y Villegas (1580-1645) satiriza um vício disseminado entre pessoas que perambulam pela corte: a obsessão com os estragos do passar do tempo e o deteriorar do corpo. As aparências cobram importância nesse espaço cortesão e as vaidades ficam ressaltadas como o principal defeito moral do caráter a ser satirizado. Dona Sancha, dom Crisóstomo, dona Ana, Godínez e Ortega, personagens-figuras que recorrem à "remendeira", singular prestadora de serviços da grotesca clínica ambulante de estética corporal e facial, tratam por todos os meios de deter e dissimular os inevitáveis signos da velhice: repor dentes, endireitar pernas, esticar cútis facial, muitas vezes com elevadas doses de autoengano. A remendeira, no entanto, figura com escassos escrúpulos e rebaixada em sua condição social, provavelmente pertence à estirpe da Celestina, completando um quadro geral de degradação nos costumes da vida na corte. A estrutura é simples, tendo como ponto central as atividades da remendeira, que, em um rápido encontro, recebe os clientes e trata de dar conta de suas demandas.

No *Entremez da Venda*, Quevedo ajusta contas com os maus afamados vendeiros e seus negócios pouco honestos. Era conhecido de todos que os cardápios nas vendas podiam corriqueiramente ser objeto da manipulação retórica de seus donos, pois sofriam facilmente alterações entre o que se anunciava como manjar suculento e o que finalmente podia ser servido, com sérios riscos para a saúde e menoscabo do bolso. A ação da peça concentra-se em Corneja e sua criada, Grajal. Corneja representa o tipo de pousadeiro ladrão, avaro e mesquinho, que, trocando gato por lebre, frauda os incautos viajantes. Grajal é a criada jovem, moça da venda, que segue o jogo do patrão, porém reprovando sua política comercial com engraçadas indiretas, em forma de canções, nas quais se alerta da condição de vendeiro infame. Tanto Corneja como Grajal são nomes que, em espanhol, remetem às sinistras aves de mau agouro (gralha, corvo). O Moço, personagem incidental, protagoniza com Grajal um simpático requebro de amores, um modo de cortejo galante que joga paralelamente com o clichê literário que, nas vendas, associava as criadas com prostitutas. Como destacam a maioria dos editores atuais, nesta, como em outras peças breves de Quevedo, o verdadeiro protagonista é a habilidade do autor no uso da linguagem: "o virtuosismo da agudeza conceitista [...] as dissemias, graças dos calemburs, truncados jogos de palavras, zeugmas etc."[4]

Carta de Escarramán a Méndez representa o modelo de *jácara* como recitativo, na forma de romanceiro monologado, sobre a figura de um *jaque* ou delinquente. Posteriormente, as *jácaras* admitirão também diálogos (as *jácaras* entremezadas), sendo os *bailes*, para os representantes dos bons costumes e do decoro, insinuantes e lascivos, e a *germanía*, o modo de falar próprio dos ambientes marginais, traços característicos e imprescindíveis do gênero. José Antonio González de Salas, na edição de *El Parnaso Español* (1648), afirma ter a língua espanhola muitas e variadas espécies, algumas não pouco ridículas e bárbaras, como as contidas na fala dos ciganos e nas que os rapazes fingiam ou inventavam, entre as quais destaca as que os rufiões tinham composto para entenderem-se entre si somente. Escarramán converteu-se em uma famosa figura folclórica que,

---

4. *Teatro Breve del Siglo de Oro*, edición de Antonio Rey Hazas, p. 244.

junto com o baile que leva seu nome, transcendeu e muito os limites históricos e biográficos de suas façanhas. Nas *jácaras*, sua aparição como protagonista ou figurante opera já como apelativo a um arquétipo do imaginário popular. Méndez é a mulher de Escarramán, a quem comunica sua detenção em tom heroico e crepuscular. Como diz Gonzalo Correas, em seu *Vocabulario de Refranes y Frases Proverbiales* (1626), trata-se de nome vulgar associado à prostituição: "Veja quem me chamou de puta, senão Méndez?"

No entremez *O Marido Pantasma*, a ação gira em torno das vicissitudes de Muñoz, um futuro marido e suas engraçadas ansiedades ante a possibilidade de contrair núpcias. O centro da sátira é a instituição do matrimônio e, mais precisamente, as desgraças dele advindas, que são antecipadas de uma forma hiperbólica e neurótica. A ofensiva contra o matrimônio, assunto julgado na peça como mal social endêmico, complementa-se com o tradicional repertório de piadas contra sogras. Segundo Ignacio Arellano, o entremez conteria também uma paródia sobre o mecanismo da comédia, na parte do sonho visionário em que Lobão aparece para Munhoz, quando este dorme, para dar-lhe conselhos casamenteiros.

Luis Quiñones de Benavente (1581-1651) foi para os entremezes o que Lope de Vega, para a comédia. Dedicado quase exclusivamente ao cultivo do teatro breve, para muitos estudiosos trata-se do autor mais importante após Cervantes e uma referência do gênero, com Quevedo, Moreto e Calderón. *A Morte* se intitula como entremez cantado, expressando-se, desse modo, as variantes formais que experimentava o gênero em sua evolução. Se Quevedo imprimiu nos motivos de seus entremezes um intenso tratamento de sátira social, Quiñones, como neste lúdico e divertido brinquedo festivo, parece mais inclinado a captar o espírito de regozijo das festas populares. Na peça, evoca-se o tema medieval das danças macabras, ou dança da morte, que irrompe na terra para dialogar com os humanos antes de arrastá-los ao além, fazendo, dessa forma, justiça e igualando a condição social de todos: ricos e pobres, nobres e plebeus, homens e mulheres etc.

Os Mortos-Vivos, também de Quiñones, incide por completo na vertente do humor entremezil que beira o absurdo e converte toda a ação da peça em um puro disparate, digno de uma antologia do teatro surrealista. A anedota argumental do irmão que protege a honra da irmã, ante a tentativa de seu amante de se encontrar com ela, deriva imediatamente em situações de uma comicidade disparatada, que lembra as comédias de besteirol, com um humor suportado em uma troca de turnos rápidos e réplicas que multiplicam jogos de palavras e que propiciam um dinâmico movimento das personagens na cena, com marcada expressividade de corpo e gesto.

O Examinador Miser Palomo populariza a técnica de revista de figuras, inaugurada, como foi dito, com O Hospital dos Apodrecidos, e coloca no centro da cena a personagem do satírico, que irá escrutando, como se fosse um desfile individualizado, uma série de tipos socialmente extravagantes. Ambientado em um espaço urbano e cortesão, a técnica desse entremez, que servirá para os outros que adotam essa fórmula de êxito, prevê que as figuras estrambóticas encarregadas de expor suas manias, vícios e apreensões sejam também as que façam enfatuados autorretratos de sua condição ridícula. A figura do satírico só terá de validar e confirmar as confissões de cada caso examinado e classificá-los. Este, igual a outros entremezes de mesma tendência, possui um forte componente carnavalesco: as comissões oficiais rebaixadas em suas dignidades servirão à burla tanto quanto as figuras que revistam, propiciando situações de inversão, paródias e degradações bufas. Estreado no palácio ducal, por motivo das festas de Lerma, em 1617, para Eugenio Asensio, a fama de seu autor, Antonio Hurtado de Mendoza (1586-1644), assenta-se com esse entremez, cuja importância histórica, na opinião do crítico, excedia seu valor literário.

A Castanheira é um entremez inserido no relato picaresco Las Aventuras del Bachiller Trapaza, de Alonso de Castillo

Solórzano (1584-1647), publicado por Pedro Vergés, em 1637. Ambientada a ação em um espaço urbano, conta a história de Juana, uma dama simulada que oculta sua baixa condição social e sua antiga profissão de castanheira. Após ser abandonada por seu marido, um comerciante que lhe deixou algo de dinheiro, propõe-se a receber pretendentes para concertar seu estado civil. Os diversos aspirantes que a cortejam também ocultam seus humildes ofícios e origens sociais, mas serão descobertos pela habilidade de Juana e se verão obrigados, não sem sentir vergonha, a retirar sua candidatura, até que um deles, por sua vez, o lacaio, descobre o passado da dama e, também envergonhada, esta o aceita como marido. O entremez, nesse caso, põe-se a serviço de um escritor que combina funções como secretário de aristocratas para satirizar a plebe em suas aspirações de mobilidade social ascendente.

As Carnestolendas é, como indica o título, um brinquedo teatral cômico que evoca o clima do Carnaval. A chegada da comemoração de dom Carnal e seu espírito festivo desencadeiam a anedota estruturante da ação burlesca e servirão como pretexto para Maria, Rufina e Luisa organizarem uma comédia caseira. Ao criarem uma obra de teatro doméstica, gerarão uma situação de teatro dentro do teatro com o fim oculto de burlar o velho avarento e roubar-lhe seu dinheiro (novamente, a burla no centro da ação entremezil). Tanto no discurso do Velhote como nas interações com suas filhas (Maria, Rufina) e a criada (Luisa), apreciam-se motivos tipicamente carnavalescos, como o recurso à linguagem injuriosa, os excessos com a comida e a bebida do falso Gracioso, as temidas travessuras com animais e as mofas com pessoas relatadas pelo Velhote, até o final da peça, com a aparição de um figurante, o homem ao revés, metade homem, metade mulher, que caminha para trás e que, iconicamente, representa a inversão carnavalesca do mundo à avessas. É justo ressaltar que a seleção, nesta coletânea, da única peça breve de Pedro Calderón de la Barca (1600-1681), que demonstrou igual talento tanto para o teatro dramático e trágico quanto para a comicidade entremezil, não expressa uma proporção equitativa com a importância do autor no conjunto da produção do teatro breve áureo.

O *Sininho*, de Agustín Moreto y Cavana (1618-1669), cuja composição é datada em torno de 1660, é definido pelo Grupo Moretianos como um entremez de magia. Escamilla comprou um objeto, o sininho, mas é repreendido pela mulher, Manuela, que lhe acusa de gastar inutilmente o dinheiro; porém, quando descobrem suas propriedades, ambos se surpreendem e decidem testá-lo. A anedota do argumento alude ao efeito paralisante do som do sininho quando é tocado, permitindo a quem o toca deslocar-se pela cena e intervir nela. Isso, por sua vez, faz referência à obra satírica *La Hora de Todos y la Fortuna con Seso* (1636), de Quevedo, conjunto de cenas em que a morte irrompe subitamente na vida das pessoas, congelando o tempo em uma situação delicada, revelando, daí, o caráter de fantasia moral, defeitos, debilidades e erros humanos. A relação causal da aparição como consequência de um erro moral exibido com o propósito de ser examinado desaparece no entremez de Agustín Moreto. Como corresponde naturalmente ao espírito de leveza e ao propósito lúdico dos entremezes, substitui-se pelo divertido jogo do poder do sininho de congelar diversas cenas de costumes e comentá-las.

O Retrato Vivo, igualmente de Moreto, segundo propõe María Luisa Lobato, foi um entremez escrito também em torno de 1660 para os comediantes Juan Rana (no papel de Cosme Pérez) e Bernarda Ramírez. O teatro de Moreto teve uma grande aceitação popular e seus contemporâneos o consideravam um dos mais destacados dramaturgos do seu tempo. Emilio Cotarelo situa Moreto e seu teatro breve (que Lobato agrupou e editou em três loas, oito bailes e vinte e cinco entremezes) em um seleto grupo de autores posteriores a Cervantes, no mesmo nível de qualidade de Quevedo, Quiñones e Calderón. O assunto principal de *O Retrato Vivo* é um tema recorrente dos entremezes: o castigo aos ciúmes mediante a burla do ciumento. O ciumento, Cosme, resulta ser um sujeito propício, pois extraordinariamente curto de inteligência, e sua mulher, Bernarda, que não carece de astúcia, aproveita-se para tramar uma prodigiosa burla: quando aquele estava sendo retratado, fez-lhe acreditar que se converteu em uma pintura de si mesmo e que, consequentemente, estava exibido na moldura de um quadro sem poder fugir dele, já que, como reconhece o próprio Cosme: "o pintor disse ao me adornar / que posso me matar se me despintar". O mote propicia uma série de situações hilárias, quando Bernarda é visitada e galanteada por seus amantes na presença do retrato vivo de seu marido.

Já *Loa*, selecionada nesta coletânea, pertence ao poeta dramático mais famoso de seu tempo, Félix Lope de Vega y Carpio (1562-1635). Parece que o apelidado "Fénix de los Ingenios" adentrou pouco no cultivo do teatro breve, mas deixou-nos algumas loas. Estas, originalmente, integram-se no início do espetáculo barroco para captar a atenção do público e apaziguar seus impulsos agressivos, predispondo o auditório para a recepção (*captatio benevolentiae*). Existe uma diversificação das loas[5], dependendo dos fins pragmáticos, lugares e propósitos da representação: cômicas, sacramentais, cortesãs, alegóricas, teológicas etc. Se, inicialmente, constitui-se como uma voz que elogia, por exemplo, uma personagem ou a própria cidade onde se apresenta, posteriormente incorpora pequenos brotes de ação dramática, dando lugar à loa entremezada ou dramatizada. Na loa escolhida, o narrador nos leva para uma espécie de errante passeio pela urbe, ao mesmo tempo que conta, em primeira pessoa, as impressões que lhe produzem uma série de eventos de caráter teatral e espetacular. O espectador ou, nesse caso, o leitor descobre e comparte, mediante o ponto de vista dinâmico do representante, uma monologada experiência ficcional.

---

5. O professor Carlos Mata-Induráin, no anexo deste livro, contribui com uma sintética apresentação das principais características dos gêneros do teatro breve áureo, incluindo a loa.

PEÇAS

NOTA DA EDIÇÃO

No caso das peças em verso, nosso objetivo foi que o texto traduzido respeitasse o número de versos do original. O número de linhas, no entanto, pode levar o leitor a considerar haver discrepância na contagem dos versos caso não se leve em consideração o fenômeno do verso partido, ocasionando duas ou mesmo três linhas para um único verso. Um verso octosílabo, por exemplo, pode ser distribuído em duas intervenções dialogais (falas de duas personagens) de quatro sílabas fônicas. Quando acontece isso, a segunda parte dos versos, que aparecerá na linha seguinte na fala de outra personagem, se apresenta com um recuo.

Muitas referências foram tiradas de dicionários antigos, como o *Diccionario de Derecho Canónico*, o *Diccionario da la Real Academia Española* e o *Diccionario de Autoridades*, que estão disponíveis na internet para consulta, daí a eventual não indicação das referências bibliográficas completas.

CORNO E CONTENTE

Lope de Rueda

Personagens:
LÚCIO (médico doutor)
GERÔNIMO (estudante)
MARTÍN DE VILLALBA (simples)
BÁRBARA (mulher de Martín)

LÚCIO: *Oh, miserabilis doctor, quanta pena paciuntur propter miseriam!*[1] Que falta de sorte é essa? Como pode que, durante todo o dia, eu ainda não tenha receitado nada? Pois veja quem surge para atenuar minha penúria! Este é um tolo cuja mulher o fez crer que está doente para se divertir com um estudante. E ele é tão inocente que não deixa de me fazer pelo menos duas ou três visitas ao dia. Mas, vamos lá, porque, enquanto ele tiver frangos ciscando no seu quintal, por mim,

---

1. A profissão de médico tinha uma péssima fama na época e é constantemente satirizada em diversos gêneros literários. Aqui se apresenta o doutor dissimulando sua ignorância e fazendo uso dum latim macarrônico, recurso típico dos entremezes, em um ato de arrogância pedante, que também constitui objeto de burla. O emprego de diversos jargões se vincula a uma técnica de caraterização, muitas vezes degradante e ridícula, dos tipos sociais representados em *pasos* e entremezes, como prostitutas, rufiões, biscainhos, pícaros, bobos, soldados etc.

que sua mulher nunca deixe de ter febre. Aproxime-se, bom senhor Alonso de...

MARTÍN: Não, não, senhor Doutor, chamo-me Martín de Villalba, a seu dispor.

LÚCIO: *Salus adque vita in qua Nestoreos superetis dias*. Para que isso[2], irmão Martín de Villalba?

MARTÍN: Senhor, perdoe-me que ainda sejam galetos. Mas, cure minha mulher, que lhe prometo um ganso que estou a engordar.

LÚCIO: Que Deus os dê saúde.

MARTÍN: Não, não, primeiro a minha mulher, pela graça de Deus, senhor.

LÚCIO: Menino[3], pegue esses frangos e feche a gelosia.

MARTÍN: Não precisa senhor, que estes frangos não voam. Vossa mercê sabe como comê-los?

LÚCIO: Não ao certo.

MARTÍN: Veja, primeiro deve matá-los e depená-los, e, depois, jogar fora as penas e os miúdos, caso estiverem estragados.

LÚCIO: E depois?

MARTÍN: Depois, cozinhe-os e coma-os, a gosto.

LÚCIO: Parece-me bom, tudo isso. Mas diga-me: como passou esta noite a sua mulher?

MARTÍN: Senhor, descansou um pouco, porque como dormiu em casa aquele seu primo, o estudante, que tem a melhor mão de curandeiro do mundo, não ouvi esta noite nenhum "aqui me dói".

LÚCIO: Eu acredito.

MARTÍN: Guarde-nos, Deus, do diabo!

LÚCIO: E continua em casa?

MARTÍN: Pois, se não fosse assim, ela estaria morta.

LÚCIO: E ela tomou o purgante?

MARTÍN: Ai, minha mãe! Não quis nem sentir o cheiro. Contudo, encontramos um jeito de remediar seu desdém e fazer com que lhe agradasse a medicina.

LÚCIO: E que jeito foi esse?

MARTÍN: Senhor, aquele primo dela, como é muito letrado, sabe até o que o diabo deixa de saber.

LÚCIO: Como assim?

---

2. Dêixis. À vista do doutor o presente que lhe traz Martín Villalba.

3. Vocativo para interpelar ao ajudante do doutor, que observa a cena sem falar e não foi registrado pelo autor entre as "pessoas" que participam do *paso*. Esta intervenção do doutor implica o movimento cênico do rapaz pegando o galeto e saindo do espaço cênico ocultando-se atrás da gelosia.

MARTÍN: Disse-me: "Veja, Martín de Villalba, vossa mulher está indisposta e é impossível que ela beba isso. Vossa mercê diz que quer o bem dela." E eu disse: "Ah! Minha mãe! Não duvide disso. Eu a amo tanto quanto amo um bom prato de couves com toucinho." Disse ele: "Então, recorda que quando se casaram, disse o padre que casados estariam unidos na mesma carne?" E eu disse: "Sim, é verdade." Disse ele: "Pois, sendo verdade o que o sacerdote disse e sendo tudo a mesma carne, tomando vosmecê este purgante, beneficiará vossa mulher, tanto como se fosse ela mesma quem o tivesse tomado."

LÚCIO: E o que fez?

MARTÍN: Por Deus! Mal acabou ele de falar, que o recipiente já estava mais limpo e seco do que se tivesse deixado o gato da vizinha lamber a gamela, vizinha essa que, acho eu, é a mulher mais desbocada de toda essa terra, diga-se de passagem, e seu gato também.

LÚCIO: Bem que lhe beneficiaria!

MARTÍN: Guarde-nos Deus! Eu é que não pude dormir nada, mas ela, só às onze da manhã acordou. Eu tinha meu estômago tão vazio... pois, de madrugada, fez efeito a medicina, e parece que o purgante trouxe muito benefício à minha mulher. Ela se levantou com uma fome incomensurável, tanta que teria sido capaz de comer um novilho inteirinho, se lhe fosse oferecido.

LÚCIO: E então...

MARTÍN: Então, senhor, como eu não podia me mover pelas dores que sentia, disse-me o seu primo: "Ande, mau marido, que é homem de mau coração; tão soturno que, com uma dose mínima desse maldito purgante, já está parecendo mais uma coruja noturna e de mau agouro do que outra coisa." Então, o primo, dizendo e fazendo, pegou uma galinha pelo cangote, até parece que agora mesmo o vejo, e, em um instante, a galinha foi assada e cozida, e repartida entre os dois.

LÚCIO: E o senhor ficou só olhando ou participou do festim?

MARTÍN: Ai, minha mãe! Bem quisera eu ter participado, mas me fizeram crer que faria mal à minha mulher tudo o que eu comesse.

LÚCIO: Fez muito bem. Veja como o senhor há de viver tranquilo, doravante! Pois, pelo que me parece, basta, agora, que curemos vossa mercê.

MARTÍN: Sim, senhor, mas não me mande mais tomar aquele purgante. Senão, haverá por certo tanto desperdício de tripas que o corpo acabará tal e como um coador, todo furado.

LÚCIO: Agora eu tenho algumas visitas marcadas, vá-se embora e volte aqui amanhã, que com a boa orientação que eu lhe darei, em pouco tempo vossa mercê estará curado.

MARTÍN: Que Deus o permita, senhor.

Sai o doutor e permanece Martín de Villalba. Entram Bárbara, sua mulher, e o estudante.

ESTUDANTE: Pelo corpo do mundo, senhora Bárbara. Veja aqui vosso marido que vem da casa do doutor Lúcio; creio que ele nos viu. Que faremos?

BÁRBARA: Não há nada que temer, senhor Gerônimo, deixe que eu sei embaucar meu marido, como de costume. Fá-lo-ei crer que vamos cumprir certos votos pela minha saúde.

ESTUDANTE: E... ele acreditará?

BÁRBARA: Se ele há de acreditar? Como não? Bem se vê que vossa mercê mal o conhece. Se eu disser a meu marido, durante o mais rigoroso inverno, que ele vá se banhar no mais gelado córrego, dizendo-lhe que é importante para minha saúde, ainda que ele possa afogar-se, atirar-se-á com roupa e tudo. Fale com ele.

ESTUDANTE: Bem-vindo seja, senhor Martín de Villalba, marido de minha prima e o melhor amigo que tenho.

MARTÍN: Oh, senhor primo de minha mulher! Saudações! Oh! Que bom ver esta cara sorridente e tão alegre. O que há de novo? Oh! Mas quem é aquela que leva tão vestida como uma noiva, com tanto pano que não se lhe vê o rosto?

ESTUDANTE: Deixe-a. Não a toque. É uma moça que nos lava a roupa, lá na hospedagem.

MARTÍN: É verdade?

ESTUDANTE: Sim, eu garanto. Por que eu haveria de mentir a vossa mercê?

MARTÍN: E eu acredito. Não se zangue. E aonde a leva?

ESTUDANTE: À casa de umas beatas, que farão uma oração para o mal de enxaqueca.

MARTÍN: Está brincando?

ESTUDANTE: Não, não estou. Juro pela sua vida e a luz que brilha em meus olhos.

MARTÍN: Pois vá, então. Necessita algo?

ESTUDANTE: Deus lhe dê saúde. Não, por enquanto, não preciso de nada.

MARTÍN: Como quiser.

BÁRBARA: Oh, que grande besta este meu marido que não me reconheceu! Acelere o passo, vamos logo sair daqui.

MARTÍN: Ei, ei, primo de minha mulher!

ESTUDANTE: O que quer?

MARTÍN: Espera, corpo do diabo! Que... ou eu muito me engano, ou aquela é a saia da minha mulher. Se for ela, aonde a leva?
BÁRBARA: Ah, seu traidor! Veja só que memória tem de mim. Encontra com sua mulher na rua e não a reconhece!
MARTÍN: Cale-se, não chore assim que me quebra o coração; que eu a reconhecerei, mulher, ainda que não queira, daqui por diante. Mas, diga-me: para onde vai? Voltará em breve, senhora?
BÁRBARA: Sim voltarei, vou somente rezar umas novenas para uma santa pela qual tenho grande devoção.
MARTÍN: Novenas? E o que são novenas, mulher?
BÁRBARA: Não o sabe? Por novenas entende-se que tenho de estar reclusa por nove dias.
MARTÍN: Sem voltar para casa, alma minha?
BÁRBARA: Pois sim... sem voltar para casa.
MARTÍN: Muito medo me deu, primo da minha mulher. Meu sangue gelou e pálido fiquei eu de susto, ao perceber sua brincadeira e meu engano.
BÁRBARA: Pois vamos combinar algo.
MARTÍN: O que, mulher do meu coração?
BÁRBARA: Que vossa mercê fique durante todos os dias que eu lá estiver só a pão e água, para que assim eu aproveite mais a devoção.
MARTÍN: Se não é mais do que isso o que pede, estou contente. Volte em breve.
BÁRBARA: Adeus, e cuide bem da casa.
MARTÍN: Senhora minha mulher, não lhe cabe mais falar como se estivesse vosmecê doente, pois o doutor disse que a mim há de curar, e que a senhora, bendito seja Deus, já está melhorando.
ESTUDANTE: Fique bem, irmão Martín de Villalba.
MARTÍN: Vão com Deus. Olhe, primo de minha mulher, não deixe de aconselhá-la, e se ela se sentir bem com as novenas, que faça ela dezenas, ainda que eu precise ficar de jejum mais um dia, pela sua saúde.
ESTUDANTE: Fá-lo-ei. Fique com Deus.
MARTÍN: E vá vossa mercê com Ele.

O CÁRCERE DE SEVILHA

Anônimo

Personagens:
- GARAY
- ESCRIVÃO
- SOLAPO
- TORBELLINA
- PAISANO
- BELTRANA
- ALCAIDE
- PROCURADOR
- COPLILLA (pícaro)
- BARRAGÁN
- ESCARRAMÁN
- MÚSICOS (dois)
- QUATRO

Dentro, ruído de grilhões, correntes e presos. E dizem, sem entrar:

GARAY: Abre aqui, Alcaide, que nos comem os percevejos!
SOLAPO: Abre aqui, sinhô Alcaide, que nos devoram os carrapatos!
PAISANO: Leve-nos a mijar, sinhô Alcaide.

Entram Garay, Solapo e Paisano, com correntes nos pés e violões.

GARAY: Louvado seja Deus, pois vejo o céu de Cristo.
SOLAPO: Louvado seja Deus, pois vejo o nubífero.
PAISANO: Louvado seja Deus, pois vejo o Sempiterno.
SOLAPO: Meus sinhôs, todos com guitarras. O que é isto?
PAISANO: Já saberá vosmecê[1] que compus sobre aquela letrinha que diz: "Cantando renego..."
GARAY: Que vosmecê compôs?
PAISANO: Sim, sinhô.
GARAY: Eu também.
PAISANO: E vosmecê também? Pois escute vosmecê a minha.

Tocam e canta Paisano.

Alto mar esquivo,
de ti dou querela:
sete anos estive
por força em galeras,
nem comi pão terno,
nem provei carne fresca;
em galeão sempre andei
e nunca saltei em terra,
até a uma ilha chegar,
chamada Sardenha;
agora me vejo em prisão
que é uma pena maior!
Contudo a maior que sinto
são os ciúmes daquela
Beltrana, a brava
que foi a primeira
que me encheu deste gosto[2],
e a algibeira.
Pegou-a Gorosco,
levou-a Antequera,
e ao padre ordinário[3]
a entrega e a empenha.

---

1. No original "voacé", forma vulgar de tratamento que os rufos na linguagem de *germanía* derivam de "vuestramerced".
2. Referência explícita aos genitais, muito provavelmente acompanhada dum gesto obsceno.
3. Expressão convencional para referir-se ao cafetão.

E alguém que canta,
cantando renega.

Dizem todos juntos:

TODOS: Viva, bravo, viva!
GARAY: Agora, lá vai a minha; escutem vosmecês:
Pior é a minha
porque é outra queixa,
estou sentenciado,
a dez de galera.
Do fiscal padrasto
meu Deus me defenda,
dos caguetes
e oficiais,
das chicotadas,
chibata e verdugo;
e alguém que canta,
cantando renega.
TODOS: Viva, bravo, viva!
SOLAPO: Agora, então, vai a minha; escutem vosmecês:
Pior é a minha,
que é outra querela
que têm comigo
os presos da cana.
Facas de cabo,
furo e broca,
o olho alerta
todo homem tenha
porque se acometessem,
tenhamos defesa
e meus camaradas
façam resistência.
Soem os valentes
da prisão afora;
e alguém que canta,
cantando renega.

Dentro, um ruído de correntes e de presos, que entram, brigando, uns por uma parte e outros por outra, com almofadas e facas; entrará o alcaide e eles fugirão, saindo de cena, ficando somente Barragán, Paisano e o Alcaide.

ALCAIDE: Que barulho é esse? Pela vida do rei que passarei alguém para outro calabouço ou dormirá no cepo.[4]

BARRAGÁN: Se vosmecê passar alguém a outra cela, verá que aqui tem homens que... (*estala os dedos*)

PAISANO: Se vosmecê tenta passar algum a outra cela, tem gente aqui que não aceitará, e voto a Cristo que haverá quem soterre um punhal que somente o próprio Deus conseguirá retirar.

ALCAIDE: Por minha vida e o que represento; se posso, no meu presídio não haverá alvedrio para os ladrões.

PAISANO: Sinhô Alcaide, todos de roubo entendemos, da manufatura, de estender a mão, de enfiar dinheiro no bolso, e dizer: não há de quê!

ALCAIDE: O que é isso, Barragán? Já tomais para ti as manhas do Paisano?

BARRAGÁN: Pelo menos, sinhô Alcaide, vosmecê não dirá que não há na prisão homem mais pacífico que eu e o sinhô Paisano.

ALCAIDE: Como falas isso, sendo a principal causa da pendência?

PAISANO: Cala, sinhô Alcaide, que não sabe de nada, mas desculpe; isso não era pendência, era um jogo e uma maneira de brincar. Acredite vosmecê que, se essa fosse pendência séria entre os dois cônsules que aqui estamos, não haveria cirurgião em Sevilha que não estivesse ocupado na cela, costurando tripas e remendando entranhas.

ALCAIDE: Vejam esses valentões, que depois terminam pendurados no tronco, como o gado no açougue! Bom, agora, quero meu presídio calmo, portanto, deem-me as mãos, que irei apertar a dos outros também.

BARRAGÁN: Sô Alcaide, advirto a vosmecê que eu e o sinhô Paisano temos a resolver alguma ofensa pendente. Porém, será na rua e em liberdade, onde cada um olhará pela sua pessoa.

ALCAIDE: O que digo é que, no navio e na prisão, nem no corpo de guarda, tem o homem direito à ofensa; e que, com meus pecados, já passei por isso, pois também eu fui alvo de dejetos.

PAISANO: Cala, sinhô Alcaide, pois nada sabe da vida e suaviza as coisas. Basta, agora, a mão de amigos, mas, saindo do purgatório deste presídio e indo ao céu da rua, atenção e cuidado, porque poderá encontrar a ponta da faca para lhe acertar.

ALCAIDE: Tudo bem! Agora, fiquem quietos e sossegados. (*Sai.*)

PAISANO: Quem tem cartas de baralho para acalmar esse pesadelo?

BARRAGÁN: Na minha cela, há. Opa, o Coplilla!

---

4. O traslado de um preso veterano para outra unidade lhe faz perder privilégios e implica perda de poder.

COPLILLA: O que manda vosmecê?
BARRAGAN: Dá cá o livro real, impresso com a licença de sua Majestade.[5]
COPLILLA: Toma-o aqui.
BARRAGÁN: Quê? Tá na mão, ladrão? Quem tem din-din para jogar?
PAISANO: Seis contos tenho e isso jogo.

Começam a jogar.

BARRAGÁN: Corte vosmecê.
PAISANO: Eu dou.
BARRAGÁN: Aí eu ganho.
PAISANO: Saia vosmecê e me deixe embaralhar, pois quero misturar bem as cartas e não dar chance de vitória.
BARRAGÁN: Corta.
PAISANO: Tiro uma.
BARRAGÁN: Coloco o coração e as barbas, tendo sorte, no que for, e sai isso?
PAISANO: Ah! Damas putas. Me despeço.

Entra Garay com roupas que ganhou de Solapo, e este vem com ele.

SOLAPO: Sinhô Garay, vosmecê tem a obrigação de jogar até ganhar todas as roupas que me restam, e, senão, que fale o sinhô Paisano, que é uma das principais autoridades na matéria.
PAISANO: Vosmecê jogou?
GARAY: Sim, joguei.
PAISANO: Ganhou?
GARAY: Ganhei.
PAISANO: Pois que dê a sentença o sinhô Barragán, que é homem capaz de enfiar em todos os homens do mundo o baralho garganta abaixo.
BARRAGÁN: Pagando com meu dinheiro, está vosmecê obrigado a jogar com ele até deixá-lo como Adão veio ao mundo.
SOLAPO: Lá se vão as vestes que ainda tenho.
GARAY: Se me ganham, vou à minha cela, cobrindo a dianteira com uma folha da figueira.

Entram o Alcaide e o Escrivão.

ALCAIDE: Paisano, vem te notificar de uma sentença; sinto, mas é de morte.

---

5. Na fala de *germanía*, jargão do mundo marginal, "livro real" refere-se ao baralho de cartas.

ESCRIVÃO: Escuta, irmão, o que te quero notificar.
PAISANO: Embaralhe vosmecê, e retire estes pares.
ESCRIVÃO: Escutaste o que falei, irmão?
PAISANO: Aguarde vosmecê, que o que vale, agora, é isso aqui.
ESCRIVÃO: Não queres ouvir! Senhores, vossas senhorias sejam testemunhas como o juiz que entende de tua causa o condena à morte.
PAISANO: A quem? A mim?
ESCRIVÃO: Não! A mim!
PAISANO: Vamos, corta!
ESCRIVÃO: Escuta, irmão, o que tenho de te notificar.
PAISANO: Vejamos esta barafunda. Que boas Páscoas nos vem a notificar?

O Escrivão lê a sentença em voz alta.

ESCRIVÃO: Sentencio que, pela culpa que contra Paisano resulta, por ela devo condená-lo, e condeno, a que saia da prisão onde está montado em um asno com albarda, e que um pregoeiro vá adiante, publicamente, manifestando seu delito; e seja levado pelas ruas habituais, e depois seja levado à praça, onde estará montada uma forca, nela sendo pendurado pelo pescoço, onde, naturalmente, morrerá. E que ninguém ouse retirá-lo sem minha ordem. E mando, sob pena de vida etc.
PAISANO: Quem deu essa sentença?
ESCRIVÃO: O juiz que atende tua causa.
PAISANO: Pode ser que seja meu juiz. Mas, diga-lhe vosmecê, se é tão honrado, que nos encontremos no campo a sós, ele com sua sentença e eu com minha espada de sete palmos; veremos quem mata. Esses juizinhos, tendo um homem encarcerado feito um besugo, logo lhe afilam como com uma faca de cozinha: "Sentencio que devo condenar, e condeno, que seja levado pelas ruas de sempre em um asno com albarda..." Que diga tudo! Valha-te o diabo, sentença de pepitória! Não é melhor dizer que morra este homem e economizar de tanta guarnição?
ESCRIVÃO: Por Deus que estou por escrevê-lo assim, visto tanta falta de vergonha!
ALCAIDE: Vai, senhor Escrivão, e não faças caso dessa gente desalmada.
GARAY: Sinhô Paisano, chame-o vosmecê e diga-lhe que apela.
PAISANO: A ele digo: Ah! sinhô Escrivão! Vem aqui vosmecê.
ESCRIVÃO: Que queres, irmão?
PAISANO: Como está se sentindo o sinhô, depois que deixou um homem farto até as entranhas? Coloque aí que apelo trinta vezes.

ESCRIVÃO: Com uma só basta. E para quem diremos que apelas?
PAISANO: Apelo a Deus, porque, se eu apelo para esses oficiais da audiência, remediadores das sentenças, penso que não terei nenhum remédio.
ESCRIVÃO: Senhor Alcaide, escuta uma palavra no ouvido.

Fala em seu ouvido e sai.

PAISANO: Eh! O que quer falar ao ouvido?
ALCAIDE: Irmão, isso vai de mal a pior; o Escrivão me notificou que terás de subir à enfermaria para que nela te coloquem o hábito de penado.
PAISANO: E não se pode fazer outra coisa, sinhô Alcaide?
ALCAIDE: Não, irmão; chama vosso procurador e diga-lhe que apelas, pode ser que estes senhores o escutem, e eu me alegrarei na alma.
PAISANO: Pois, sinhô Alcaide, vosmecê me faça o favor de que não me coloquem o hábito do penado que retiraram do enforcado do outro dia. Estava velho e esfarrapado e não vou colocar de jeito nenhum, pois, já que tenho de ir, quero ir como homem honrado e não feito um pícaro; sendo assim, fico no presídio.
ALCAIDE: Eu te darei gosto nisso.
PAISANO: E vosmecês farão o favor de me visitar na enfermaria, e me dizer as ladainhas que se costuma fazer para os presos honrados; e, no caminho, avisarão a Beltrana, para ver se tem remédio essa desgraça. Recomendo, meus reis; que não haja choros, lágrimas nem barafundas, que me irei para ficar de bem com o Sempiterno.

Saem Paisano e o Alcaide.

SOLAPO: Por Deus, sinhô Barragán, que se o Paisano morre, não sobra homem que saiba dar um golpe repentino, à noite. Digo algo, meu sinhô?
BARRAGÁN: Por certo, sinhô Solapo, que se o Paisano morre, perde Barragán o melhor amigo do mundo, porque é grande arquivo e fonte de armações para os pobretões. Olha o que faltará se morre: a crônica dos salafrários, contraventores, sicofantas, mariolas, vilões, bandoleiros, safardanas, canalhas, velhacos, celerados, biltres, patifes, bisbórrias, tratantes, pilantras, trambiqueiros. E, no fim, para desconsolo que nos aumenta a dor, faltará um sucinto definidor da vida de um rufião.
GARAY: Não haverá homem honrado em todo o mundo, se faltar o Paisano.

Entram Torbellina e Beltrana, mulheres de bordel, com bordados e mandis brancos, e o Procurador com elas.

BELTRANA: Maninha, deixe-me com esse ladrão do Procurador, que lhe arranharei o focinho.
TORBELLINA: Tente maninha, ou deixe comigo, e vamos ao que interessa.
BELTRANA: Ai, maninha! Que eu tenho a culpa, que me deixei ludibriar por esse ladrão do Procurador; pois me enganou, dizendo que tinha de fazer um ofício, e agora o fez e o entrega; e está o Paisano condenado à morte. Deixe-me unhá-lo na cara.
PROCURADOR: Tenta, mulher dos diabos! Que te quebrarei a cabeça com essa escrivaninha.
BELTRANA: Ai, maninha! O que é isso? Jesus, estou morrendo! (*Desmaia.*)
TORBELLINA: Segure-a, sinhô Procurador; olha que desmaiou.
PROCURADOR: Para com isso, mulher dos diabos! Não me basta ter o pleito nas costas, que também devo servir de criado de mulheres?

Entra Paisano, vestido com uma bata de enforcado e uma cruz na mão; com ele, o Alcaide.

ALCAIDE: Eia, Paisano, pede a Deus que te ajudes nessa angústia.
BELTRANA: Ah! Sentenciado de meus olhos! O que é isso?
ALCAIDE: Olá! Olá!

Dentro, muita gritaria.

ALCAIDE: Quem deixou estas mulheres entrarem aqui? Botem-nas para fora, senão, por minha vida que as deixo presas.
BELTRANA: Ah! Sentenciado de minh'alma e de minha vida! (*Chora.*)
PAISANO: Quem trouxe aqui estas acompanhantes do mal para morrer?
TORBELLINA: O que é isso, Paisano de minha vida? (*Chora.*)
PAISANO: Quem trouxe estas carpideiras infernais?
BELTRANA: Ah! Que se acaba já meu regozijo!
TORBELLINA: Ah! Que já não teremos quem nos console em nossas intempéries, naufrágios e borrascas!
PAISANO: Xô, fora, donzelas. Não fiquem latindo nos meus ouvidos.
ALCAIDE: Saiam daqui...
PAISANO: Beltrana, nada me diga. Da alma te encarrego, pois o corpo te serviu em tantas ocasiões; e uma de tuas amigas (você não o faça, pelo escândalo que possa haver), quando estiver enforcado, limpará meu rosto, para não ficar feio, como outros pobretões. E me trará uma gola de marca, aberta, com detalhes e bem trabalhada; pois quero ver, antes que vá desse mundo, quem fez essa denúncia.
BELTRANA: Até na morte foi limpo o meu amor; apostarei que não haverá mais bem enforcado no mundo.

TORBELLINA: Oh! Que invejosos há de ter!

PAISANO: Sinhora Torbellina, vosmecê será testemunho ou testemunha, o que melhor lhe pareça, de que faço a esta fêmea herdeira de todos meus bens, móveis e imóveis de meu calabouço. Itens: de quatro a cinco pratos e tigelas, furadeira, bacia, um candelabro de barro, uma frigideira e um braseiro. Itens: uma manta e um estrado, um penico e um polidor. Quem retire isto de ti, filha, minha maldição terá.

TORBELLINA: Muito bom foi o sinhô Paisano.

PAISANO: Beltrana, antes que eu me mande desse mundo, quero deixá-la bem de vida. Solapo é meu confrade e me pediu para falar contigo: é homem de garra, que brigará e te defenderá. Capitulando minha alma, tu lhe entregarás teu corpo.

BELTRANA: Maninho de minha vida, isso eu faria de muito bom grado, se você manda; porém, dei minha palavra a outro.

PAISANO: Cordeira, ainda não saí desse mundo e já entregas a palavra a outro! Não conseguirás. Não vês que este é casamento clandestino?

ALCAIDE: Eia, botem para fora estas mulheres, que vão em má hora.

Saem as mulheres.

PAISANO: Sinhô Procurador, o que faremos se esse juiz quiser me enforcar de repente, sem escutar minha apelação?

PROCURADOR: Cala, que não o farás. Não tenhas pena de nada disso, pois o direito nunca ficou órfão de si; e, se fosse de Deus que o enforcasse, eu te faria...

PAISANO: Como assim, que me enforcasse?

PROCURADOR: Pois, senhor Paisano, que te deixes enforcar; que aqui fico eu!

PAISANO: Boas facadas lhe deem!

Cantam, dentro, as ladainhas e todos respondem.

ALCAIDE: Isso me parece que é o que importa: teus amigos vêm para te dizer as ladainhas.

PAISANO: Na morte, deixa-se de ver os que são amigos. Saiam todos os que puderem, em forma de figuras burlescas, com as velas acesas nas mãos e cantando as ladainhas. Vejam-me aqui, cercado de gralhas galegas.

GARAY: Que fale o sinhô Barragán, que é o mais honrado e mais venerável.

BARRAGÁN: Eu não o farei: que fale o sinhô Solapo.

SOLAPO: Nem estando na rua, em liberdade, diria uma palavra: fale o sinhô Quatro.

QUATRO: O Quatro não o fará: fale o sinhô Garay.

GARAY: Garay não o fará: não há o que dizer.

PAISANO: Este não é tempo de rombos nem de alvoroços. Fale o mais próximo opositor dessa cátedra da morte e que se guardem suas preeminências.

SOLAPO: Para não perder o antigo costume que se tem com os presos honrados, digo assim para que, nesses lutos, veja vosmecê o que sentem seus camaradas. Queira Deus que o sigamos, sendo no céu; e apodreça-se o diabo, que tenho duas sentenças de morte. Por que não veio a outra para acompanhar vosmecê?

PAISANO: Oh! Que desgraçado sou! Infernize-se o diabo que não fossemos de taberna em taberna, tirando umas e outras; seria uma grande honra para mim estar acompanhando de um par de consortes como vossas senhorias!

SOLAPO: E o capanga que prendeu vosmecê? Se eu saio... não digo nada.

PAISANO: Esse capanga é oficial delator, fez seu ofício; vosmecê me fará a mercê de enterrar um punhal em suas entranhas, e, com isso, sairei muito contente desta vida.

BARRAGÁN: Sinhô Paisano, console-se vosmecê com o que a justiça o faz, que outro não podia com vosmecê no mundo. E essa pode dar sofrimento... a vosmecê e a todo o mundo... vosmecê deixe-os; que não digo nada.

PAISANO: Ninguém, sob pretexto de amigo, pense em me compadecer nessa despedida. Quero saber se é desonra pensar no que disse o sinhô Barragán quando me disse que a justiça pode dar-me tormento?

GARAY: Não é fardo o que disse Barragán; isso pago com minha honra.

PAISANO: Essa continua aumentado. E já que resultam das testemunhas a peça de acusação, vosmecê me fará o favor de cortar de uma as orelhas e da outra, o nariz e, nas demais, apagar os rostos com uma adaga; que, com isso, irei contente para a outra vida.

ESCARRAMÁN: Vosmecê entre na morte como saiu na vida, fique tranquilo, pois quem apronta, paga.

PAISANO: Ainda bem que vosmecê é testemunha do que fiz nesta vida, a eficácia com que me apliquei no crime, sem levar feridas ou pernas quebradas.

ESCARRAMÁN: Se, ao subir no patíbulo, as pessoas chorarem, não lhes vire a cara nem seja predicador no lugar dessa desgraça, porque é filho e vizinho distinto de Sevilha e não deve mostrar sinal de covardia.

PAISANO: Não tratarei disso nem direi: "Mães que têm filhos, vejam como os doutrinais e educais", pois tudo é ebriedade e barafunda.

ESCARRAMÁN: E ao carrasco que lhe deu tormento, que o fez confessar tudo o que não havia feito, quando eu sair... não digo nada.

PAISANO: Esse carrasco... vosmecê me fará o favor de esfarinhar a vida dele com um bom mortificador?
ESCARRAMÁN: Isso farei com muito gosto!
QUATRO: Muito pesar me deu Beltrana, que, em minha presença, arranhou-se a face.
PAISANO: Acredite vosmecê que a mulher sentiu n'alma esse pesar que a justiça quer me dar, pois se arranhou o retábulo.
QUATRO: Disse-me que, quando vosmecê passasse por gradas[6], viraria o rosto; pois mais apreciaria ver-lhe com um laço na garganta que com uma corrente de ouro de quatro voltas.
PAISANO: Creio eu que foi mulher de grande ser, amiga do esparto; acostava-a, eu, com laço de esparto[7], chamando-a suas amigas de esparteira. E, assim, tem metido o esparto nas entranhas.
QUATRO: E ao Secretário de Justiça, se eu saio... não digo nada. Porém, cá entre nós: esse homem que o degringolou, era pessoa de respeito?
PAISANO: Era um pobretão afetado, que pensou que eu fosse algum medroso; foi derrubado em seguida, já sabe vosmecê o que faço, de costume, com a adaga de ganchos: desvio e enfio, e lá foi o ingênuo, que se viu na boca do leão, sendo cordeiro.
QUATRO: Sinhô Paisano, rogo a vosmecê que não simule um punhal com a cruz, pois é indecência.
PAISANO: Não me dei conta.

Entram o Alcaide, os músicos e as mulheres.

ALCAIDE: Aleluia, Paisano, pois já escutam estes senhores tua apelação.
PAISANO: Já me escutam? Não estão em seu juízo!
BELTRANA: Parece não ficar contente com tão boas novas.
PAISANO: Há motivos para isso.
BELTRANA: Que motivo pode ser, fígado do cão[8]?

---

6. Referência ao local na catedral de Sevilha, onde se amontoavam e davam cita os valentões e rufiões.
7. A referência de Paisano ao "esparto" para resumir em poucas palavras a vida da Beltrana, aponta, metaforicamente, a um modo de vida duro e sórdido, alinhado ao crime em todas as suas formas. A expressão "le huele la garganta a esparto" se aplica a quem cometeu grandes e terríveis delitos e estava preso, à espera da sentença (*Diccionario de Autoridades*). Por outro lado, a soga para enforcar estava feita de esparto. Evidentemente tratava-se dum material ignóbil.
8. Traduzimos literalmente "hígado de perro" por "fígado de cão" sendo que essa expressão deve derivar de outra "tener hígado" aplicada à valentia e coragem dos rufiões (*Diccionario de Autoridades*).

PAISANO: Tem de saber que me alegro por ti, pois ficarias órfã e só, e sinto pesar por estes sinhôs, que já tinham feito o gasto com a cerimônia e os lutos. E eu não sei que vontade terei de andar pela prisão a partir de agora.

BELTRANA: Ô, haverá novas chances.

PAISANO: Sinhô Alcaide, tome vosmecê esta cruz e ponha no altar para outra ocasião que me será oferecida, certamente. E vosmecês, regozijem-se e alegrem-se e gastem minhas provisões.

Tocam, cantam e dançam.

BELTRANA: Pois já está livre
meu sentenciado,
gaste-se meu din-din
e o que tenha ganhado.
Gaste-se meu rancho todo,
até que me veja sem rancho,
pois meu navio[9] e disposição
a tão grande gosto acomodo.
Sacuda-se o pó e o lodo
e o Mellado e o Garrampiés
gozem com este presente
por seu valor esforçado.

MÚSICOS: Pois já está livre
meu sentenciado,
gaste-se meu din-din
e o que tenha ganhado.

BELTRANA: Digam logo a Helipa
as novas desta sentença,
e que se gaste em minha presença
dois presuntos e uma pipa;
e bebam, pois participam
deste bem tão soberano.

MÚSICOS: Pois já está livre
meu sentenciado,
gaste-se meu din-din
e o que tenha ganhado.

Saem, fazendo chacota e gritando, e a peça finaliza.

---

9. Com "navio", a Beltrana refere-se a seu corpo.

O HOSPITAL DOS APODRECIDOS

Anônimo

Personagens:
LEYVA
MARISANTOS
REITOR
PÍCAROS (dois)
PERO DÍAZ
GÁLVEZ
SECRETÁRIO
CLARA
DOUTOR
VILLAVERDE
CAÑIZARES
VALENZUELA

(*Entram Leyva, o Reitor e o Secretário.*)

LEYVA: Jesus! Jesus! Que hospital foi feito por aqui?
REITOR: Era tanta a podridão[10] que havia neste lugar que se corria um grande perigo de que se engendrasse uma epidemia por aqui, que morresse mais

10. Segundo anotam Ignacio Arellano e Celsa Carmen García Valdés, na época em que foi escrito este entremez, atribuído ocasionalmente a Cervantes, eram denominados ▶

gente que no ano da peste bubônica; sendo assim, concordaram na república, por via de um bom governo, em fundar um hospital para curar os feridos dessa doença ou pestilência, e fizeram de mim o reitor.

SECRETÁRIO: Depois de ter uma prisão para as mulheres e um hospital para os que apodrecem, o lugar funciona melhor que um relógio.

REITOR: Vossa mercê não queira nem saber, senhor Leyva, havia homem que nem comia, nem dormia durante sete horas, fazendo discursos; e, quando via uma pessoa com uma corrente ou uma roupa nova, dizia: "Quem te deu isso, rapaz? Onde o encontraste? De onde tiraste isso? Não tens mais posses do que eu; e, mesmo tendo mais que tu, apenas posso dar uns fitilhos à minha mulher." E preocupados com isso se amargavam, e se envenenavam. Mas ponhamo-nos aqui e veremos sair os doentes.

Entra o Doutor, tomando o pulso de Cañizares.

DOUTOR: Senhor Cañizares, eu não encontro doença alguma em vossa mercê.

CAÑIZARES: Como não, se trago comigo um fervedouro, um desespero e uma raiva intrínseca? E, não é por acaso, tenho um abscesso engatado no coração.

DOUTOR: Pois então, de onde lhe vem a vossa mercê tanta podridão?

CAÑIZARES: Somente de ver um homem: e é tal a aversão que sinto por ele, que o dia em que topo com ele pela rua, volto para minha casa e fico ali sem sair dela durante todo aquele dia, enfiado em um canto, pensando que vai me acontecer alguma desgraça.

DOUTOR: É certo que vossa mercê tem razão, que há homens que só de olhá-los já se pode perceber isso e, gratuitamente, fazem com que se os queiram mal.

CAÑIZARES: Vossa mercê não vai querer que eu apodreça e me converta em uma traça cruel e abjeta, sendo que esse é um homem que usa chinelos no período canicular[11], e a espada na canhota?

▷ "apodrecidos" todos aqueles que inconformados com alguma situação se queixavam amarga e constantemente. O nome se relaciona à teoria dos humores (sangue, fleuma, melancolia e cólera), que deveriam apresentar certo equilíbrio para que se pudesse vir a ter saúde e bom caráter. Vicente Pérez de León, no estudo sobre a influência de Huarte de San Juan na concepção do teatro breve de Cervantes, defende que com *la destemplanza*, que o dicionário de Sebastián de Covarrubias define como "o ser humano que perde o concerto da razão", Cervantes estaria reagindo contra teorias políticas e religiosas oficiais sobre o indivíduo, "propondo uma reflexão sobre o ser humano, fundamentada em erros inevitáveis causados principalmente pela idade ou condição" (*Tablas Destempladas: Los Entremeses de Cervantes a Examen*, p. 106).

11. Canicular: o que é concernente, relativo, pertencente ou alusivo à temporada do ano em que faz muito calor (acima de 35°C) e que pode chegar a durar sete semanas.

DOUTOR: Mas, o que interessa a vossa mercê que o outro traga a espada na canhota e chinelos nos caniculares?

CAÑIZARES: Ora, não deveria interessar-me se mandam esse homem por governador de um dos melhores lugares dessa terra?

DOUTOR: Já entendi sua podridão: é porque vossa mercê pretende obter esse mesmo cargo.

CAÑIZARES: Como assim pretender? Isso não passou pela minha cabeça em nenhum momento, em toda a minha vida; eu só apodreço ao ver aqueles que serão governados pela mão desse homem, que em tal tempo usa chinelos e que mal poderá administrar os negócios com eficácia; e, se é canhoto, não poderá fazer as coisas direito.

REITOR: Vamos, Doutor, faça com que metam aí esse doente e que saiam os outros.

DOUTOR: Venha, irmão, e será curado.

LEYVA: Vejam só do que está apodrecendo essa gente!

Entram os ministros, que são uns pícaros, e também Pero Díaz e Marisantos.

PERO DÍAZ: Eia, deixai-me, Marisantos; que eu não tenho nada para beber nem para comer, nem para dormir, nem para sossegar um pouco vendo essas coisas.

MARISANTOS: Pois então, Pero Díaz, um homem como vós e de vosso entendimento há de apodrecer de maneira a perder a fome e morrer de pena?

PERO DÍAZ: Então, como não vou apodrecer, se houve poeta que tivesse atrevimento de escrever este estribilho?

Jogando estavam, jogando
juntos o xadrez, um dia,
o famoso imperador
e o rei moro de Almería.

MARISANTOS: Mas, o que o importuna que o outro escrevesse isso?

PERO DÍAZ: Importuna muito. Porque levantaram falso testemunho contra o imperador; porque um príncipe de tanta majestade, tão colérico, não deveria sentar-se para jogar nos tabuleiros um jogo de tanta fleuma, ainda mais sendo com um rei mouro de Almería. Eu tenho, se é que esse poeta está vivo, que fazer com que se desdiga; e, se estiver morto, ver em seu testamento se deixou alguma cláusula que declare isso.

MARISANTOS: Claro, lindo disparate! Por causa disso não pode comer nem dormir? Muito engraçado o cuidado que tomou!

REITOR: Venha aqui, irmão: de que é a sua podridão?

PERO DÍAZ: Com os poetas.

REITOR: Está apodrecido com poetas? Abundante trabalho tem. E com que poeta se apodrece?

PERO DÍAZ: Com esses que fazem canções na noite de Natal, que dizem mil disparates com uma mistura de heresias. E olhe vossa mercê que, dando-lhe aquela oitava de Garcilaso, que diz:
Perto do Tejo, em solidão amena,
De verdes salgueiros há uma espessura;
Ele a transformou nisso:
Perto de Deus, em solidão amena,
De verdes santos há uma espessura.
E, perguntando quem eram esses santos, disse que são Felipe e Santiago, e outros que aparecem pela primavera.

REITOR: Um disparate engraçado!

PERO DÍAZ: Em uma noite de Natal, entrei em uma igreja deste lugar e o encontrei cantando este motete:
Quando sai Jesus por seus domínios
Belzebu não aparece, e Satã se esconde.
E, perguntando de quem era, respondeu: "Meu", muito satisfeito, como se tivesse feito uma grande coisa. E outro também estava cantando isto:
Que fazeis neste portal,
meu Deus, pelo homem ingrato?
Zaz de um gato, zaz de um gato!

REITOR: Não se maravilhe, porque esses poetas invernais são como melões.

PERO DÍAZ: Também me enervam outros poetas, que pensam que sabem e não sabem, e outros que sabem e não pensam.

REITOR: Aclara-me isso. O que quer dizer com sabem e não pensam?

PERO DÍAZ: Que há poetas que sabem o que fazem, e, por não pensar, acabam atirando para todos os lados.

REITOR: Este tem uma grande necessidade de medicamentos, e, dessa maneira, será melhor entregá-lo aos maus poetas, para que eles o curem.

PERO DÍAZ: Não, pelo amor de Deus!

REITOR: Ministros! Enfiem esse doente lá.

Internam-no.

LEYVA: Há coisa pior que o estado deste!

REITOR: Pois aí vem outro, que não estará nem um pouco melhor!

Entra Valenzuela.

VALENZUELA: Parece mentira que seja um homem tão sortudo, qualquer coisa que toca lhe sai bem. Estou parecendo uma poção de veneno, destilando matéria por todas as partes.

REITOR: Qual é o distúrbio deste?

SECRETÁRIO: Senhor, este é um apodrecido furioso e lhe causa grande pesar ver como a um vizinho seu tudo lhe sai a contento.

REITOR: É um caso espinhoso e é mais inveja que apodrecimento.

VALENZUELA: Como assim, inveja? Que diabos me levem se isso for verdade, senhor reitor; ao contrário, este é um homem muito avarento e miserável e, justamente por ser assim, nada lhe poderia sair bem.

REITOR: Tem razão, que a esses pouca ventura os havia de ajudar. E, se alguém tem razão de apodrecer, é este homem; assim, podemos dar-lhe três dias por semana para que apodreça.

VALENZUELA: Como três dias? Apodrecerei ainda mais por não apodrecer.

REITOR: Deus o abençoe e que apodreça o tempo que achar preciso.

VALENZUELA: Beijo as mãos de vossa mercê por sua misericórdia.

Sai Valenzuela e aparece Gálvez.

GÁLVEZ: Que mulher de mau gosto! Dizia-se que por ela há olhos que de remelas se apaixonam.

REITOR: O que apodrece este irmão?

SECRETÁRIO: Este irmão apodrece porque uma formosa dama deste lugar está apaixonada por um homem careca e que usa óculos.

REITOR: Então, por causa disso apodrece, irmão? E o que vossa mercê tem a ver com o mau gosto da outra?

GÁLVEZ: Então não tenho nada a ver? Preferiria vê-la apaixonada por um demônio. Por que uma mulher tão linda há de favorecer um homem quatro-olhos e careca?

REITOR: E com que cólera dizeis isso!

GÁLVEZ: E não deveria dizer com cólera? Diga-me vossa mercê, o que há de fazer uma mulher ao despertar e ver que tem a seu lado um homem calvo (ou caveira, ou abóbora, assim como se parece um calvo), e como pode vê-lo com bons olhos, sendo que ele os tem tão defeituosos?

REITOR: É, está apodrecido. Ministros, recolham este apodrecido!

GÁLVEZ: Eu, senhor? Por quê?

Internam-no.

LEVYA: E os apodrecidos vão-se desmoronando! E se não se faz alguma coisa a respeito, em poucos dias se multiplicarão a tal ponto que será necessário que exista outro mundo onde possam habitar.

REITOR: Leia vossa mercê essa relação, senhor Secretário.

O Secretário pega uns papéis e lê.

SECRETÁRIO: Aqui também tem alguém que se apodrece com aqueles que têm narizes muito grandes.

REITOR: Ao diabo com ele! O que lhe importa que os outros os tenham grandes ou pequenos?

SECRETÁRIO: Ele diz que sempre que um narigão desses anda por uma rua apertada, é preciso ir meio de lado, para que possam passar os que por ela caminham. E, fora tal inconveniente, há outro maior, que é o de gastar lenços disformes de tal maneira que poderiam servir de velas para os navios.

REITOR: Este tem um humor podre.

SECRETÁRIO: Outro se apodrece de que hajam os que comem com babadores.

REITOR: E não está muito longe da verdade. Porque esses se parecem com violões de ébano com capa branca, e se tornam afeminados. Mas notifique-o de que, dentro de três dias, tem de estar curado de seu problema; senão lhe meterão goela abaixo um remédio de proparoxítonos de poetas que lhe farão pôr a alma para fora, se for necessário, preparado com os miolos dos tais poetas.

SECRETÁRIO: Haverá no mundo suficientes miolos de poetas para que se possa encher meia casca de avelã, e, mais ainda, para preparar um remédio? Pelo menos há de se ter quatro onças de todas as provisões que competem na arte medicinal.

REITOR: Siga adiante.

SECRETÁRIO: Outro tem problemas com médicos; quando estes lhe dão a receita para a cura, vão logo dizendo: "Não quero, não quero!", e colocam a mão atrás, como uma grande colher.

REITOR: Este realmente se dá mal. De que servem os melindres em que há tanta vontade de mais, se mais lhe fosse dado?

SECRETÁRIO: Outro se apodrece por, ao existir tão poucos discretos, haver tantos alfaiates e sapateiros.

REITOR: Mas o que queria que existisse?

SECRETÁRIO: Veterinários e oficiais com alma de asnos.

REITOR: Este coitado vai de satírico. Ponham-no na boca do estômago, para que se detenha, um emplastro de moços de alfaiate, e defumem-no com dez pelos das sobrancelhas da Celestina, pois daqui eu vejo mais de quatro.

SECRETÁRIO: Aqui há certas velhas que ficam muito bravas, porque as galinhas de suas vizinhas põem ovos mais gordos e criam melhores frangos.
REITOR: Esses são transtornos frívolos. Joguem nas velhas um pó de figos amarelados.
SECRETÁRIO: Também há duas pessoas casadas: o marido se inquieta porque a mulher tem os olhos azuis, e ela se incomoda com a boca grande do marido.
REITOR: Elas devem ser bem-humoradas; venham até aqui, que os quero ver.

Aparecem Clara e Villaverde.

CLARA: Notável senhor, melhor seria ele se incomodar com sua disforme boca, que não parece outra coisa que uma boca de forno, e me deixar quieta com meus olhos, sejam azuis ou verdes.
REITOR: Venha aqui, irmão. Incomoda-o que sua mulher tenha os olhos azuis?
VILLAVERDE: Sim, senhor; agora, não se usam mais que os negros.
REITOR: Mas que desatino! Se Deus lhe deu os olhos dessa cor, o que se pode fazer?
VILLAVERDE: Para isso existe a habilidade: que os tinja, pois de tanto brigar por causa disso é que minha boca se deformou.
REITOR: Que disparate engraçado este, nunca ouvi falar disso em toda a vida! Assim, é imprescindível dar a vossas mercês uns botões de fogo[12] com ferros de médico e boticários.
VILLAVERDE: Mesmo esses são piores que os dos letrados; porque uns se contentam em limpar seu bolso e os outros, em acabar com sua saúde e sua vida.
LEYVA: Senhor Secretário, esta senhora é mulher deste homem?
SECRETÁRIO: Vossa mercê não está vendo?
LEYVA: Jesus! Jesus! Jesus! Jesus mil vezes!
SECRETÁRIO: Por que vossa mercê está se benzendo?
LEYVA: Por acaso não tenho de me benzer se uma mulher tão formosa está casada com um homem tão feio como é este, que não parece mais que um besouro?
SECRETÁRIO: Então, isso é o que a incomoda?
LEYVA: Como quer vossa mercê que eu não apodreça e não me envenene vendo coisa semelhante? Esta senhora merece um príncipe por marido, que seja um anjo em condição e em presença.

---

12. Segundo Arellano, "botones de fuego" era uma forma de cauterizar feridas com ferro.

SECRETÁRIO: Está acabado! Ministros! Internem este degenerado!
LEYVA: Eu? Por que razão?

Internam-no.

REITOR: Senhor Secretário, já viu vossa mercê que um homem de tão bom entendimento haja dito tantos disparates?
SECRETÁRIO: E isso lhe causa pena?
REITOR: Como não vai me causar inquietação ver que um homem que eu tinha em tão bom conceito, por ser sensato e prudente, tenha perdido o juízo?
SECRETÁRIO: Vossa mercê está apodrecido. Ministros!
REITOR: Eu, senhor Secretário?

Internam-no.

CLARA: Senhor Secretário, muito me admira que um homem como vossa mercê não tenha dado um melhor fim ao senhor Reitor.
SECRETÁRIO: Então, isso a incomoda?
CLARA: Pois não tenho de sentir-me desgostosa vendo que vossa mercê não teve o menor respeito pelo senhor Reitor, sobretudo sendo-lhe este superior em tudo? Bastava ver-lhe a autoridade para ter respeito e não o tratar da maneira que vossa mercê o tratou.
SECRETÁRIO: Escutem, escutem, que perdida vai a irmã, que perdida. Ministros, prendam esta irmã!
CLARA: Eu, senhor? Veja só, vossa mercê...

Internam-na.

SECRETÁRIO: Senhor Villaverde, esta senhora é sua mulher?
VILLAVERDE: Se é minha mulher? Por que vossa mercê me pergunta isso?
SECRETÁRIO: Pergunto porque noto que vossa mercê a vê sendo presa e continua aí, com toda essa fleuma.
VILLAVERDE: E não tenho de estar?
SECRETÁRIO: Como estar tranquilo? Não me diga isso, que atirarei todos os papéis e me fará perder a paciência. Então, um homem como vossa mercê, tão honrado, não tem a obrigação de sentir a desgraça de sua mulher?
VILLAVERDE: Intranquilo está o amigo: não escapará do hospital. Ministros!

Internam-no os ministros, enquanto Villaverde pega o seu violão e canta:

Que ninguém se incomode

do que os outros fazem.
Porque toda a nossa vida
é como um jogo de naipes,
em que todas são figuras,
e o melhor, melhor se faz.
Deixemos que cada um
viva na lei que goste
ainda que julguemos sua vida
semelhante à de Genebra[13].
Presuma que às Musas
já esvaziou os urinóis
que pode ser companheiro
dos que pastam nas fortalezas.
Que é valente aquele que, acostumado
aos mais robustos manjares,
não se acha sem galinha,
porque a traz consigo.
E que ao poder do arrebol,
cosméticos com mercúrio e chumbo
a que demônio é em pessoa
queira um anjo parecer.
Veja do modo que vão
os que recebem pesares,
e ficam bravos e sentem pena
das necessidades alheias.
Que ninguém se incomode
do que os outros fazem.
Tomem a mim como exemplo
que quando encontro na rua
duas pessoas esfaqueando-se
não intervém a minha espada.
E então olho com desejo,
se o astrólogo arrogante
em seu repertório mente,
procuro nunca ficar bravo.
Saia o sol ao meio-dia

13. Por ser Genebra uma das primeiras cidades que acolheu a reforma protestante, converteu-se, no mundo católico, em um tópico atribuir-lhe fama de rebelde e liberal em matéria de pensamento e costumes.

e quando novos me calce os
sapatos, que chova logo,
que é desgraça bem notável.
E depois de ter-me furtado
metade do pano o alfaiate,
não saia bom o vestido,
ficando estreito ou grande.
Pareça bem a comédia,
ou digam que é disparate,
venham ou não as pessoas
ouçam com silêncio ou conversem.
Eu não penso em me zangar,
nem que o contentamento me acabe,
ainda que me digam bacalhau,
ainda que de bacalhau seco me chamem.

ENTREMEZ DOS ROMANCES

Anônimo[1]

Personagens:
BARTOLO
BANDURRIO (criado de Bartolo)
ANTÓN (pai de Bartolo)
DOROTEA (irmã de Bartolo)
TERESA (esposa de Bartolo)
MARI CRESPA (mãe de Teresa)
PERICO (irmão de Teresa)
PERO TANTO (idoso)
SIMOCHO (pastor)
MARICA (pastora)
MÚSICOS

---

1. Muitos trechos das falas deste entremez estão entre aspas porque são citações literais ou muito aproximadas do *Romanceiro*. Bartolo, como Dom Quixote com os livros de cavalaria, é um leitor compulsivo, que enlouquece de tanto ler romances e sai pelo mundo acreditando ser Valdovinos, entre outras personagens. Uma boa leitura complementar a esta peça é o artigo de Alfredo Rodríguez López-Vázquez, infra. Nele se defende a autoria de Cervantes para este entremez em razão do emprego de recursos técnicos inovadores, como procedimentos metaficcionais com intenções paródicas, que poucos autores na época estariam em condições de realizar.

Entram Mari Crespa, Teresa, Perico e Pero Tanto, vestidos de lavradores.

MARI CRESPA: Diz, senhor Pero Tanto,
   isso é verdade?
PERO TANTO: Mas me espanto,
   Mari Crespa, que duvides
   De minha verdade.
MARI CRESPA: Não te enfureças,
   que não o digo por tanto.   5
PERO TANTO: Tanto por tanto, já te digo
   que teu genro e amigo
   quer partir para a guerra,
   e deixar sua esposa e terra,
   que o consultou comigo.   10
   De ler o Romanceiro
   tem dado em ser cavaleiro,
   por imitar os romances,
   e entendo que, em poucos lances,
   será louco verdadeiro.   15
   E por mais que o persuadi,
   está tão fora de si
   que se ausenta de Teresa.
PERICO: Que por ser minha irmã me pesa.
TERESA: Ai! Mal casada de mim!   20
   Que Bartolo, meu companheiro,
   quer se fazer guerreiro!
   Mãe, com quem me casou?
MARI CRESPA: Pois, tenho a culpa eu?
PERICO: Ai! Que se vai meu cunhado!   25
TERESA: Ai, meu querido Bartolo!
   Que hei de fazer sozinha?
PERICO: E eu (*só*),
   que farei eu sozinho sem ti?
MARI CRESPA: Ai, Bartolo!
PERICO: Ei-lo aqui.
   Vem despedir-se.
TODOS: Onde está?   30

(*Entram Bartolo, de lavrador, e Bandurrio.*)

BARTOLO: "Selem-me o potro ruço[2]
de meu pai, Antón Llorente,
deem-me a moringa,
e o gabão de pano verde,
a lança, em cujo ferro   35
se urinaram os meses,
o casco de cabaça[3],
e o machete biscainho,
e para minha carapuça
deem-me as plumas do tordo,   40
que por ser o tordo um martim[4],
servirão de martinetes[5].
Porás o broche azul
que me deste para pôr
Teresa, a do Villar,   45
minha mulher, que está presente."
Parte logo, Bandurrio,
e faz que tudo se adereça.
BANDURRIO: Ligeiro vou, que os soldados
têm de ser diligentes.   50

Vai-se Bandurrio.

MARI CRESPA: Que é isso, filho Bartolo?
Que é isso em que nos metes?
Casado de quatro dias,
queres deixar a minha filha?
PERICO: Senhor cunhado, não vás   55
renhir com os ingleses,

---

2. Segundo Ignacio Arellano, um famoso romance de Lope de Vega, várias vezes parodiado e modificado, começava assim: "Ensíllenme el potro rucio / del alcalde de los Vélez, /denme el adarga de Fez / y la jacerina fuerte." O poeta e dramaturgo Luis de Góngora (Espanha, 1561-1627) fez uma parodia em forma de romance, que é adotado aqui pelo autor anônimo desse entremez: "Ensíllenme el asno rucio / del alcalde Antón Llorente, / dénme el tapador de corcho / y el gabán de paño verde, / el lanzón en cuyo hierro / se han orinado los meses, / el casco de calabaza / y el vizcaíno machete, / y para mi caperuza / las plumas del tordo denme, / que por ser Martín el tordo, / servirán de martinetes. / Pondrele el orillo azul / que me dio para ponelle / Teresa la del Villar, / hija de Pascual Vicente."
3. Eram chamados "casco de calabaza" (cabaça de abóbora) as pessoas de pouco miolo.
4. Martín: nome folclórico aplicado ao tordo.
5. Martinete: é uma espécie de ave da qual se retiravam plumas para adornos de gorros e chapéus.

que terá minha irmã medo
de noite quando se deite.
PERO TANTO: Eia, Bartolo, não vás!
Vê que Teresa sente 60
que a deixes só e donzela.
TERESA: Mais que nunca, resta aqui!
BARTOLO: "Teresa de minhas entranhas[6],
não te queixes nem aborreças,
que não faltarão venenos 65
para os cães que mordem.
Mesmo longa a contenda,
a volta será muito breve:
no tal dia de são Nunca
ou na semana sem sexta. 70
Lembra-te de meus olhos,
que estão, quando estás ausente,
por cima do nariz
e debaixo da testa."[7]

Sai Bandurrio.

BANDURRIO: Partamos, senhor.
BARTOLO: Bandurrio, 75
que me dizes?
BANDURRIO: Que te apresses,
que para sessenta léguas
nos faltam três vezes vinte.
BARTOLO: Pois fica com Deus, Teresa.
Senhores, com Deus se quedem: 80
Adeus, irmão Perico[8],
adeus, Pero Tanto.

6. Alfredo Rodríguez López-Vázquez, em *Digilec 3*, p. 96, aponta aqui o primeiro verso de outro romance de Góngora. Antonio Rey Hazas, em *Teatro Breve del Siglo de Oro*, p. 61, identifica que reproduzem os versos 1-15 de um romance de Góngora do *Romancero General* de 1600.
7. Alfredo Rodríguez López-Vázquez (op. cit., 96) acredita que essa observação sobre os olhos de Bartolo, que, na ausência de Teresa, estariam acima do nariz e abaixo da testa, pareceria digna de Pero Grullo, parente da personagem Pero Tanto.
8. Para Rodríguez López-Vázquez este "Irmão Perico" parodia um famoso romance de Góngora, *Hermana Marica*, que termina com a proposta de "fazer porcarias atrás da porta" (*hacer las cochinerías detrás de la puerta*), como acontece aqui, entre Perico e Dorotea neste entremez. Ibidem.

TERESA: Vai-te!

(*Vão-se Bandurrio e Bartolo.*)

Ai! Quem morrera,
para não passar
tantas sem-razões
na guerra e na paz!

PEROTANTO: Todas as formosas,
é algo muito sabido,
são desditadas,
conforme diz o ditado![9]

PERICO: Se é verdade isso,
minha irmã vai lograr
"ser a mais bela moça[10]
de nosso lugar".

MARICRESPA: Pobre da triste,
pois para seu mal
"hoje é viúva e só
e ontem por casar"!

TERESA: Quem, senhora mãe,
morta não cai,
"vendo que seu amado
para a guerra vai"?

PEROTANTO: A pobre Teresa,
farta de chorar,
"diz a sua mãe
que escute seu mal.

TERESA: Doce mãe minha,
quem não há de chorar
ainda que tenha o peito
duro como um pedernal?"

MARI CRESPA: Cala, por tua vida,
que remédio haverá.

---

9. Arellano oferece um exemplo, afirmando ser uma tópica da época: "A sorte da feia a bonita deseja" (*La ventura de la fea la bonita la desea*).

10. Anota Rey Hazas que este verso e o seguinte compõe o início de um conhecido romance de Góngora, o qual continua sendo adaptado nos versos seguintes, até o 110, coincidindo com os catorze primeiros versos segundo a versão aparecida no *Romancero General* de 1600, I, n. 84, p. 62b (Ibidem): "La más bella niña/ de nuestro lugar/ hoy es viuda y sola, y ayer por casar. / Viendo que sus ojos/ a la guerra van, / a la madre dice/ que escuche su mal."

PERO TANTO: Que remédio?
MARI CRESPA: Iremos
aonde seu pai está,
e, contando o caso, 115
ele sairá do lugar
para o trazer atado,
se não retornar na paz.
TERESA: Muito bem dito, mãe,
Vamos meu marido buscar. 120
Tu, Perico, podes
em casa ficar.
PERICO: Eu fico aqui.
PERO TANTO: Vamos
logo, que ele se irá.
TERESA: Quando não o encontremos, 125
"deixai-me chorar,
nas bordas do mar".

Vão-se, e Perico fica só.

PERICO: Se de ler romances
Bartolo está assim,
que se faça soldado 130
e vá a embarcar!

Entra Dorotea.

DOROTEA: "Irmão Perico[11],
que estás à porta,
com camisa limpa
e gorro novo: 135
meu irmão Bartolo
se vai à Inglaterra,
a matar o Draque[12]
e prender a rainha."
"Tem de trazer 140
a mim da guerra

---

11. Aqui começa outra adaptação do pequeno romance gongórico *Hermano Perico*, que também se estende pelos versos seguintes.

12. O autor anônimo está se referindo ao famoso pirata Sir Francis Drake (Inglaterra, *circa* 1540-Panamá, 1596). Era conhecido na Espanha como *El Draque*, e o rei Filipe II havia inclusive oferecido uma recompensa por sua captura ou morte.

um luteranico
com uma corrente
e uma luterana
à senhora avozinha.   145
PERICO: Vamo-nos, eu e ti
para a açoteia[13];
desde ali veremos
os vales e terras,
os montes e prados,   150
os campos e serras,
e mais. Se lá formos,
contarei a história
da branca menina
que levou a grega.   155
DOROTEA: Eu tenho um pouco
de mel e manteiga.
PERICO: Eu, torrone doce
e uma pinha nova.
DOROTEA: Faremos de tudo, uma
bodagunça alegre e boa.[14]   160
PERICO: Dorotea, vamos
a passar a sesta,
e lá brincaremos
onde não nos vejam.   165
Farás tu a menina
e eu, a mestra.

---

13. De acordo com o dramaturgo Juan José López de Sedano, em sua conhecida obra de nove volumes, *Parnaso Español: Colección de Poesías Escogidas de los Más Célebres Poetas Castellanos* (1768-1778), estes versos são passagens de um romance que teria sido usado como modelo por Góngora para compor seu romance *La Vida del Muchacho*. Diz o romance: "Vámonos yo y tú/ para la azotea. / A las lejas tierras. / Que tomó la griega. / Turrón de Alicante." Cf. A. de Castro, em *Varias Obras Inéditas de Cervantes*, p. 152.

14. Em Arellano esse verso (*cochiboda y buena*) aparece como *cocha, boda y buena*, acompanhado de uma nota, explicando que Dorotea pareceria querer preparar algum doce digno de uma boda. Mas o termo *cochiboda* aparece também em Calderón: "Gran cochiboda hay em casa / quiera Dios que pare en bien." Segundo Jorge Braga Riera, os dramaturgos usavam palavras inventadas com conteúdo humorístico. Costumam ser muito difíceis de traduzir, por ser complicado manter a comicidade. Nesse caso, o sinônimo de *cochiboda* seria *lío* ou *jaleo*; ambos significando "confusão", que aqui poderia ser traduzido como *superboda*, ou *porciboda*. Escolhemos o último termo, pois apesar de ser uma palavra-valise, permite rápida compreensão, conservando a opção do anônimo autor.

Verei teu bordado,
labor e tarefa,
e farei o que costumam   170
fazer as mestras
com as más meninas
que os labores erram.

DOROTEA: Tenho eu um cochezinho
com suas quatro rodas,   175
para que levemos
postas as bonecas.

PERICO: Eu, um peso de limas[15]
feito de duas meias,
e um brinquedo   180
que comprei na feira.
Quando eu for grande,
senhora Dorotea,
terei um cavalinho,
darei mil carreiras;   185
e tu sairás a ver-me
por entre o gradeado.

DOROTEA: Casar-te-ás comigo
e haverá boda e festa,
dormiremos juntos   190
em cama de seda.

PERICO: E faremos um filho
que irá à escola."

Vão-se Dorotea e Perico, e entra Bandurrio.

BANDURRIO: Com a pressa que saímos
Bartolo e eu do lugar,   195
para irmos embarcar,
entre montes nos perdemos.
Ele vem atrás; eu não acho
senda alguma, nem vereda,
nem pastor que interceda,   200
e me diga onde o encontrar.

---

15. Aqui seguimos o texto fonte. *Limas*, segundo o *Diccionario de Autoridades*, além do fruto e do instrumento para polir e limar, pode ser também uma vestimenta, meia, e ainda uma medida, *media fanega* (meia fanga) ou *media azumbre de vino* (meio azumbre), o equivalente a 2,16 litros.

Mas já noto no relevo
um pastor, e bem esquivo,
cabisbaixo e pensativo:
no penhasco, seu cotovelo. 205

Vai-se Bandurrio, e entram Marica e Simocho.

SIMOCHO: "Oh, pastorinha mais falsa
que armadilhas dos lobos,
mais dura que tartaruga
(o casco, não o miolo).
Pensas que por Penélope 210
te creem agora todos?
E não há quem não profira
que queres mal ao Simocho!
Retiraste tuas rendas,
e sem teu colar de contas, 215
puseste-te o avental
com que lavas o mondongo.
Se o pensaste encobrir,
isso, Marica, aos bobos,
que bem se vê pela saia 220
quando se queima aquil'outro."[16]
MARICA: Simocho, tua é a culpa
que esse outro dia, no baile,
pisaste a pata da Menga.
SIMOCHO: Ciúmes, ciúmes!
MARICA: É [ciúmes] sim. 225
SIMOCHO: "Marica, se te ofendi,
rogo a Deus poderoso"
que as éguas se me morram
e nunca me nasçam potros.
MARICA: Essas maldições e outras 230
caiam sobre ti, Simocho,
e qual asno, pois o és,
corvos te tirem os olhos.

---

16. No romance em espanhol, temos outra palavra-valise, *quillotro*. De acordo com Arellano, esse termo, na linguagem rústica do teatro, pode significar qualquer coisa, segundo o contexto. Aqui, é em sentido obsceno. Optou-se por "aquil'outro", utilizado até as primeiras décadas do século XX, como pode ser visto na crônica em versos de Machado de Assis para a *Gazeta de Notícias* de 6 dez. 1887.

Solta-me!
SIMOCHO: Espera, Marica!
MARICA: Solta-me!
SIMOCHO: Esqueça o enfado! 235
MARICA: Darei vozes!
SIMOCHO: Ainda que grites
até que te ouçam os surdos!

Entra Bartolo, armado de papel, de riso, e em um cavalo de bambu.

BARTOLO: "Vê, Tarfe, que a Daraja[17]
não a olhes nem fales,
que é alma de meus sentidos 240
e criada com meu sangue;
e que o bem de meus cuidados
não pode maior bem me dar
que o mal que passo por ela,
se é que mal pode se chamar. 245
A quem melhor que a minha fé
esta moura pode dar-se,
se há seis anos que em meu peito
corre o mais nobre sangue?"
Isto disse Almoradí, 250
e o escutou atento Tarfe.
SIMOCHO: Irmão, se estás bêbado,
vai dormir a outra parte;
que aqui não há mouro nem moura,
somos apenas dois jovens 255
que queremos nos casar.
MARICA: Não tenhas medo que tal cases!
BARTOLO: "Retrata-te, Almoradí,
que é razão que te retrates
de teus mulheris feitos, 260
e em coisas de homens não trates."[18]
Dizes que Daraja é tua?
Solte-a, mouro covarde!

---

17. Na edição de Antonio Rey Hazas, na nota 32 (op. cit, p. 70), ele comenta que, com algumas variantes, o entremez reproduz agora os primeiros versos do romance n. 187 do *Romancero General* de 1600.

18. A. Rey Hazas aponta que estes versos se correspondem literalmente com os 49-52 do mencionado romance n. 187.

SIMOCHO: Não quero.
BARTOLO: Pois pelos céus
 que esta lança te transpasse. 265
SIMOCHO: Ai, que me golpeou nas nádegas!
MARICA: O diabo que os aguarde.

Vai-se Marica.

SIMOCHO: Como não me vingo
 com a mesma lança?
BARTOLO: Arre, arre!
SIMOCHO: Desmonta do cavalo 270
 e o que fizestes, paga-me!

Toma Simocho a lança e dá pauladas em Bartolo, e o derruba no solo e se vai, correndo.

BARTOLO: Ah, cruel destino malvado!
 Apenas posso mover-me.
 Contente estarás de ver-me
 estendido sobre o gramado! 275
 De uma desgraça tão brava
 não tenho a culpa eu;
 foi o asno, que não correu
 quando eu o arreava.
 Santa Maria me valha! 280
 Não posso alçar-me, anseio.
 Ruim seria o cavaleiro
 sem esporas na batalha!
 Mas, Valdovinos eu não sou?
 E não é aquele Carloto, 285
 que, como traidor ignoto,
 entre esses espinhos me deixou?

Diz Antón, de dentro.

ANTÓN: Por aqui se vão já vendo,
 como a estampa o mostra.

Diz Pero Tanto, de dentro.

PERO TANTO: Pois, como os cães de amostra, 290
 i-los-emos descobrindo.

BARTOLO: "Onde estás, senhora minha[19],
que não te dói o meu mal?
De minhas parcas feridas
compaixão soías tomar,   295
agora, das penas mortais,
não tens nenhum pesar.
Não te dou culpa, senhora,
que descanso no meu falar:
minha dor é tão crescida   300
que até me faz desvairar."

Diz Teresa, de dentro:

TERESA: Senhora mãe, adiante,
uma voz ouço a falar.

Diz Antón, de dentro:

ANTÓN: Onde a voz tu ouvires,
começas a caminhar.   305
BARTOLO: "Oh, meu primo Montesinos![20]
Oh, infante dom Merian!
Oh, bom marquês Oliveros!
Oh, Durandarte, o galã!
Oh, triste de minha mãe,   310
Deus te queira consolar,
pois quebrado está o espelho
em que te soías olhar!"

Entram Pero Tanto, Antón, Mari Crespa e Teresa.

PERO TANTO: As ramas venho cortando
para o caminho acertar.   315
ANTÓN: A todas partes olhando
para ver que coisa será.
MARI CRESPA: Ao pé de uns altos montes
vejo um cavaleiro estar.

---

19. Estes dois primeiros versos são proferidos por Dom Quixote na volta da sua primeira saída, no capítulo cinco da primeira parte. Adolfo de Castro (op. cit, p. 160) identifica toda esta fala de Bartolo como uma variante do texto do "famoso romance do Marquês de Mântua".
20. Nesta segunda fala de Bartolo, temos mais versos retirados do mesmo romance. (Ibidem, p. 161.)

TERESA: Armado de algumas armas, 320
sem estoque nem punhal.
ANTÓN: Então, vamos ver quem é.
PERO TANTO: É teu filho, por são João!
BARTOLO: "Oh, nobre marquês de Mantova,
meu senhor tio carnal!"[21] 325
ANTÓN: Que mal tens, filho meu?
Querê-lo-ás me contar?
BARTOLO: Sem dúvida, é meu escudeiro.
TERESA: A cabeça provou alçar.[22]
BARTOLO: Que me dizes, amigo meu? 330
Trazes-me com quem confessar?
Que a alma se me esvai,
a vida quero acabar.
Do corpo não tenho pena,
a alma queria salvar. 335
PERO TANTO: Então, reconheceu teu pai?
ANTÓN: Por outro me foi a tomar.
Eu não sou teu criado;
nunca comi do teu pão;
teu pai eu sou, Bartolo, 340
e, sim, venho te procurar.
TERESA: Diz-nos, estás ferido?
MARI CRESPA: Filho, diz a verdade.
BARTOLO: Levei mais de vinte pauladas,
a última era mortal. 345
ANTÓN: Levantemo-lo do solo,
Levemo-lo a seu local.
PERO TANTO: Bem o dizes.
BARTOLO: Cavaleiro,
por minha fé, é verdade:
filho sou do rei de Dácia, 350
filho sou, o seu carnal.
A rainha Armelina

21. No início do capítulo cinco do primeiro livro, Dom Quixote não pode se levantar e recorda alguns versos – aquele de Baldovinos e de Marquês de Mântua – história que diz ser conhecida por todos, crianças e mais velhos, e começa a recitar o romance. Ao chegar a esta parte, é *resgatado* por um lavrador da vizinhança que o conhece.
22. Daqui até o verso 361, ainda temos o romance do Marquês de Mântua nas falas de Bartolo. (Ibidem, p. 164.)

é minha mãe natural;
a linda infanta Sevilha,
é minha esposa, outro que tal. 355
TERESA: Que esposa, que Armelina?
PERO TANTO: Isso está nas coplas
do nobre marquês de Mantova.
BARTOLO: Era meu tio carnal,
o irmão do rei, o meu pai, 360
sem em nada discrepar.

Entra Bandurrio.

BANDURRIO: Onde estará Bartolo?
ANTÓN: Chega, Bandurrio, chega.
BARTOLO: E quando nisto estando,
viu seu escudeiro chegar. 365
Oh, meu querido Bandurrio!
PERO TANTO: Vamos com ele: acaba!
ANTÓN: Tem, Bandurrio, de aí,
e começa a caminhar.
MARI CRESPA: E adianta-te tu, filha. 370
TERESA: Eu volto ao nosso lugar.

Vai-se Teresa.

ANTÓN: Filho meu, o que é isso?
Acaba de louquejar.
PERO TANTO: Leve o diabo o Romanceiro,
que é quem te deixou assim. 375
Diz, não tenhas vergonha,
Bartolo, de porfiar
que tu és Valdovinos?
BARTOLO: Eu, Valdovinos? Não há tal.
Tu, senhor, és Bencerraje, 380
e eu, alcaide natural
de Baza.
PERO TANTO: Loucura nova!
ANTÓN: Pobre dele, que tal está!
BARTOLO: "Diz-me, Bencerraje amigo,
que te parece de Zaida? 385
Por minha vida, é bem fácil;
por minha morte, é bem falsa.

Este bilhete te escrevo;
escuta, e silêncio guarda"[23]:
"se com damasco[24] te vestes, 390
e vestes cota de malha",
e na guerra escaramuças
lavrando uma rica manga...
ANTÓN: Ele está louco perdido.
PERO TANTO: Bem se vê, pelo que fala. 395
BARTOLO: "Se tu tens o coração,
Zaide, como a arrogância..."[25]
PERO TANTO: Outro novo disparate,
ou outra extravagância!
BARTOLO: "Por uma nova ocasião[26], 400
olha Tarfe, que por Daraja
rendido está Reduán;
das serranias de Jaca,
Elício, um pobre pastor,
em uma pobre cabana, 405
com semblante desdenhoso,
de peitos sobre uma vara;
Bravonel de Zaragoza,
discorrendo na batalha,
por muitas partes ferido, 410
rotas as sangrentas armas;
sai a estrela de Vênus,
vai rompendo o mar de Espanha,
depois que, com alvoroço,
entrou a mal maridada 415
em um cavalinho ruão..."
Afora, afora! Aparta, aparta!
ANTÓN: Segura-o, Bandurrio.
PERO TANTO: Segura-o, senão se vai.
Mas vamos pouco a pouco, 420

23. A. Rey Hazas anota que aqui se reproduzem os primeiros versos do romance n. 171 do *Romancero General* de 1600.
24. Estes dois versos correspondem, segundo Rey Hazas, ao começo da carta de Azarque, do romance n. 2 do *Romancero General*, I, p. 12; atribuído a Lope de Vega.
25. Inícios do romance n. 713, do *Romancero General*, I, p. 480.
26. Toda esta fala de Bartolo foi construída com versos iniciais de dezoito romances diferentes (A.R. López-Vázquez, op. cit., p. 104). O mais famoso desses romances é *Sale la estrella de Venus*, de Lope de Vega; glosado inúmeras vezes durante o *siglo de oro*.

que já chegamos à casa.
MARI CRESPA: Pobre dele! Já o choro
como morto!
BANDURRIO: Grande lástima!
BARTOLO: "Todos dizem que sou morto.
Diz-me tu, a serrana, 425
se Azarque, indignado e feroz,
seu forte braço arregaça."
MARI CRESPA: Quem é Azarque, meu filho?
BARTOLO: Azarque vive em Ocaña.[27]

Entra Teresa.

TERESA: E sejam eles bem-vindos, 430
que já está feita a cama.
BANDURRIO: Pois metamo-lo a deitar,
que louco dormindo amansa.

Leva-o Bandurrio para dentro e Pero Tanto.

TERESA: A senhora, Mãe, não sabe?
Pericozinho e a moça 435
na açoteia eles estão
fazendo...
MARI CRESPA: O que sucede?
TERESA: Dorotea e Perico:
ele nu, [e] ela só de saia.
ANTÓN: Minha filha?
TERESA: Sim, meu sogro. 440

Vai-se Teresa. Entram Pero Tanto, Perico e Dorotea.

PERO TANTO: Oh, maldita seja a casta!
Meu compadre, este rapaz,
e esta senhora moça,
hão de ser desonra nossa
se ao momento não os casam. 445
ANTÓN: Açoitá-los é melhor.
PERO TANTO: Melhor será que se faça
a boda, se eles quiserem,

---

27. Agora, segundo Rey Hazas, se trata do primeiro verso do romance n. 1 do *Romancero General* de 1600.

como Abindarráez e Fátima.
MARI CRESPA: Deem-se as mãos entre ambos. 450
PERO TANTO: Os pais também, deem as mãos,
e para alegrar a boda,
Bandurrio, chama músicos.
ANTÓN: Faça-se assim.
PERICO: Eu sou teu.
DOROTEA: E eu, tua.
ANTÓN: Dou palavra 455
que se casarão entre ambos.
MARI CRESPA: E eu gosto de aceitá-la.
O enfermo, como fica?

Entra Teresa.

TERESA: Bartolo como um porco roncava.
ANTÓN: Pois que durma, assim voltará 460
a seu senso, e sem falta.

Entram Bandurrio e os músicos.

BANDURRIO: Os músicos já vieram.
ANTÓN: Deus guarde gente honrada.
Mas cantem algo vosmecês,
e tu, Teresinha, baila. 465

Cantam os músicos esta letra, e dança Teresa:

MÚSICOS: Frescos ventinhos
Faço um pedido,
pois me inundo de ondas
do mar de olvido.

Em acabando de se cantar essa letra, Bartolo assoma no alto do tablado, de camisa.

BARTOLO: Ardendo estava Troia, 470
torres, bases e muralhas;
que o fogo de amor, às vezes,
abrasa também as pedras.
TODOS: Fogo, fogo! Fogo, fogo!

Vão todos.

BARTOLO: Fogo! Gritam vozes em cena; 475
e só Páris diz: "abrase Elena".

ENTREMEZ DE MAZALQUIVÍ

Anônimo

Personagens:
MAZALQUIVÍ
CAFETÕES (dois)
ALCOVITEIRO
CRIADO
MULHERES
SECRETÁRIO
TRIBUTÁRIO
PADRE (do puteiro)
MÚSICOS

Entram Mazalquiví e o Cafetão.

MAZALQUIVÍ: E o que te mandei?
CAFETÃO: Já foi feito.
MAZALQUIVÍ: O que recebeu?
CAFETÃO: Um corte no rosto.
MAZALQUIVÍ: Qual instrumento?
CAFETÃO: Navalha.

MAZALQUIVÍ: Carícia cordial. Um homem vem de aproximadamente trinta léguas para que uma navalha corte sua cara com sutileza. Mas se lhe desse com um machete serrilhado, este tal receberia notável ofensa. E, depois de haver-lhe dado, mostrou-se agradecido?

CAFETÃO: Não, pois colocando as mãos na cara, disse gritando: "Ai, que me mataram!"

MAZALQUIVÍ: Cagou-se![1] E tu, o que fizestes depois?

CAFETÃO: Lancei mão da minha espada e me coloquei de pé, com firmeza, para o que me sobreviesse.

MAZALQUIVÍ: É assim que devem agir os bravos depois de lançar o ataque surpresa, com segurança; porque senão o fulano não pode ser considerado digno de louvor, mas sim de muita desonra, infâmia e vitupério. Regozijo-me de que estejas dando mostras de quem és. Faz um memorial[2], que eu concederei os favores.

Entra um Criado de Mazalquiví.

CRIADO: Aqui vem um alcoviteiro que quer falar a vossa senhoria.

MAZALQUIVÍ: Manda entrar.

ALCOVITEIRO: Aqui venho para que vossa senhoria me dê uma vaga de cafetão, porque é ofensivo que um homem como eu, com tanta experiência, seja alcoviteiro por tanto tempo.

MAZALQUIVÍ: Tens matado com punhais, bofeteado putas, presenteado seus abades? Tens encarado a justiça, matado agentes da lei e outras coisinhas que os alcoviteiros são obrigados a fazer?

ALCOVITEIRO: Fiz e tenho estômago para fazê-las, e àquele que traiçoeiramente me feriu, com um cutelo que trago aqui, dei intermináveis golpes, tantos que até os bravos me temem, prezam e convidam.

---

1. Optou-se aqui por não traduzir o original, "Catalinón por la vida" pela dificuldade de manter a expressividade e o significado, que é, basicamente, covarde. "Catalinón" é aquele de quem se diz que vai com "la catalina", ou seja, cagado por causa do medo que lhe infunde algo ou alguém. Lembre-se um dos graciosos mais famosos do teatro áureo, Catalinón, o prudente e teimoso criado de Dom Juan, em *O Burlador de Sevilha e o Convidado de Pedra*, de Tirso de Molina.

2. Segundo o *Diccionario de Autoridades*: "Chama-se também o papel ou escrito em que se pede alguma mercê ou graça, alegando os méritos ou motivos em que se funda." Já se pode apreciar como a organização marginal e criminosa de Mazalquiví, colocada numa perspectiva ambivalente e não unicamente negativa, parodia a burocracia oficial e os padrões implementados pela administração do estado absolutista, com um sistema hierarquizado de audiências para despachar os assuntos e tomar decisões. Em dita paródia, Mazalquiví, no topo de pirâmide, atua como o rei absoluto do puteiro, numa velada alusão, em tom de mofa, ao chefe do estado, rei do reino. Este entremez é fundamental para entender como o teatro breve representa processos de carnavalização paródica e burlesca.

MAZALQUIVÍ: Bons princípios tens. Vibro com isso. Mete um memorial e se fará justiça.

CRIADO: Aqui está o secretário de vossa senhoria.

Entra o Secretário, com uma lâmina de bronze e uma adaga em punho.

SECRETÁRIO: Aqui venho para que vossa senhoria me diga que modo de escrever é este que nos manda: com a ponta da adaga em lâmina de bronze.

MAZALQUIVÍ: Tinta e papel é coisa muito feminina para este tribunal, e eu não posso suportar os instrumentos que colocaram a tantos de nossa profissão em forças e galés[3]. Escrever com ponta de adaga em lâmina de bronze é algo muito útil e proveitoso para que fiquem estampadas as façanhas de Mazalquiví e que ressoem pelo mundo.

SECRETÁRIO: A Valenciana pede a vossa senhoria que, porque ela pagava seu rúfio com os gastos ordinários e por uma ou duas vezes lhe deixou de acudir, ele a levou para o campo e a açoitou, e por isso ela está a ponto de morte e pede que se faça justiça.

MAZALQUIVÍ: Oh, facínora! Conde de Carrión[4], o que quisestes fazer? Venham logo dois cafetões, dois alcoviteiros, dois pivetes e o procurem, para que se lhe aplique o castigo que merece.

SECRETÁRIO: A Malagueña e a Otóñez, mulheres que se passam como primeiras[5], mais para testemunhos em casos de fidalguia[6] do que para o ofício que exercem, pedem a vossa senhoria que, atentando que, para sua idade e por não poder ganhar, vêm a casa umas mocinhas presunçosas que ontem não eram nada e lhes tiram todo o proveito, fazendo com que elas comam moscas, que vossa senhoria seja servido

---

3. Tem o sentido duma lógica de oposição e luta contra o Estado que reprime e castiga suas atividades, começando com o simbolismo do papel e da tinta que servia para imprimir as sentenças de morte e as dos condenados a galeras.

4. Referência ao *Romanceiro do Cid*, no qual os condes de Carrión casaram com as filhas do Cid e as abandonaram no *Robledal de Corpes*, após açoitá-las.

5. A. Rey Hazas (op. cit., p. 50) anota duplo sentido na expressão "pasantes como putas"; de um lado, sua atividade de prostitutas; de outro, que já estão passadas para exercer dito ofício, por serem velhas.

6. O secretário informa a Mazalquiví que cumprem mais com a função de falsas testemunhas em casos de fidalguia que com a própria de sua profissão. Estes eram problemas recorrentes e a literatura da época os reflete com frequência. Não resultava fácil provar a origem fidalga para entrar no sistema de privilégios. Por falta de partidas de nascimentos ou outros documentos comprovatórios, nos pleitos solicitavam-se testemunhos presenciais que deram conta, mediante relato ao procurador ou juiz, da qualidade social do demandante, o que dava lugar à compra de relatos orais que construíam biografias fictícias. Veja-se o caso dos aldeãos no entremez *O Retábulo das Maravilhas*.

a enviar a cada bordel um repartidor, para que acuda gente tanto a uma parte como a outra.

MAZALQUIVÍ: Pois as muito desordeiras querem fazer audiência à casa pública? Amanhã pedirão selo e registro. Que se conste que, nisso, mando que se mantenha a ordem que houve até aqui, porque as que oferecem esta arte devem se recolher com o tempo, já que este não é ofício para se envelhecer nele.

SECRETÁRIO: A Salmerona, a mulher mais celebrada que teve nosso prostibulário, pede a vossa senhoria que, já que por sua idade não pode ganhar, seja servido de dar-lhe uma vaga a seu cafetão.

MAZALQUIVÍ: Ela tem muita razão, porque tem sido uma singular potranca, mulher de muita resiliência. Não lhe ocorreu em todo o decorrer de seu tempo nem um desmaio. E, depois de ter em uma noite mais gente sobre si que teve sua Majestade na tomada de San Quintín, estava pronta para cansar outra leva, dançando.[7]

SECRETÁRIO: O padre de Andújar pede a vossa senhoria que lhe guardem algumas gratificações que, por ser antigo no ofício, costuma-se guardar.

MAZALQUIVÍ: Tem razão, que é um grande amigo meu. Não conheceu, em toda sua vida, falta de carne em sua mesa. E, quando não há, põe a trabalhar suas duas filhas como dois brotos de ouro.

CRIADO: Aqui vem o tributário de vossa senhoria, com negócios de guerra que não podem esperar.

MAZALQUIVÍ: Diga que entre.

Entra o Tributário, com a espada em punho.

TRIBUTÁRIO: Mazalquiví, já é tempo que mostres teu poder contra o padre de Andújar, chefão da mancebia, porque, quando fui até eles pedir o tributo que tão justamente te devem, disseram que não pagarão e que, se quiseres receber, terás de buscá-lo pela ponta da espada e outras coisas que calo por entender que as vingarás.

MAZALQUIVÍ: Cala, amigo, e mais não fales. Chama logo o terço[8] da liga, os maiorais de Medina do Campo, novatos de Valladolid, valentões

---

7. Elogio hiperbólico de *la Salmerona* ao comparar Mazalquiví sua capacidade e resistência no trabalho com a multitudinária batalha de São Quintín, que enfrentou as monarquias francesa e espanhola com participação de soldados ingleses, valões, flamencos, borgonheses, saboianos, húngaros, italianos e alemães.

8. Outro jogo de referências paródicas. O terço da liga refere o exército do Mazalquiví em alusão aos exércitos de sua majestade, o rei da Espanha, cujos afamados e temidos terços comandou o duque de Alba, Fernández Álvarez de Toledo, em Flandres.

de Madri e Toledo, afanadores de Salamanca, e venham logo para que lhe deem o castigo que merece a tão infame e mau puteiro. E, amigos, o céu santo me persiga ou, como se fosse louco, caçoem-me as crianças; que tomates me atirem nas ruas, que a espada caia sobre mim na multidão, que a Martínez me negue seus braços; não entrarei na taverna nem pedirei especiarias, nem vinho de San Martín, que costumo beber, nem tirarei a barba, nem o bigode até que se lhe deem o castigo que merece a este infame e mau puteiro. Andújar se rebelou: morra Andújar!

TODOS: Morra! Morra!

Saem todos, colocando as mãos nas espadas. Entram o padre de Andújar, suas mulheres, seu criado Caracuel e um cafetão.

PADRE: Queira Deus que a mudança e o motim que temos feito não nos exploda na cara.

CAFETÃO: Já está feito. O que poderei fazer é que saiam a este campo e, um a um, eu trave duelo.

PADRE: Pois tranquem essas portas, preparem as armas, e subamos, porque de cima mais luta um que dez.

Entram Mazalquiví, seu secretário Campuzano, sua horda de cafetões, alcoviteiros e pivetes, um porta-estandarte, um escudo e as chaves.

MAZALQUIVÍ: Para aqui a tropa, e tu, Campuzano, vá reconhecer o campo.

SECRETÁRIO: Já está, senhor, reconhecido, e há muito pouca resistência pela parte que os alcoviteiros costumam fugir quando são assaltados e perseguidos pela justiça. Ganharás com pequena resistência.

MAZALQUIVÍ: Pois instala aí a artilharia e mantém a disciplina que até aqui temos conseguido, enquanto eu desafio e repto este canalha:
A ti, padrezinho infame,
a quem todo mundo sempre
chama de padre de putas,
pois que putas filhas tens,
eu te desafio e repto   5
uma vez e muitas vezes,
ti e teus rebelados
pois me negais o que devem;
e o que comigo tratais
a gosto de traidores   10
em negar-me meu tributo
é errado e todos mentem.

Repto destes valentões
as espadas, os broquéis
os votos, os juramentos   15
que têm dito muitas vezes,
e destas religiosas[9]
as verdugadas[10], os topetes,
as alcovas e as camas,
com que tanto Deus se ofende.   20
Por que isso se dilata?
Eia, belicosa gente,
que fazemos? Que aguardamos?
Que este castigo comece!

PADRE: Tem dó, senhor; não faças tal,   25
rogamos por quem tu és,
misericórdia pedimos,
que de nós te apiedes,
porque estando congregados
uma noite, não de réquiem,   30
mas de muita *Gloria Patri*[11],
muito de taça e de caneco,
estando na companhia
de até dezenove ou vinte,
com as nuvens nas cabeças   35
e nublados pensamentos,
demos aquela resposta
que aqui se pôde trazer-te.
Misericórdia pedimos,
entra e faz o que quiseres.   40

CARACUEL: Eu, Domingo Caracuel,
rogo-te e peço que pares
toda esta desolação

---

9. Denominar padre ao dono do prostíbulo (mancebia) é uma clara alusão burlesca à denominação de padre para o sacerdócio cristão. Nessa mesma lógica derivativa, as religiosas seriam as prostitutas.

10. Tipo de saia interna usada pelas mulheres do século XVI. Era usada sob uma saia com uma prega aberta que vai da cintura aos pés e, às vezes, tinha cauda na parte de trás. A. Rey Hazas anota (op. cit., p. 54) que "los verdugados" eram as telas dos mantos com que as putas ocultavam parte do rosto, deixando outra ao descoberto como forma de insinuação.

11. Palavras de canto e reza nos fins dos salmos e outras orações da igreja, geralmente em contexto de celebração.

que contra todos nós tens,
e em sinal de sujeição
dou-te as chaves, que podes
com facilidade entrar
e fazer o que quiseres.
MAZALQUIVÍ: Como devemos proceder
com estes tristes?
SECRETÁRIO: Faz, senhor, o que quiseres.
MAZALQUIVÍ: Forme-se de duas espadas
um jugo desta sorte
e por debaixo dele passe
tod'esta pérfida gente.
Passem primeiro os homens,
fiquem atrás as mulheres,
e passem como cativos,
de mãos dadas e obedientes.

Aproximam-se o padre do puteiro e as damas, com uma coroa de adagas.

PADRE: Esta coroa de adagas
bem assentará em tuas têmporas,
e eu a ti a apresento
como o capitão que és.
E que isto se solenize
com violões e pandeiros
completa e famosamente.
MÚSICOS: Viva mil anos
o abade-chefe,
para que castigues
rufiões rebeldes.
Por bordéis, coretos,
tuas façanhas gritem,
e tua longa vida
os deuses aumentem,
para que castigues
rufiões rebeldes.

Levam-no nos ombros e acaba.

A GUARDA CUIDADOSA

Miguel de Cervantes Saavedra

Personagens:
SOLDADO
SACRISTÃO
JOVEM
SUJEITO
CRISTINA
SAPATEIRO
AMO
GRAJALES
ELA
MÚSICOS

Entra um soldado maltrapilho, com uma esfarrapada bandana e um cilindro[1]; atrás dele, um mau sacristão.

SOLDADO: Que queres de mim, sombra vã?
SACRISTÃO: Não sou sombra vã, e sim corpo maciço.

---

1. Nicholas Spadaccini anota que se refere a uma caixa cilíndrica de lata onde se guardavam documentos. (Em M. de Cervantes, *Entremeses*, p. 171, nota 3).

SOLDADO: Pois, com tudo isso, pela força de minha desgraça, conjuro-te que me digas quem és e o que é que buscas por essa rua?

SACRISTÃO: A isso te respondo, pela força de minha felicidade, que sou Lorenzo Pasillas, sota-sacristão dessa paróquia, e busco nessa rua o que encontro, e tu buscas e não encontras.

SOLDADO: Buscas, por ventura, Cristinica, a criada dessa casa?

SACRISTÃO: Tu dixisti.

SOLDADO: Pois vem cá, sota-sacristão de Satanás.

SACRISTÃO: Pois vou lá, cavalo de ginebra[2].

SOLDADO: Bom: sota e cavalo; não falta senão o rei para dar as mãos. Vem cá, digo outra vez, e tu não sabes, Pasillas, que atravessado te veja eu com uma lança, que Cristinica é prenda minha?

SACRISTÃO: E tu não sabes, polvo vestido[3], que tenho eu arrematada essa prenda por seu preço justo e já é minha?

SOLDADO: Vive Deus, que te dê mil facadas e que te faça a cabeça em pedaços!

SACRISTÃO: Com os dessa calça despedaçada e com os dessa veste, poder--se-á entreter sem que se meta com os de minha cabeça.

SOLDADO: Tens falado alguma vez a Cristina?

SACRISTÃO: Quando quero.

SOLDADO: Que dádivas lhe fizeste?

SACRISTÃO: Muitas.

SOLDADO: Quantas e quais?

SACRISTÃO: Dei a ela uma dessas caixas de carne de marmelo, muito grande, cheia de porções de hóstias brancas como a mesma neve, e, além do mais, quatro cabos de velas de cera, também brancas como um arminho.

SOLDADO: Que mais lhe deste?

SACRISTÃO: Em um bilhete, envolvidos, cem mil desejos de servi-la.

SOLDADO: E ela, como te correspondeu?

SACRISTÃO: Dando-me esperanças iminentes de que há de ser minha esposa.

SOLDADO: Logo, não és de epístola?

---

2. Sota-sacristão de Satanás/ ... cavalo de Ginebra: jogo de palavras. As figuras que são mencionadas a seguir pertencem ao baralho espanhol: sota, cavalo e rei. (N. Spadaccini, em M. de Cervantes, op. cit., p. 171, nota 5).

3. "Alusão burlesca ao soldado malvestido, cujos farrapos se parecem com as patas ou tentáculos de um polvo na imaginação do sacristão." (Ibidem, p. 172, nota 9.)

SACRISTÃO: Nem mesmo de completas. Motilón sou[4], e posso me casar cada e quando me vier em vontade; e logo verás.

SOLDADO: Vem cá, motilón miserável; responde-me a isto, que perguntar-te quero. Se essa moça correspondeu tão altamente, o qual eu não creio, à miséria de tuas dádivas, como corresponderá à grandeza das minhas? Que, outro dia, enviei-lhe um bilhete amoroso, escrito em nada menos que o verso de um memorial que dei à sua Majestade, significando-o meus serviços e minhas necessidades presentes (que não cai em miséria o soldado que disse que é pobre), o qual saiu decretado e despachado ao esmoler maior[5]; e, sem atender a que, sem dúvida alguma, podia-me valer quatro ou seis reais[6], com liberalidade inacreditável, e com desenfado notável, escrevi no verso dele, como já disse, meu bilhete; e sei que de minhas mãos pecadoras chegou as suas quase santas.

SACRISTÃO: Enviaste-lhe outra coisa?

SOLDADO: Suspiros, lágrimas, soluços, paroxismos, desmaios, com toda a caterva das demonstrações necessárias que, para descobrir sua paixão, os bons apaixonados usam e devem usar a todo tempo e em momentos oportunos.

SACRISTÃO: Deste-lhe alguma serenata?

SOLDADO: A de meus lamentos e mágoas, as de minhas ânsias e aflições.

SACRISTÃO: Pois a mim aconteceu de dar a ela com meus sinos a cada passo, e tanto que tenho enfadado toda a vizinhança com o contínuo ruído que com eles faço, apenas para dar a ela contento e para que saiba que estou na torre, oferecendo-me a seu serviço; e ainda que haja de tocar a defunto, badalo a vésperas solenes.

SOLDADO: Nesse caso, levas vantagem, porque não tenho de tocar nem coisa semelhante.

---

4. *De epístola... de completas... motilón sou*: o soldado trata de averiguar se o sacristão está obrigado ao celibato. Quando pergunta se tem ordens maiores (de epístola) que o obriguem tanto a cantar a epístola da missa como ao celibato, se vê contestar ironicamente que tampouco foi ordenado para rezar a última das horas canônicas (de completas). Posto que é frade leigo e sem tonsura, ainda que fosse careca (sou *motilón*), pode casar-se quando quiser. Preferimos manter o termo original por não encontrar equivalente em português. Cf. nota 14 da edição de N. Spadaccini, em M. de Cervantes, op. cit., p. 173.

5. No original: "limosnero mayor", na França e na Espanha era o nome dado ao oficial eclesiástico do palácio do rei. Uma das funções que eram designadas ao "limosnero" era a de repartir as doações que eram feitas pelo rei. (*Diccionario de Derecho Canónico*, Abbé Michel André, 1848)

6. Moeda da época. Dois reais eram equivalentes a 68 *maravedíes*, de acordo com o *Diccionario de Autoridades* da Real Academia Espanhola.

SACRISTÃO: E de que maneira tem correspondido Cristina à infinidade de tantos serviços como fizeste?

SOLDADO: Com não me ver, com não me falar, com mal me dizer quando me encontra pela rua, com derramar sobre mim água suja quando ensaboa, e a água de esfregar quando esfrega; e isso é cada dia, porque todos os dias estou nessa rua e na sua porta; porque sou sua guarda cuidadosa. Sou, enfim, o cão na manjedoura[7] etc. Eu não a gozo, nem ninguém há de gozá-la, enquanto eu viver; por isso, vai-te daqui o senhor sota-sacristão, que, por haver tido e ter respeito às ordens que tens, não o tenho já rompido os cascos.

SACRISTÃO: A rompê-los, como estão rasgadas essas roupas, bem rasgados estariam.

SOLDADO: O hábito não faz o monge; e tanta honra tem um soldado esfarrapado por causa da guerra como tem um colegial com o manto feito pedaços, porque nele se mostra a antiguidade de seus estudos; e vai, que farei o que tenho dito!

SACRISTÃO: É por que me vês sem armas? Pois espera aqui, guarda cuidadosa, e verás quem é Callejas.[8]

SOLDADO: Que pode ser um Pasillas?

SACRISTÃO: "Agora o verás", disse Agrajes.[9]

Vai-se o sacristão.

SOLDADO: Oh, mulheres, mulheres, todas, ou as mais, volúveis e caprichosas! Deixaste, Cristina, a esta flor, a este jardim da soldadesca, e te acomodaste com o monturo de um sota-sacristão, podendo acomodar-te com um sacristão inteiro, ou ainda com um cônego? Porém, eu me empenharei para que entres em mau proveito, se puder, aguando teu gosto ao espantar dessa rua e de tua porta os que imaginar que, por alguma via, podem ser teus amantes; e assim virei a alcançar o título de a guarda cuidadosa.

Entra um Jovem com sua caixa, e de roupa verde, como esses que pedem esmola para alguma imagem.

---

7. Alusão à atividade de guardar algo de forma extremamente zelosa, ao ponto de não fazer uso do guardado e não deixar que ninguém o use. Como o cão de guarda na manjedoura, fábula feita por Esopo.
8. Expressão utilizada em um desafio. Para o DRAE (*Dicionário da Real Academia Espanhola*) "expressão famosa com que alguém se jacta de seu poder e autoridade".
9. Faz referência a Agrajes, um homem aventureiro em busca de suas origens, presente na literatura espanhola de cavalaria e personagem de *Amadís de Gaula*.

JOVEM: Deem por Deus, para a lâmpada de óleo da senhora santa Luzia, que os guarde a vista dos olhos. Ô de casa! Dão esmola?

SOLDADO: Olá, amigo de santa Luzia, vem cá: o que é que queres nessa casa?

JOVEM: Vossa mercê já não o viu? Esmola para a lâmpada de óleo da senhora santa Luzia.

SOLDADO: Pedes para a lâmpada, ou para o óleo da lâmpada? Que, como dizes: esmola para a lâmpada de óleo, parece que a lâmpada é de óleo, e não o óleo da lâmpada.

JOVEM: Já todos entendem que peço para o óleo da lâmpada, e não para a lâmpada de óleo.

SOLDADO: E costumam dar esmola nessa casa?

JOVEM: Todo dia, dois maravedis.

SOLDADO: E quem sai para dá-los?

JOVEM: Quem se encontre mais a mão. Ainda que, na maioria das vezes, saia uma criada que se chama Cristina, bonita como um ouro.

SOLDADO: Assim que é a criada bonita como um ouro?

JOVEM: E como umas pérolas!

SOLDADO: De modo que não te pareces mal a ti a moça?

JOVEM: Pois, ainda que eu fosse feito de lenha, não poderia me parecer mal.

SOLDADO: Como te chamas? Que não quero voltar a chamar-te santa Luzia.

JOVEM: Eu, senhor, Andrés me chamo.

SOLDADO: Pois, senhor Andrés, entendas o que quero dizer-te: toma oito maravedis e tem em conta que vá pagado por quatro dias da esmola que te dão nessa casa e costumas receber pelas mãos de Cristina; e vai com Deus, e estás avisado que, por quatro dias, não voltes a chegar nessa porta nem pela luz[10], que te quebrarei as costelas a golpes.

JOVEM: Nem mesmo voltarei nesse mês, se é que me recordo; não tome vossa mercê pesadume, que já me vou.

Vai-se.

SOLDADO: Não, a não ser que durma, guarda cuidadosa!

Entra outro jovem, vendendo e apregoando laços de cabelo, holanda, cambraia, rendas de Flandes e linha portuguesa.

---

10. Nem pela luz, a expressão original "ni por lumbre", com significado aproximado de jamais. Traduzido para o português de forma literal, já que também remete ao jogo de palavras feito pelo soldado, referindo-se ao ofício do jovem que pedia óleo para manter a lâmpada acesa. (N. Spadaccini, em M. de Cervantes, op. cit., p. 177, nota 33).

SUJEITO: Compram laços de cabelo, rendas de Flandes, holanda, cambraia[11], linha portuguesa?

Cristina, na janela.

CRISTINA: Olá, Manuel! Trazes debruns para umas camisas?
SUJEITO: Sim, trago, e muito bons.
CRISTINA: Pois entra, que minha senhora está necessitando deles.
SOLDADO: Oh, estrela de minha perdição, antes que norte de minha esperança! Laços de cabelo, ou como os chamaste, conheces aquela donzela que te chamou da janela?
SUJEITO: Sim, conheço. Mas, por que me pergunta vossa mercê?
SOLDADO: Não tem um lindo rosto e muita boa graça?
SUJEITO: A mim assim o parece.
SOLDADO: Pois também me parece a mim que não entres dentro dessa casa, senão, por Deus, que vou te moer os ossos, sem deixar nenhum sadio!
SUJEITO: Pois, não posso eu entrar onde me chamam para comprar minha mercadoria?
SOLDADO: Vai, não me repliques, que farei o que digo, e logo!
SUJEITO: Terrível caso! Deixe passar, senhor soldado, que já vou.

Vai-se Manuel.
Cristina, na janela.

CRISTINA: Não entras, Manuel?
SOLDADO: Já se foi Manuel, senhora dos vivos, e ainda senhora dos mortos, porque os mortos e vivos tens debaixo de teu mando e senhorio.
CRISTINA: Jesus, que enfadonho animal! Que queres nessa rua e nessa porta?

Oculta-se Cristina.

SOLDADO: Encobriu-se e pôs-se meu sol detrás das nuvens.

Entra um sapateiro, com uns pequenos chinelos novos na mão, e, indo entrar na casa de Cristina, detém-no o soldado.

SOLDADO: Bom senhor, busca vossa mercê algo nessa casa?
SAPATEIRO: Sim, busco.
SOLDADO: E quem, se fosse possível sabê-lo?
SAPATEIRO: Por que não? Busco uma criada que está nessa casa, para dar-lhe esses chinelos que me mandou fazer.
SOLDADO: De maneira que vossa mercê é seu sapateiro?

---

11. São espécies de lenços ou tecidos finos.

SAPATEIRO: Muitas vezes, já a calcei.
SOLDADO: E há de calçá-la agora esses chinelos?
SAPATEIRO: Não será necessário; se fossem sapatos de homem, como ela costuma trazer, sim, calçaria.
SOLDADO: E esses, estão pagos, ou não?
SAPATEIRO: Não estão pagos; que ela me há de pagá-los agora.
SOLDADO: Não me faria vossa mercê uma mercê que seria para mim muito grande e é que fie a mim esses chinelos, dando-lhe eu prendas que o valessem, até desde aqui a dois dias, que espero ter dinheiro em abundância?
SAPATEIRO: Sim, farei, por certo. Venha a prenda que, como sou pobre artesão, não posso fiar a ninguém.
SOLDADO: Eu lhe darei a vossa mercê um palito de dente, que o estimo em muito, e não o deixarei por um escudo[12]. Onde tem vossa mercê a loja, para que vá quitar-lhe?
SAPATEIRO: Na rua Mayor, em um poste daqueles, e me chamo Juan Juncos.
SOLDADO: Pois, senhor Juan Juncos, o palito de dente é este, e estime-o vossa mercê em muito, porque é meu.
SAPATEIRO: Pois um palito feito de talos de uma planta que apenas vale dois maravedis quer vossa mercê que estime em muito?
SOLDADO: Oh, pecador de mim! Não lhe dou senão para recordação de mim mesmo; porque, quando vá meter a mão no bolso e não encontrar o palito, virá à memória que o tem vossa mercê e irei logo quitá-lo; sim, a fé de soldado, que não o dou por outra coisa; mas, se não está contente com ele, acrescentarei essa bandana e esse cilindro: que ao bom pagador não lhe doem prendas.
SAPATEIRO: Embora sapateiro, não sou tão descortês que tenha de despojar a vossa mercê de suas joias e preciosidades; vossa mercê fique com elas, que eu ficarei com meus chinelos, que é o que me está mais em conta.
SOLDADO: Qual o tamanho?
SAPATEIRO: Cinco escassos.
SOLDADO: Mais escasso[13] sou eu, chinelos de minhas entranhas, pois não tenho seis reais para pagá-lo. Chinelos de minhas estranhas! Escute

---

12. A palavra escudo nesse contexto faz referência à unidade monetária antiga de diversos países e épocas (DRAE). O Soldado tem a intenção de agregar valor ao seu palito.
13. "Cinco escassos... escasso sou eu": Equívoco entre a escassez do tamanho dos chinelos e a escassez de meios econômicos à disposição do Soldado. (N. Spadaccini, em M. de Cervantes, op. cit., p. 180, nota 46.)

vossa mercê, senhor sapateiro, que quero glosar aqui de repente este verso, que me saiu medido:

Chinelo de minhas estranhas.

SAPATEIRO: É poeta vossa mercê?

SOLDADO: Famoso, e agora o verá; esteja a mim atento.

Chinelos de minhas entranhas.

GLOSA

É amor tão grande tirano
que, esquecido da fé
que o guardo sempre em vão,
hoje, com a sola de um pé,
dá a mim esperança de mão.
Essas são vossas façanhas,
solas pequenas e estranhas;
Que já minha alma imagina
que sois, por ser de Cristina,
chinelos de minhas entranhas.

SAPATEIRO: Eu pouco entendo de trovas, mas estas soaram tão bem que me parecem de Lope[14], como são todas as coisas que são ou parecem boas.

SOLDADO: Pois, senhor, já que não há remédio de me fiar esses chinelos, que não fosse muito, e mais sobre tão doces prendas por mim mal encontradas[15], leve-os, ao menos, de que vossa mercê as guarde até daqui a dois dias, que eu vá por eles; e, por hora, digo, por essa vez, o senhor sapateiro não há de falar e nem ver Cristina.

SAPATEIRO: Eu farei o que me manda o senhor soldado, porque me transparece de que pés coxeia, que são dois: o da necessidade e o dos ciúmes.

SOLDADO: Esse não é um talento de sapateiro, e sim de colegial trilíngue[16].

SAPATEIRO: Oh, ciúmes, ciúmes, quão melhor se chamassem dores, dores!

Vai-se o sapateiro.

14. Esta alusão a Lope de Vega teve não poucas interpretações, uma das mais plausíveis a interpreta como uma pulha satírica do Cervantes ao Fénix pois, se por um lado alguns veem uma homenagem à popularidade do poeta e dramaturgo, por outra, a glosa, vulgar e sentimental em excesso, parodia as concessões líricas para agradar ao grande público, como se comprova pelo elogio que faz o sapateiro.

15. "Tão doces prendas, por mim mal encontradas…": Faz alusão irônica ao verso primeiro (¡Oh dulces prendas por mi mal halladas!) do famoso soneto x de Garcilaso da Vega (1503-1536), parodiado na literatura anti-idealista do século XVII. (Ibidem, p. 181, nota 50.)

16. A agilidade mental do Sapateiro se parece, segundo o Soldado, a dos que estudavam no Colégio Trilíngue de Alcalá de Henares (fundado em 1528) onde se estudava grego, latim e hebreu. (Ibidem, p. 182, nota 51).

SOLDADO: Não, senão não serás guarda, e guarda cuidadosa, e vereis como entram mosquitos na cova onde está o licor do teu contento. Mas que voz é essa? Sem dúvida é a de minha Cristina, que se desenfada cantando, quando varre ou esfrega.

Dentro, soam pratos, como que esfregam e cantam:

Sacristão de minha vida,
tem-me por tua,
e, fiado em minha fé,
canta aleluia.

SOLDADO: Ouvidos que tais ouvem! Sem dúvida, o sacristão deve de ser o brinco de tua alma. Oh, prateleira, a mais limpa que tem, teve ou terá o calendário das criadas. Por que, assim como limpas essa louça de Talavera[17] que trazes entre as mãos, e tornas polida e luzidia prata, não limpas essa alma de pensamentos baixos e sota-sacristaneses?

Entra o amo de Cristina.

AMO: Galã, que quer ou o que busca nessa porta?
SOLDADO: Quero mais do que seria bom, e busco o que não encontro. Mas, quem é vossa mercê que me pergunta?
AMO: Sou o dono dessa casa.
SOLDADO: O amo de Cristinica?
AMO: O próprio.
SOLDADO: Pois aproxime-se vossa mercê a esta parte e tome esse rolo de papéis; e observe que aí dentro estão as informações de meus serviços, com vinte e dois testemunhos assinados de vinte e dois generais, debaixo de cujos estandartes eu servi, além de trinta e quatro de outros tantos mestres de campo que se dignaram honrar-me com eles.
AMO: Mas não houve, pelo que sei, tantos generais nem mestres de campo de infantaria espanhola de cem anos até hoje.
SOLDADO: Vossa mercê é homem pacífico e não está obrigado a entender muito das coisas da guerra. Passe os olhos por esses papéis e verá neles, uns sob os outros, todos os generais e mestres de campo que eu disse.
AMO: Eu os dou por confirmados e vistos; mas de que serve dar-me conta disso?
SOLDADO: De que encontrará vossa mercê por eles ser possível ser verdade uma coisa que agora direi e é que estou proposto para um dos

---

17. Louça da Talavera, no original "loza talaveril": faz referência à louça fabricada na Villa que é nomeada de Talavera. (Cf. *Diccionario de Autoridades*).

três castelos e cargos que estão vagos no reino de Nápoles; convém saber: Gaeta, Barleta e Rijobes.[18]

AMO: Até agora, nada me importa das relações que vossa mercê me dá.

SOLDADO: Mas eu sei que vão importar, sendo Deus servido.

AMO: De que maneira?

SOLDADO: De que, por força, se não caírem os céus, tenho de sair provido de um desses cargos, e quero casar-me com Cristinica; e, sendo eu seu marido, vossa mercê pode fazer de minha pessoa e de minha riqueza como coisa própria; que não tenho de mostrar-me desagradecido pela criação que vossa mercê deu à minha querida e amada cônjuge.

AMO: Vossa mercê está mal da cabeça, mais que de qualquer outra coisa.

SOLDADO: Aposta-se algo, senhor acomodado, que me a entregará logo logo, ou não haverá de atravessar os umbrais de sua casa?

AMO: Existe tal disparate? E quem há de ser bastante para impedir-me de entrar em minha casa?

Volta o sota-sacristão Pasillas, armado com uma tampa de cântaro e uma espada coberta de mofo; vem também com ele outro sacristão, com um capacete e uma vara ou um pau e, atado a ele, um espanador.

SACRISTÃO: Veja, amigo Grajales, que este é o que perturba o meu sossego!

GRAJALES: Não me incomodo, porém trago as armas medíocres e um tanto tenras; senão já haveria de tê-lo despachado para outro mundo, com toda a prontidão.

AMO: Detenham-se, gentis homens! Que infortúnio e assassinato são esses?

SOLDADO: Ladrões! A traição e em quadrilha? Sacristães falsos, voto a tal que os tenho de perfurar, mesmo que tenhais mais ordens que um cerimonial. Covarde, e vem a mim com um espanador? É notar-me bêbado ou pensas que estás tirando a poeira de alguma imagem de vulto?

GRAJALES: Não penso senão que estou espantando os mosquitos de uma jarra de vinho.

Na janela, Cristina e sua ama.

CRISTINA: Senhora, senhora, que matam o meu senhor! Mais de duas mil espadas estão sobre ele, que resplandecem que me tiram a vista.

ELA: Diz verdade, filha minha. Deus seja com ele; santa Úrsula, com as onze mil virgens, seja em sua guarda. Vem, Cristina, e desceremos a lhe socorrer como melhor pudermos.

---

18. Gaeta, Barleta e Rijobes são cidades da Itália.

AMO: Pela vida de vossas mercês, cavalheiros, que se detenham, e olhem que não é correto usar injúrias com ninguém.

SOLDADO: Tente, espanador, e tente, tampadorzinho; não acabeis de despertar minha cólera, que, se por acaso se despertasse, eu os mataria e os comeria e os lançaria pela porta traseira duas léguas além lá do inferno!

AMO: Detenham-se, digo; se não, por Deus que me descomponho de modo que pese a alguém!

SOLDADO: Por mim, detido estou; que lhe tenho respeito pela imagem que tem em sua casa.

SACRISTÃO: Pois, mesmo que essa imagem faça milagres, não te há de valer a vez.

SOLDADO: Viu a desvergonha desse imoral, que me vem a fazer graças com um espanador, não havendo me espantado nem aterrorizado tiros maiores que os de Dio[19], que está em Lisboa?

Entram Cristina e sua senhora.

ELA: Ai, marido meu! Estás, por desgraça, ferido, bem de minha alma?

CRISTINA: Ai, miserável de mim! Por meu finado pai, que são os da rixa meu sacristão e meu soldado.

SOLDADO: Mas bem que condigo à parte com o sacristão; que também disseste "meu soldado".

AMO: Não estou ferido, senhora, mas sabe que toda essa rixa é por Cristina.

ELA: Como por Cristina?

AMO: Ao que eu entendo, estes galãs andam enciumados por ela.

ELA: E é isso verdade, moça?

CRISTINA: Sim, senhora.

ELA: Olhe com que pouca vergonha o dizes! E algum deles te desonrou?

CRISTINA: Sim, senhora.

ELA: Qual?

CRISTINA: O sacristão me desonrou, outro dia, quando fui ao matadouro.

ELA: Quantas vezes te disse eu, senhor, que não saísse esta mulher fora de casa; que já era grande, e não convinha distanciá-la de nossa vista? Que dirá agora seu pai, que nos a entregou limpa de poeira e palha[20]? E aonde te levou, traidora, para desonrar-te?

CRISTINA: A nenhuma parte que não ali, no meio da rua.

---

19. O canhão de Dio, peça notável de artilharia.
20. Limpa de pó e de palha, no original "Limpia de polvo y de paja", ou seja, limpa como o trigo sem embaraços. A Senhora se refere ao fato de que Cristina ainda não teve experiências sexuais.

ELA: Como no meio da rua?

CRISTINA: Ali, no meio da rua de Toledo, à vista de Deus e de todo o mundo, chamou-me de suja e de desonesta, de pouca envergonhada e pouco respeitosa, e outras injúrias desse tipo e tudo isso por estar ciumento daquele soldado.

AMO: Então não passou outra coisa entre ti e ele mais que essa desonra que te fez na rua?

CRISTINA: Não, por certo, porque logo passou sua cólera.

ELA: Minha alma voltou ao corpo, que já a tinha quase desamparada.

CRISTINA: E mais, que tudo quanto me disse foi confiado neste cartão que me deu para ser meu esposo, que o tenho guardado como ouro em pano.

AMO: Mostra. Vejamos.

ELA: Lê alto, marido.

AMO: Assim diz: "Digo eu, Lorenzo Passillas, sota-sacristão dessa paróquia, que quero bem, e muito bem, à senhora Cristina de Perrazes; e, em fé de tal verdade, dou-lhe esta, assinada em meu nome, datada em Madri, no cemitério de San Andrés, a seis de maio do presente ano de mil seiscentos e onze. Testemunhas: meu coração, meu entendimento, minha vontade e minha memória. Lorenzo Passillas."
Gentil modelo de cartão de matrimônio.

SACRISTÃO: Sobre dizer que a quero bem inclui-se tudo aquilo que queira que eu faça por ela; porque quem dá a vontade, dá-a toda.

AMO: Então, se ela quisesse, bem casarias com ela?

SACRISTÃO: De boníssima vontade, ainda que perdesse a expectativa de três mil maravedis de renda, que há de constituir, agora, sobre minha cabeça uma avó minha, segundo me escreveu de minha terra.

SOLDADO: Se vontades se tomam em conta, trinta e nove dias faz hoje que, ao entrar da ponte Segoviana, dei a Cristina a minha, com todos os anexos e minhas três potências; e, se ela quiser ser minha esposa, algo irá valer ser um castelhano de um famoso castelo, contra um sacristão não inteiro, e sim médio, e ainda na metade deve faltar algo.

AMO: Tens desejos de casar-se, Cristinica?

CRISTINA: Sim, tenho.

AMO: Pois escolha, dos dois que se oferecem a ti, o que mais te agrade.

CRISTINA: Tenho vergonha.

ELA: Não a tenhas, porque o comer e o casar têm de ser a gosto próprio, e não a vontade alheia.

CRISTINA: Vossas mercês, que me criaram, dar-me-ão marido como me convenha; se bem que queria escolher.

SOLDADO: Menina, olha para mim; olha meu garbo, soldado sou, castelhano penso ser; brio tenho de coração; sou o mais galã homem do mundo; pelo fio do vestidinho, poderá tirar o novelo de minha gentileza.

SACRISTÃO: Cristina, eu sou músico, ainda que de sinos; para adornar um túmulo e enfeitar uma igreja para festas solenes, nenhum sacristão me pode levar vantagem; e esses ofícios bem os posso exercer casado, e ganhar de comer como um príncipe.

AMO: Agora sim, jovem: escolhas entre os dois o que te agrada que eu gosto dele, e com isso porás paz entre dois tão fortes competidores.

SOLDADO: Eu me conformo.

SACRISTÃO: E eu me rendo.

CRISTINA: Pois escolho o sacristão.

Entram os músicos.

AMO: Pois chamem esses oficiais de meu vizinho o barbeiro, para que com suas guitarras e vozes entremos para celebrar o noivado, cantando e dançando; e o senhor soldado será meu convidado.

SOLDADO: Aceito:
Que, onde há força de verdade
se perde qualquer vantagem.

MÚSICOS: Pois chegamos a tempo, este será o refrão de nossa letra.

Cantam o refrão.

SOLDADO: Sempre escolhem as mulheres
aquele que vale menos,
porque excedem seu mau gosto
a qualquer merecimento.
Já não se estima o valor,
porque se estima o dinheiro,
pois preferem um sacristão
a um roto soldado leigo.
Mas não é muito: que, quem viu
que foi seu voto tão néscio,
que no sagrado se acolhesse[21],
que é de delinquente porto?

---

21. A expressão "acogerse a sagrado" significa proteger-se numa igreja, onde procuravam refúgio aqueles que tinham cometido um delito. O Soldado estima que Cristina escolheu mal, pois equipara o Sacristão aos que buscam refúgio no sagrado. Se aponta com isso o desprestígio da profissão.

Que onde há força de verdade etc.

SACRISTÃO: Como é próprio de um soldado,
que é só nos anos velho,
e se encontra sem um quarto
porque deixou seu terço[22],
imaginar que pode ser
pretendente de Gaiferos[23],
conquistando pelo bravo
o que eu pela mão adquiro,
não me afrontam tuas razões,
pois hás perdido no jogo;
que sempre um perdedor tem
licença para fazer desaforos.
Que onde etc.

Saem cantando e dançando.

---

22. Quarto... Terço... jogo de palavras com duplos sentidos, com as que o Sacristão refere que o Soldado está sem habitação e sem dinheiro (quarto) porque deixou seu regimento militar (terço). Chamavam-se *Tercio* os regimentos da infantaria espanhola nos séculos XVI e XVII.

23. Herói do *Romancero*, apaixonado por Melisenda, a quem raptou. Foi considerada uma personagem ridícula por parte da literatura posterior.

O RETÁBULO DAS MARAVILHAS

Miguel de Cervantes Saavedra

Personagens:
CHANFALLA
CHIRINOS
RABELÍN
GOVERNADOR
PEDRO CAPACHO
BENITO REPOLHO
JUAN CASTRADO
JUANA CASTRADA
TERESA REPOLHA
SOBRINHO
FURRIEL

Entram Chanfalla e Chirinos.

CHANFALLA: Não se esqueça, Chirinos, de minhas advertências, principalmente as que eu lhe dei para o novo embuste, que deve acontecer, como o do rapaz que fazia chover.[1]

1. Sobre o embuste do *llovista,* "o rapaz que fazia chover", N. Spadaccini (em M. de Cervantes, *Entremeses*, p. 216, n. 4) aponta a origem folclórica da história. Luis ▶

CHIRINOS: Chanfalla ilustre, o que falam para mim tomo como modelo; pois tenho tanto memória quanto entendimento, ao que se une uma vontade qualquer de satisfazê-lo, acima de tudo. Mas me diga: para que serve esse Rabelín que abrigamos? Nós dois sozinhos não poderíamos executar o plano?

CHANFALLA: Precisamos dele, como o pão de cada dia, para tocar nos intervalos, conforme forem surgindo as figuras do Retábulo das Maravilhas.

CHIRINOS: Maravilha será se não nos apedrejarem por conta do Rabelín; porque nunca vi criatura tão desventurada em minha vida.

Entra Rabelín.

RABELÍN: Devo fazer algo neste povoado, senhor autor? Porque quero demonstrar que não fui abrigado em vão para o serviço.

CHIRINOS: Quatro corpos dos seus não fariam um terço, quanto mais o serviço completo; se você não for melhor músico do que tem de tamanho, não vamos sair do lugar.

RABELÍN: Isso veremos, pois me chamaram para entrar em uma compañia de partes[2], mesmo sendo pequeno.

CHANFALLA: Se o pagamento for de acordo com o seu tamanho, será quase invisível. Chirinos, já estamos chegando ao povoado, e aqueles que estão vindo devem ser, com certeza, o governador e os prefeitos. Vamos em seu encontro, e afie sua língua na pedra da bajulação, mas não passe do ponto. (*Entram o Governador, Benito Repolho, o Prefeito, Juan Castrado, o Secretário e Pedro Capacho, o Escrivão.*) Beijo suas mãos: quem de vocês é o governador deste povoado?

GOVERNADOR: Sou eu o governador; o que você quer, bom homem?

CHANFALLA: Se eu tivesse uma pitada de entendimento, teria percebido que essa peripatética e volumosa presença não poderia ser de outro

▷ Galindo (1659/1668, v. 5, f. 184), em suas *Sentencias Filosóficas y Verdades Morales, Que Otros Llaman Proverbios o Adagios Castellanos*, nos conta que a historieta tratava da chegada a uma aldeia de um pobre estudante que fingia ser mágico e sabia fazer chover e serenar os céus. Os lavradores e magistrados lhe deram um bom salário para que ficasse no povoado e fizesse chover quando fosse necessário. Em certa ocasião, um grupo de lavradores foi ao jovem e lhe pediu que fizesse chover; ao que outro grupo replicou, dizendo que a chuva seria danosa a suas plantações. O embusteiro, percebendo que a disputa não teria fim, safou-se dizendo: "Entrem num acordo e, depois, choverá." Ficam já estabelecidos, nessa primeira alusão folclórica, os elementos da superstição e credulidade popular que condicionam a ação do entremez e delineiam as características do engano.

2. Companhia teatral em que os atores repartiam o lucro arrecadado proporcionalmente ou de acordo com o previamente combinado.

além do digníssimo governador deste honrado povoado, que, ainda que pudesse sê-lo de Algarrobillas[3], não aceite isso vossa mercê.

CHIRINOS: Pela vida de sua senhora e de seus filhos, se é que o senhor governador os tem.

CAPACHO: O senhor governador não é casado.

CHIRINOS: Para quando o for, assim não se perde nada.

GOVERNADOR: Então, o que você quer, homem honrado?

CHIRINOS: Honrados dias viva o senhor, pois assim nos honra. Afinal, a azinheira dá bolota, a pereira, pera, a videira, uva, e o honrado, honra, sem poder fazer outra coisa.

BENITO: Sentença ciceroniânica[4], sem tirar nem pôr.

CAPACHO: Ciceroniana, quer dizer o senhor prefeito Benito Repolho.

BENITO: Sempre quero dizer o correto, mas, na maioria das vezes, não acerto; enfim, bom homem, o que você quer?

CHANFALLA: Eu, meus senhores, sou Montiel, aquele que traz o Retábulo das Maravilhas. Da corte me chamaram os senhores confrades dos hospitais, porque não existe autor de comédia lá e sofrem os hospitais, e com minha ida se remediará tudo.[5]

GOVERNADOR: E o que quer dizer Retábulo das Maravilhas?

CHANFALLA: Pelas maravilhosas coisas que nele se encenam e mostram, vem a ser chamado Retábulo das Maravilhas, o qual fabricou e compôs o sábio Tontonelo, sob tais paralelos, rumos, astros e estrelas, com pontos, letras e observações, que não pode ver as coisas que nele são mostradas nenhum judeu confesso ou quem tenha sido concebido ou gerado por pais de ilegítimo matrimônio. Aquele que for contaminado pelas duas doenças desista de ver as coisas, jamais vistas ou ouvidas, de meu retábulo.[6]

---

3. Alusão pouco clara. Os diversos editores não se põem de acordo sobre seu sentido. Algarrobillas é uma localidade da província de Cáceres, na época lugar famoso por sua carne de porco e derivados, que, como se sabe, estava proibida aos judeus; também era célebre pela ignorância de seus habitantes.

4. A caraterização dos tipos mediante a distorção linguística é um procedimento habitual na técnica entremezista. Em Cervantes, particularmente acentuada esta tendência de caracterizar tipos rústicos e simples, o que dará lugar, não poucas vezes, a réplicas de outras personagens mais letradas e preocupadas pela correção idiomática.

5. Os teatros dos "corrais de comedia", organizados já a finais do século XVI como teatros permanentes, com Companhias de cômicos profissionais e com pago de ingressos, eram administrados pelos hospitais da beneficência e parte das arrecadações dos espetáculos destinava-se a seu funcionamento.

6. Chanfalla, nesta intervenção, estabelece as duas condições imprescindíveis para serem vistas as maravilhas do retábulo: não ter raça de convertido (origem judia) e ter filiação legitimamente sacramentada pelo matrimônio.

BENITO: Estou vendo que a cada dia se descobrem no mundo coisas novas. E o sábio que compôs o retábulo ainda por cima se chama Tontonelo?

CHIRINOS: Chamava-se Tontonelo, nascido na cidade de Tontonela, cuja fama era de que a barba ia até a cintura.

BENITO: Geralmente, os homens de barba grande são sabichões.

GOVERNADOR: Senhor secretário Juan Castrado, eu determino, com sua permissão, que esta noite despose a senhora Castrada, sua filha, de quem sou padrinho, e que, em regozijo à festa, o senhor Montiel mostre o retábulo em sua casa.

JUAN: Ainda que em algo eu fosse contrário, devo servir ao senhor governador, com cujo parecer estou de acordo.

CHIRINOS: A única coisa contrária é que, se não nos pagarem antes pelo nosso trabalho, as figuras do retábulo serão vistas como pelo cerro de Úbeda[7]. E os senhores, autoridades, têm consciência e alma nesses corpos? Interessante seria se entrasse esta noite todo o povo na casa do senhor Juan Castrado, ou como seja seu nome, e visse o conteúdo do tal retábulo, e amanhã, quando quiséssemos mostrar ao povo, não houvesse viva alma que o visse! Não, senhores; não, senhores, *ante omnia* terão de nos pagar o que for justo.

BENITO: Senhora autora, aqui não lhes pagará nenhuma Antônia, nem nenhum Antônio. O senhor secretário Juan Castrado os pagará mais que honradamente, e, se não, o Conselho paga. Certamente vocês já conhecem bem o lugar! Aqui, minha cara, não esperamos que nenhuma Antônia pague por nós.

CAPACHO: Misericórdia, senhor Benito Repolho, que lento raciocínio! A senhora autora não diz que nenhuma Antônia irá pagar, mas que a paguem adiantado e antes de qualquer coisa. Isso é o que significa *ante omnia*.

BENITO: Olhe, escrivão Pedro Capacho, faça com que eles falem claramente, que eu entenderei melhor. Você, que é conhecedor e sabedor das coisas, poderá entender esse confuso linguajar deles, mas eu não.

JUAN: Certo. O senhor autor se contentará se eu lhe der adiantado meia dúzia de ducados? E mais: cuidaremos para que não entre ninguém do povo esta noite na minha casa.

CHANFALIA: Concordo, pois confio no seu cuidado para que tenha um bom final.

---

7. "Por el cerro de Úbeda", expressão usada habitualmente no plural para denotar que algo tem nulas possibilidades de ocorrer. Chirinos deixa claro que, se não receber antes os emolumentos, ninguém verá nada.

JUAN: Então, venha comigo. Você receberá o dinheiro e verá minha casa e a comodidade que há nela para mostrar esse retábulo.
CHANFALLA: Vamos. E que não saia de suas memórias as qualidades que devem ter aqueles que se atrevem a olhar o maravilhoso retábulo.
BENITO: Eu assumo a responsabilidade. E garanto que, de minha parte, sem dúvida, posso ir a juízo, pois o meu pai é prefeito. Quatro gerações de autênticos cristãos velhos tenho de ambos os lados de minha família. Observem como verei o tal retábulo![8]
CAPACHO: Todos esperamos ver, senhor Benito Repolho.
JUAN: Não nascemos na plebe, senhor Pedro Capacho.
GOVERNADOR: Tudo isso será necessário, pelo que estou vendo, senhores prefeito, secretário e escrivão.
JUAN: Vamos, autor, mãos à obra! Juan Castrado me chamo, filho de Antón Castrado e de Juana Macha, e afirmo, com toda a certeza, que ficarei cara a cara e de pé diante do referido retábulo.
CHIRINOS: Deus o permita!

Entram Juan Castrado e Chanfalla.

GOVERNADOR: Senhora autora, entre os chamados cômicos, quais são, agora, os autores de maior sucesso na corte? Porque eu tenho dom de poeta e obsessão pelo mundo dos palcos. Vinte e duas comédias tenho, todas novas, escritas de uma vez só, e estou aguardando a oportunidade para ir à corte e enriquecer meia dúzia de autores[9] com elas.
CHIRINOS: Senhor governador, o que me pergunta sobre poetas não saberei responder, pois existem tantos que até escondem o sol, e todos pensam que são famosos. Os atores cômicos são os mais comuns e os que sempre se contratam, por isso não há por que nomeá-los. Mas diga-me, por favor: qual é seu nome de poeta? Como se chama?
GOVERNADOR: Senhora autora, sou conhecido como o licenciado Gomecillos.

---

8. O decreto de expulsão dos judeus da Espanha foi em 1492. As comunidades que preferiram ficar estavam obrigadas a converter-se na fé católica, fato que propiciou não poucas tensões entre os cristãos que se consideravam legítimos; por um lado, porque desejavam distinguir-se dos novos cristão, os convertidos, e participar de um regime de privilégios; por outro, porque muitas vezes resultava impossível provar documentalmente a origem e temiam ser confundidos. Cervantes retrata neste grupo de aldeãos a histeria coletiva e o pânico advindos da possibilidade de poderem ter questionada sua origem. O fato de que essa possibilidade seja desencadeada por dois pícaros intensifica o caráter burlesco da situação.
9. "Autores" denominavam-se os empresários ou donos de companhias teatrais.

CHIRINOS: Valha-me Deus! Então, você é o senhor licenciado Gomecillos, o que compôs aqueles versos tão famosos de "Lucifer Estaba Malo" e "Tómale Mal de Fuera"[10]?

GOVERNADOR: As más línguas quiseram atribuir a mim tais versos, que são tão meus quanto do Grão-Turco[11]. Os que eu compus, e não posso negar, foram aqueles que trataram do dilúvio de Sevilha. Embora os autores sejam ladrões uns dos outros, nunca cogitei furtar nada de ninguém: que Deus me ajude com meus versos, e furte quem quiser.

Volta Chanfalla.

CHANFALLA: Venham, senhores, pois está tudo pronto e nada falta para começar.

CHIRINOS: O dinheiro já está *in corbona*[12]?

CHANFALLA: E mais ainda: nas profundezas do meu coração.

CHIRINOS: Pois advirto, Chanfalla, que o governador é poeta.

CHANFALLA: Poeta? Meu Deus! Considere-o enganado, pois todos aqueles com semelhante ambição são tolos; gente descuidada, ingênua e sem nenhuma malícia.

BENITO: Vamos, autor, não vejo a hora de presenciar essas maravilhas.

Saem todos.

Entram Juana Castrada e Teresa Repolha, camponesas: uma vestida de noiva, que é a primeira.

CASTRADA: Pode se sentar aqui, amiga Teresa Repolha, que o retábulo estará diante de você; e, como sabe as condições que devem ter os espectadores do retábulo, não se descuide, pois seria uma grande desgraça.

TERESA: Você já sabe, Juana Castrada, que eu sou sua prima, e não digo mais nada. Se o céu existe e posso vê-lo, verei também o que o retábulo mostrar. Pela vida de minha mãe, arrancaria meus olhos se alguma desgraça me acontecesse! Não sabem quem eu sou!

CASTRADA: Sossegue, prima, pois todos estão vindo.

---

10. Poemas desconhecidos ou provavelmente inventados que fazem parte da atitude burlesca de Chirinos diante das aspirações do Governador de triunfar na corte como poeta lírico.

11. Solimão I, o Magnífico, conhecido como o Grão-Turco, foi um Sultão do Império Otomano, que governou de 1520 a 1566 um imenso território que abarcava desde Argel até o Cáucaso e de Budapeste a Bagdá. Ficou notabilizado por sua grande capacidade como legislador e general, além de ter sido um incentivador das artes.

12. No bolso.

Entram o Governador, Benito Repolho, Juan Castrado, Pedro Capacho, o Autor e a Autora, o Músico e outras pessoas do povoado, e um sobrinho de Benito, que deverá ser aquele transeunte que dança.

CHANFALLA: Sentem-se todos. O retábulo ficará atrás da cortina, assim como a autora. E aqui está o músico.

BENITO: O músico é este? Coloquem-no também atrás da cortina, pois que, para além de não o ver, ficarei satisfeito se não o ouvir.

CHANFALLA: O senhor prefeito Repolho não tem motivo para desdenhar do músico, que verdadeiramente é um bom cristão e fidalgo de boa família[13].

GOVERNADOR: Qualidades são muito necessárias para ser um bom músico!

BENITO: De boa família pode ser, mas de boa música, *vade retro*.

RABELÍN: Isso merece o velhaco que vem tocar sua música diante de...!

BENITO: Por Deus, já vimos tocar aqui outros músicos tão...!

GOVERNADOR: É melhor deixar essa discussão sem fim para o senhor Rabelín e o prefeito, e que o senhor Montiel comece sua obra.

BENITO: Pouca tralha traz o autor para tão grandioso retábulo.

JUAN: Tudo deve ser de maravilhas.

CHANFALLA: Atenção, senhores, que vai começar!
Ó tu, quem quer que foste, que fabricaste esse retábulo com tão maravilhoso artifício, que conquistou o nome de Retábulo das Maravilhas pela virtude nele contida, eu te conjuro, rogo e ordeno que, imediatamente, mostres a estes senhores algumas das tuas maravilhosas maravilhas, para que se alegrem e aproveitem sem escândalo algum! Vejo que meu pedido já foi concedido, pois, daquele lado, aparece a figura do valentíssimo Sansão, abraçado às colunas do templo, para derrubá-lo por terra e se vingar de seus inimigos. Reflita, nobre cavalheiro, reflita, pela graça de Deus Pai! Não cometa tal desatino, não jogue abaixo essas colunas, fazendo omelete de tanta gente nobre que aqui está reunida.

BENITO: Contenha-se, pelo amor de Deus! Imaginem se, em vez de nos divertirmos, acabamos sendo esmagados. Contenha-se, senhor Sansão! Apesar dos meus pecados, somos todos homens bons.

CAPACHO: Você o está vendo, Castrado?

JUAN: Claro, como não veria? Por acaso tenho os olhos no cangote?

---

13. No texto fonte: "hidalgo de solar conocido". Com a expressão se tratava de demostrar a origem social da pessoa e o vínculo de sangue com uma família tradicional. Alude também a uma propriedade, geralmente uma casa.

GOVERNADOR (à parte): Milagroso caso é esse; vejo agora Sansão assim como veria o Grão-Turco[14], e eu me tenho por verdadeiro filho legítimo e cristão velho!

CHIRINOS: Cuidado, homem, pois está vindo o mesmo touro que matou o peão, em Salamanca! Abaixe-se, homem! Abaixe-se, homem! Deus o livre, Deus o livre!

CHANFALLA: Abaixem-se todos, abaixem-se todos! Xô! Xô! Xô![15]

Todos se abaixam e ficam inquietos.

BENITO: O touro está com o diabo no corpo. Transparece maldade e crueldade. Se eu não me abaixar, ele me joga longe.

JUAN: Senhor autor, faça, se possível, com que não apareçam figuras tão espantosas. Não digo por mim, mas por essas meninas, que ficaram sem nenhuma gota de sangue no corpo, tamanha a ferocidade do touro.

CASTRADA: E como, pai! Não volto ao normal nem em três dias. Já me via em seus chifres, tão pontiagudos quanto uma lança.

JUAN: Se você não fosse minha filha, não o teria visto.

GOVERNADOR (à parte): Espera! Todos veem o que eu não vejo, mas, no final das contas, terei de dizer que o vejo para manter a bendita honra.

CHIRINOS: A carrada de ratos que ali desce diretamente daqueles criados na Arca de Noé. Alguns deles são brancos, alguns vermelhos e pretos, alguns esverdeados, outros azuis, mas, afinal, todos são ratos.

CASTRADA: Meu Deus! Socorro! Segurem-me, senão me jogo por aquela janela! Ratos? Que azar, amiga, segure as saias e cuidado para que não a mordam. E suba em algum lugar, não são poucos! Pela vida de minha avó, passam de milhares!

TERESA: Eu que sou uma infeliz, porque eles já estão entrando por baixo da minha saia. Um rato moreninho já chegou no meu joelho. Que o céu envie o socorro, pois na terra me falta.

BENITO: Ainda bem que estou com ceroula, assim nenhum rato entrará aqui, por menor que seja.

CHANFALLA: Esta água, que com tanta pressa despenca das nuvens, é da fonte onde se origina e nasce o rio Jordão. O rosto de toda mulher que

---

14. Novamente uma referência ao Grão-Turco numa expressão que indica a impossibilidade da situação.

15. "Hucho ho", exclamação convencional na época com a que se incitava aos touros, já anotada em outros entremezes.

for tocado por ela ficará como prata brilhante; já os homens terão a barba como de ouro.

CASTRADA: Escutou, amiga? Descubra o rosto, para ver o que importa. Ah, que licor tão saboroso! Cubra-se, pai, não se molhe!

JUAN: Todos nos cobrimos, filha.

BENITO: Pelas costas a água chegou até o orifício central.

CAPACHO: Eu estou mais seco que um sisal.

GOVERNADOR (*à parte*): Que diabo pode ser isso, que ainda não fui tocado por uma gota, enquanto todos se afogam? E se eu for um bastardo entre tantos legítimos?

BENITO: Tirem dali aquele músico, senão pedirei a Deus para ir embora sem ver mais aparições. Que o diabo leve daqui esta miniatura de músico, que insiste em tocar sem cítara e sem som!

RABELÍN: Senhor prefeito, não se irrite comigo, pois eu toco como Deus se encarregou de me ensinar.[16]

BENITO: Deus se encarregou de ensinar, sua besta? Volte para trás daquelas cortinas ou eu juro que jogo este banco em você.

RABELÍN: Acho que foi o diabo que me trouxe a este povoado.

CAPACHO: Fresca é a água do santo rio Jordão. Embora me cobrindo o máximo que pude, ela chegou a molhar meu bigode. Aposto que ele está dourado com o ouro.

BENITO: E muito pior umas cinquenta vezes.

CHIRINOS: Lá vão pelo menos duas dúzias de leões selvagens e ursos-pardos. Todo humano se esconda, pois, ainda que sejam fantásticos, não deixarão de trazer angústia e de mostrar a força de Hércules com a espada desembainhada.

JUAN: Senhor autor, por Cristo! Agora quer encher a casa de ursos e leões?

BENITO: Veja que os rouxinóis e as cotovias que nos envia Tontonelo são, na verdade, leões e dragões! Senhor autor, traga figuras mais agradáveis ou nos contentamos com o que já vimos. Vá com Deus e não fique neste povoado nem mais um segundo.

CASTRADA: Senhor Benito Repolho, por nós, deixe entrar o urso e os leões, que ficaremos muito felizes.

JUAN: Mas, filha, antes se espantava com ratos, agora pede ursos e leões?

CASTRADA: Tudo o que é novo agrada, senhor meu pai.

---

16. Nesta autoconfissão irônica, Rabelín reconhece burlescamente que sua técnica musical se limita ao ensinado por Deus, isto é, nada. Podemos imaginar o grau de desconcerto e o verdadeiro pandemônio em que se está convertendo o delirante espetáculo do retábulo.

CHIRINOS: Esta donzela, que agora surge tão elegante e recatada, chama-se Herodias, cuja dança conquistou como prêmio a cabeça do Precursor da Vida[17]. Quem ajudá-la a dançar, verá maravilhas.
BENITO: Esta sim, Deus do céu, que é uma figura graciosa, agradável e reluzente. Filha da puta, como remexe a menina! Sobrinho Repolho, você, que sabe tocar castanholas, ajude-a e teremos uma festa de gala.
SOBRINHO: Com muito prazer, tio Benito Repolho.

Começa a sarabanda.[18]

CAPACHO: Minha nossa, como é antiga a dança da sarabanda e da chacona!
BENITO: Sobrinho, agarre a velhaca judia. Mas, se ela é judia[19], como vê essas maravilhas?
CHANFALLA: Toda regra tem sua exceção, senhor prefeito.

Tocam trompete ou corneta dentro do teatro e entra um furriel do exército.

FURRIEL: Quem aqui é o senhor governador?
GOVERNADOR: Sou eu. O que o senhor deseja?
FURRIEL: Que imediatamente arrume alojamento para trinta militares que chegarão aqui, dentro de meia hora ou até antes, pois já soa a corneta[20]. Adeus.

Vai-se.

BENITO: Aposto que foi o sábio Tontonelo quem enviou esses homens.[21]
CHANFALLA: Não é isso. Essa é uma companhia de cavalos que estava hospedada a duas léguas daqui.

17. Referência enviesada à história bíblica da morte de São João Batista, quando Salomé, filha de Herodias, dançou para Herodes Antipas em troca da cabeça de João Batista, identificado aqui como Precursor da Vida (ou seja, de Cristo).
18. Ignacio Arellano e Celsa Carmen García Valdés, em sua edição, anotam a sarabanda e a chacona como bailes muito populares: "do gênero dos que chamavam desgarrados, lascivos e com frequência criticados pelos moralistas". (Em, *Antología de Entremeses del Siglo de Oro*, p. 77).
19. Benito percebe perplexo a condição dessa nova figura do retábulo, Herodias, que é judia e, em consequência, não deveria ver as outras figuras nem a si mesma.
20. Furriel chamava-se no exército ao cabo que tinha a seu cargo avitualhar de insumos à tropa. Neste caso, o furriel é o militar destacado do regimento com a missão de solicitar na aldeia alojamento para as tropas do rei, pois era costume e até obrigação na época dar-lhes comida e descanso a seu passo pelas localidades.
21. Benito acredita que o furriel seja mais uma figura saída do retábulo, evidenciando que perdeu a noção entre o que é real e imaginado. Essa confusão dos limites entre a realidade e o imaginado, o verdadeiro e o fingido era, como se sabe, um dos temas preferidos e mais tratados por Cervantes em sua obra, por exemplo, em *Dom Quixote*, e um dos temas literários por excelência do Barroco.

BENITO: Agora eu já conheço bem esse Tontonelo e sei que vocês todos são muito astutos, nem escapando o músico. Digam ao Tontonelo que não se atreva a enviar esses homens de armas, ou mando dar duzentas chicotadas em suas costas, sem interrupção.
CHANFALLA: Estou dizendo, senhor prefeito, que não é o Tontonelo quem os envia.
BENITO: E eu digo que é ele quem os envia, assim como todas as outras barbaridades que vi aqui.
CAPACHO: Todos nós vimos, senhor Benito Repolho.
BENITO: Não estou dizendo que não, senhor Pedro Capacho. E não toque mais, projeto de músico, senão lhe quebro a cabeça.

Volta o Furriel.

FURRIEL: Então, o alojamento já está pronto? Porque os cavalos já estão no povoado.
BENITO: Pois que Tontonelo ainda continua aprontando? Autor mentiroso e farsante, juro por Deus que vocês irão me pagar!
CHANFALLA: Vocês são testemunhas de que o prefeito está me ameaçando.
CHIRINOS: Vocês são testemunhas de que o senhor prefeito disse que foram enviados pelo sábio Tontonelo, e não por sua Majestade.
BENITO: Atontonelada vejam meus olhos, permita Deus todo-poderoso.
GOVERNADOR: Estou achando que esses homens de arma realmente não devem ser fantasia.
FURRIEL: E por acaso seriam fantasia, senhor governador? Está com seu juízo perfeito?
JUAN: Bem que podiam ser atontonelados, como essas coisas que vimos aqui. Pela vida do autor, que faça sair outra vez a donzela Herodias, para que este senhor veja o que nunca viu. Talvez assim consigamos que ele se vá logo daqui.
CHANFALLA: Que maravilha a ver aqui outra vez, fazendo sinal para que seu dançarino a ajude novamente.
SOBRINHO: Por mim, não há problema.
BENITO: Isso mesmo, sobrinho. Canse-a, canse-a, dê voltas e mais voltas. Meu Deus, como é envolvente a menina. Bravo, bravo! Isso aí, isso aí!
FURRIEL: Essa gente está louca? Que diabo de donzela é essa? E que dança? E que Tontonelo?
CAPACHO: Logo, o senhor Furriel não está vendo a donzela herodiana?
FURRIEL: Que diabo de donzela tenho de ver?

CAPACHO: Basta: ele é um *ex illis*[22]!
GOVERNADOR: É um *ex illis*! É um *ex illis*!
JUAN: É um deles, é um deles o senhor Furriel! É um deles!
FURRIEL: Puta que pariu! Juro por Deus vivo que, se eu colocar a mão nesta espada, faço todos saírem pela janela, e não pela porta.
CAPACHO: Basta, é um *ex illis*!
BENITO: Basta, é um deles, pois não vê nada!
FURRIEL: Malditos judeus! Se disserem outra vez que sou um deles, quebrarei seus ossos.
BENITO: Os confessos e bastardos nunca foram valentes, por isso não podemos deixar de acusá-los – é um deles, é um deles!
FURRIEL: Corpo de Cristo[23]! Não digam que eu não avisei!

Toma a espada e afronta todos. O prefeito ataca o pequeno Rabelín e Chirinos solta a cortina, e diz:

CHIRINOS: O diabo foi a corneta e a vinda dos homens de armas. Parece que os chamaram com campainha.
CHANFALLA: O sucesso foi extraordinário, a virtude do retábulo permanece intacta e, amanhã, podemos mostrá-lo ao povo. E nós mesmos podemos cantar o triunfo dessa batalha, dizendo: vivam Chirinos e Chanfalla!

---

22. *Ex illis*: significa *deles*, em latim. Com a expressão "de *ex illis es*", "é um deles", acusam ao Furriel de ser judeu.
23. "Cuerpo de Cristo", juramento irreverente e intensificador dum estado ou emoção. Muito frequente nos entremezes.

O VELHO CIUMENTO

Miguel de Cervantes Saavedra

Personagens:
CAÑIZARES (homem, 70 anos)[24]
COMPADRE DE CAÑIZARES
DONA LORENZA (esposa de Cañizares, 15 anos)[25]

24. Os nomes das personagens, não só neste entremez como em outros de Cervantes, podem ser muito significativos em termos dramáticos quando se associam suas etimologias e significados ao papel desempenhado pelas personagens. Neste caso de *El Viejo Celoso*, o nome de Cañizares, do velho ciumento que trancafia a jovem esposa, embora fosse um sobrenome usual, provindo de um antigo topônimo da região asturiana de Cañizas, não deixa de sugerir que seu significado etimológico – cañizo ou cañiza, como em português, caniço – faça algum sentido explicativo, já que, com um conjunto de cañizos, se podia formar uma cerca ou um curral para encerrar animais, como ovelhas.

25. Dona Lorenza, a jovem esposa que sofre o jugo do ciúme desmedido do velho, consegue, com ajuda da vizinha e da sobrinha, escapar da prisão matrimonial, pelo menos por algum momento: o nome Lorenza, como Lourença, em português, remonta, de um lado, ao topônimo latino *Laurentius*, e, de outro, ao étimo principal, *laus*, *lauris*, ou seja, louro, louvor; assim, em tom admonitório, sabemos que as ações de Lorenza serão, em alguma medida, louváveis (mesmo que apenas numa chave cômica). Além disso, o nome das duas personagens principais desvela um cuidadoso jogo intertextual por meio de alusões paronomásticas. Na novela exemplar *El Celoso Extremeño*, a partir do mesmo mote do ciúme extremado e do adultério, Carrizales e Leonora encontram antes um final trágico, assinalando as duas práticas como defeitos morais; parodicamente agora, Cañizares e Lorenza têm um desfecho cômico, quando o velho ridicularizado reconhece que uma traição aqui ou acolá faz parte do jogo do casamento. Assim, ▶

CRISTINA (sua sobrinha e criada)[26]
HORTIGOSA (vizinha)[27]
DELEGADO
MÚSICOS e BAILARINOS

Entram dona Lorenza, Cristina e Hortigosa.

DONA LORENZA: Que milagre foi este, senhora Hortigosa?! Ele não trancou com chaves minha dor, meu jugo, meu desespero; este é o primeiro dia, depois que me casei, que falo com alguém de fora de casa; que fora desta vida que eu veja é quem me casou com ele!

HORTIGOSA: Ande, dona Lorenza, não se queixe tanto, que é com uma panela velha que se compra outra nova.[28]

DONA LORENZA: Que com esses e outros dizeres ou provérbios é que me enganaram. Malditas sejam suas riquezas, *fuera de las cruces*[29] fora suas aflições; malditas suas joias, malditos seus luxos e maldito tudo quanto

▷ Cañizares e Lorenza representam, também pelo jogo de palavras, o duplo cômico do casal Carrizales e Leonora.

26. O nome de Cristina remonta à Cristiana; cristã, em sentido etimológico. A paródia poderia advir do fato de que Cristina ainda antes dos quinze anos demonstra adiantado desejo sexual, ao contrário do que se esperaria de uma jovem cristã. E vale lembrar ainda que Santa Cristina foi uma menina que, convertida ao cristianismo, foi perseguida e torturada pelo próprio pai, tendo sofrido duras penas em casa. Santa Cristina foi mártir e morreu virgem aos doze anos. Na peça, Cristina reclama da vida de criada do velho Cañizares, das injustiças que sofre e termina sem seu "fradinho".

27. Hortigosa, mesmo sendo também um sobrenome relativamente comum, aqui faz referência à urtiga (ou ortiga), planta da família das *urticaceae*, que são conhecidas, por um lado, por suas propriedades medicinais, mas, por outro lado, por provocarem reações alérgicas e coceiras, denominadas inclusive "urticárias". O velho ciumento odeia a vizinha, que lhe causará grandes males, porém, para a jovem Lorenza, a senhora traz o alívio de suas aflições.

28. Gonzalo Correas, no seu *Vocabulario de Refranes*, explica o ditado "con un calderón viejo se compra otro nuevo": "O que diz a moça que casa com velho e espera a herança" (p. 261). Note-se que Hortigosa usa de forma equivocada a variante do ditado no feminino (*caldera, outra nueva*), que seria, de fato, utilizada para dizer do rapaz que se casa com uma mulher mais velha com a mesma expectativa.

29. Segundo Rodríguez Marín, a expressão mantida aqui em espanhol faz alusão a uma canção amorosa popular, uma copla, do séc. XVI: "Mal haya la torre, / fuera de la cruz, / que me quita la vista / de mi andaluz", salientando também o caráter erótico da passagem (*El Alma de Andalucía en sus Mejores Coplas Amorosas*, p. 226). "As cruzes", por outro lado, fariam ainda referência ao dinheiro, já que as moedas traziam a imagem de uma cruz gravada no anverso, tanto que até hoje, em espanhol, se diz *"cara o cruz"* para "cara ou coroa". Como Midas, Lorenza se via pobre no meio de tanta riqueza, mas também, como a amante da canção, se via apartada do seu objeto de desejo, como expressa metaforicamente a ideia de "fome" no meio da abundância.

me dá e me promete! De que me serve tudo aquilo, se, em meio a tanta riqueza, estou pobre e, no meio de toda a abundância, tenho fome?

CRISTINA: Na verdade, minha tia, a senhora tem razão: eu preferia andar com uma mão atrás e outra na frente, e ter um marido jovem, do que me ver casada e presa no lodo com esse velho sujo que a senhora tomou por esposo.

DONA LORENZA: Eu tomei, minha sobrinha? Por Deus! Deu-me quem podia, e eu, como moça, fui mais rápida em obedecer do que contradizer. Pois se tivesse um pouco mais de experiência com essas coisas, antes me arrancava a língua com os dentes do que pronunciaria aquele sim, que se pronuncia com três letras e faz chorar três mil anos. Mas imagino que aconteceu o que tinha de acontecer, e o que está para acontecer, forçosamente, ainda não tem prevenção nem providência humana que previna.

CRISTINA: Jesus! Que velho horrível! A noite toda: "Dê cá o penico, tome o penico; levante, Cristinazinha, e me esquente uns panos que as costas me matam; traz aquelas ervas, que essa pedra nos rins acaba comigo." Tem mais pomadas e remédios no quarto do que em uma farmácia. E eu, que mal sei me vestir direito, tenho de servir de enfermeira. Argh, argh, argh! Velho choco, tão herniado como ciumento, é o mais ciumento do mundo!

DONA LORENZA: Disse a verdade, minha sobrinha.

CRISTINA: Quisera Deus não ter dito!

HORTIGOSA: Pois bem, dona Lorenza, vossa mercê faça o que aconselhei e verá como se acha muito bem com meu conselho. O jovem é como uma cerejeira verdinha, bonita de se ver[30]: sabe ficar quieta e agradecer o que por ela se faz; se os ciúmes e os cuidados do velho não nos dão lugar para escrever cartas nem receber respostas, coragem e ânimo, pelas ordens que andei dando, colocarei um galã no aposento de vossa mercê e o tirarei de lá sem que seu marido veja, mesmo que tivesse o velho mais olhos que Argos[31] e visse mais que esses rabdomantes que dizem que veem sete palmos debaixo da terra.

DONA LORENZA: Como vai ser minha primeira vez, estou com medo e não queria, a troco de nada, colocar em risco minha honra.

---

30. Em espanhol, *"como un ginjo verde"* seria aproximadamente "como uma cerejeira verde". Adicionei o "bonito de ver" para dar conta do significado da expressão em Cervantes, que denota a ideia de algo vistoso e bonito. Ver *Ginja*, em S. de C. Orozco, *Tesoro de la Lengua Castellana o Española*.

31. Um gigante de cem olhos da mitologia grega, reconhecido por sua capacidade de vigilância.

CRISTINA: Isso me lembra, minha tia, a canção de Gómez Arias:
Seu Gómez Arias,
Tenha dó de mim:
sou jovem menina;
nunca em tal me vi.[32]

DONA LORENZA: Algum espírito mau deve estar falando por você, sobrinha, para estar dizendo essas coisas.

CRISTINA: Eu não sei quem fala, mas sei que faria tudo aquilo que a senhora Hortigosa disse, sem tirar nem pôr.

DONA LORENZA: E a honra, sobrinha?

CRISTINA: E o divertimento, tia?

DONA LORENZA: E se se sabe?

CRISTINA: E se não se sabe?

DONA LORENZA: E quem vai me garantir que não se saiba?

HORTIGOSA: Quem? A boa e velha cautela, a inteligência, a habilidade e, sobretudo, um pouco de coragem, e os meus planos.

CRISTINA: Olhe, senhora Hortigosa, traga-nos um galã limpo, com desenvoltura, um pouco atrevido e, acima de tudo, jovem.

HORTIGOSA: Tudo isso tem o rapaz que chamei, e outras duas coisas: é rico e generoso.

DONA LORENZA: Riquezas eu não quero, senhora Hortigosa; se me sobram joias e já me confundem as diferentes cores dos meus muitos vestidos, nada disso tenho de desejar, e que Deus abençoe Cañizares: mais vestida me tem do que um palmito com casca e com mais joias do que uma vitrine de joalheiro. Se não trancasse as janelas, fechasse as portas, vigiasse a casa o tempo todo, expulsasse dela meus gatinhos e meus cachorros só porque eram machos, se não fizesse isso e outras coisas que nunca se viram em matéria de ciúmes, eu perdoaria seus presentes e favores.

HORTIGOSA: O quê? É tão ciumento assim?

DONA LORENZA: Sim. Outro dia, vendiam uma tapeçaria a um ótimo preço, mas, por ter imagens humanas, não quis, preferiu outra horrorosa, com umas verduras, por um preço mais alto. Há sete portas antes que se chegue a meus aposentos, fora a porta da rua, e todas são trancadas com chaves, e não consegui saber onde as esconde à noite.

32. Trata-se de popular canção que dizia, numa rápida tradução: "Na cas' de meu pai / estava eu trancada, / de moços e jovens / querida e espiada. / Vejo-me ora triste / de tudo alheada / triste foi a hora / na qual eu nasci." ("En cas de mi padre / estaba encerrada, / de chicos y grandes / querida e mirada. / Véome ora triste / e enajenada; / triste fu ela hora / em que yo nací.", cf. J.M. Alín (ed.), *Cancionero Español de Tipo Tradicional*, p. 454).

CRISTINA: Tia, a chave mestra creio que põe dentro da calça do pijama.
DONA LORENZA: Não creia, sobrinha: eu durmo com ele e jamais vi nem senti chave alguma ali.
CRISTINA: E mais; a noite toda fica perambulando pela casa feito uma alma penada e, se acaso tocam alguma música na rua, ele atira pedras nas pessoas, para que vão embora. É um diabo, é um bruxo, é um velho: nem tenho mais palavras pra dizer!
DONA LORENZA: Vá, senhora Hortigosa, senão vem aquele cão e a encontra comigo, e aí seria deixar tudo a perder. E o que tem de fazer, faça logo: estou tão perturbada que falta pouco para amarrar uma corda no pescoço e desistir desta vida horrível.
HORTIGOSA: Quem sabe a que começa agora acabe com toda essa má disposição e lhe traga outra, mais saudável e que lhe traga contentamento.
CRISTINA: Assim seja, ainda que me custasse um dedo da mão: quero muito bem à senhora, minha tia, e me mata vê-la assim tão deprimida e angustiada em poder desse velho, velho, mais que muito velho, tão velho que não consigo parar de dizer: velho, velho...
DONA LORENZA: Mas ele também lhe quer bem, Cristina.
CRISTINA: Deixa de ser velho por isso? E tem mais: escutei falar que os velhos são sempre muito bonzinhos com as meninas.
HORTIGOSA: É verdade, Cristina. E adeus! Assim que acabar de jantar, voltarei. Vossa mercê lembre bem o que deixamos combinado e verá como nos sairemos bem dessa.
CRISTINA: Senhora Hortigosa, por favor, traga-me um fradinho de fava com a cabeça pequenininha, para eu me divertir um pouco.[33]
HORTIGOSA: Trarei para a menina um fradinho lindo, mas pintado.
CRISTINA: Não quero pintado, mas sim vivo, vivo, pequenininho e duro como uma pérola.[34]

---

33. O "fradinho de fava", ou *"frailecico"* [*de haba*], era um brinquedo de criança, feito a partir de favas (vagens de *Vicia faba*), sem as sementes, cortadas na parte superior, que imitava a figura de um frade por semelhança ao corte feito na parte superior da cabeça dos frades, que restava sem cabelo. Ademais, ambiguamente, possuía conotação explicitamente erótica, a partir da relação semântica com a "cabeça" do frade, como atestam poemas satíricos do *Siglo de Oro*, como se pode atestar em P. Alzieu; R. Jammes; Y. Lissorgues (eds.), *Poesía Erótica del Siglo de Oro*, p. 156-157 e em F. De Santis, Sátira e Intertextualidade en la Poesía Erótica de Frailes del Siglo de Oro, *Hispanófila*, v. 166, p. 39-56. Ver ainda *Dom Quixote*, XXVII: "de un revés solo partió cinco gigantes por la cintura, como si fueran hechos de habas, como los frailecicos que hacen los niños."
34. A expressão "chiquito como unas perlas" vertida diretamente para "pequenino como umas pérolas" poderia não dar conta das nuances eróticas que parece haver na fala de menina Cristina. Associadas à fecundidade e ao ciclo reprodutivo, as pérolas estão ▶

DONA LORENZA: E se seu tio vê isso?
CRISTINA: Vou dizer que é um duende da mão furada[35] e ele ficará com medo e vou poder brincar com ele.
HORTIGOSA: Sim, vou trazer. Adeus.

Sai Hortigosa.

CRISTINA: Olhe, tia, se Hortigosa trouxer seu galã e meu fradinho, e se o senhor os vir, não teremos mais a fazer do que pegá-lo e afogá-lo, e deixar seu corpo no poço ou enterrar lá no estábulo.
DONA LORENZA: Você é terrível, e aposto que faria coisa pior do que está falando.
CRISTINA: Mas se não fosse tão ciumento aquele velho, deixávamos ele viver em paz, não lhe faríamos nenhum mal e viveríamos como umas santas.

Saem.

Entram Cañizares, o velho, e um seu Compadre.

CAÑIZARES: Meu compadre, meu compadre, um homem de setenta anos que se casa com uma menina de quinze ou é um estúpido completo, ou quer muito visitar o outro mundo o mais rápido possível. Apenas me casei com a pequena dona Lorenza, pensando em ter sua companhia e um pouco de tranquilidade, e uma pessoa para estar na minha cabeceira e me fechar os olhos no momento de minha morte, e agora se investem contra mim uma multidão de trabalhos e desassossegos: tinha uma casa, e quis casar; estava pousado, e desposei-me.
COMPADRE: Compadre, foi um erro, mas não muito grande; porque, segundo o dito do apóstolo, "é melhor casar-se do que ficar abrasado"[36].
CAÑIZARES: Não tem nada aqui para se abrasar, meu compadre, que com a menor chama tudo vira cinzas. Companhia eu quis, companhia busquei, companhia achei; mas Deus que me ajude.
COMPADRE: Tem ciúmes, meu compadre?

▷ muitas vezes associadas ao universo feminino, mas também são símbolo de raridade e perigo, e reconhecidas por sua dureza e seu poder afrodisíaco; daí "pequenininho e duro como uma pérola" para sugerir também o tom erótico do objeto fálico. Note-se ainda que a menina não se contenta apenas com a forma do brinquedo numa pintura, ela pede um "fradinho vivo", explicitando a conotação sexual.

35. Além da implicação erótica, o "fradinho de fava" também podia representar um pequeno duende, personagem mítica de algumas lendas portuguesas.

36. Ver. 1 *Coríntios* 7,9. Vali-me da tradução da *Bíblia de Jerusalém* para "*melius est nubere quam uri*".

CAÑIZARES: Do sol que olha para a pequena Lorenza, do ar que a toca, das saias que a fustigam.
COMPADRE: Ela lhe dá motivo?
CAÑIZARES: Nem pensar! Não tem porquê, nem como, nem quando, nem onde. As janelas, além de terem chave, são guarnecidas com barras e esquadrias reforçadas; as portas jamais se abrem; vizinha nenhuma atravessa meus umbrais, nem atravessará, enquanto Deus me der vida. Veja, compadre: não ocorrem maus pensamentos às mulheres só por irem aos festivais religiosos, nem às procissões, nem a qualquer festa pública; mas onde elas mancam, onde elas se aleijam e onde elas se danam é na casa das vizinhas e amigas. Mais maldades encobre uma amiga maldosa do que a capa da noite; mais acertos se fazem na casa das vizinhas, e chegam a mais conclusões, do que em uma assembleia.
COMPADRE: Tenho certeza disso. Mas se dona Lorenza não sai de casa nem ninguém entra em sua casa, por que vive descontente, meu compadre?
CAÑIZARES: Porque não passará muito tempo até que Lorenza descubra o que lhe falta, e isso será terrível, e tão terrível que só de pensar já tenho medo, e de ter medo me desespero, e de me desesperar vivo desgostoso.
COMPADRE: E com razão pode ter esse medo, porque as mulheres vão querer gozar todos os frutos do casamento.
CAÑIZARES: A minha os goza dobrados.[37]
COMPADRE: Aí está o erro, compadre.
CAÑIZARES: Não, não, nem pensar; porque é mais pura a pequena Lorenza que uma pombinha, e, até agora, não entende nada dessas ideias grandes e complicadas[38]. E adeus, meu compadre, quero entrar em casa.
COMPADRE: Gostaria de entrar junto e ver dona Lorenza.
CAÑIZARES: Saiba, compadre, que os antigos latinos usavam um ditado que dizia: amicus usque ad aras, que quer dizer: "amigo, até o altar", deduzindo que um amigo tem de fazer por seu amigo tudo aquilo que não for contra Deus. E eu digo que você é meu amigo usque ad portam, "até a porta": ninguém vai passar minhas fechaduras. E adeus, meu compadre, e me perdoe.

Sai Cañizares.

COMPADRE: Em minha vida, nunca vi homem mais preocupado, nem mais ciumento, nem mais rabugento. Mas esse é daqueles que andam

---

37. Em espanhol, *"los goza doblados"*: imagem sexual e cômica que faz referência ao pênis do velho que não conseguiria ficar ereto e, então, flácido, se dobraria.
38. As *"filaterías"* de que fala Cañizares são "falas que usam os manipuladores para enganar e persuadir do que querem" (cf. DRAE).

arrastando a própria corda, e dos que vão acabar morrendo do mal que tanto temem.

Sai o Compadre.

Entram dona Lorenza e a pequena Cristina.

CRISTINA: Tia, o tio se demora muito, e mais se demora a senhora Hortigosa.

DONA LORENZA: Eu preferia mesmo é que não chegassem nunca, nem ele nem ela; porque ele me irrita, e ela me deixa confusa.

CRISTINA: Temos de provar tudo, tia; e quando não dá certo, é só dar de ombros.

DONA LORENZA: Ai! Minha sobrinha! Nesse tipo de coisa, se não estou enganada, o erro todo está só em experimentar.

CRISTINA: Na realidade, tia, a senhora está com pouca coragem, e para mim, se tivesse sua idade, não me assustariam esses homens armados.

DONA LORENZA: Outra vez, tenho de dizer, e vou dizer mil vezes, Satanás é que fala pela sua boca. Mas, ai, meu Deus! Como que entrou aqui meu marido?

CRISTINA: Deve ter aberto a porta com a chave mestra.

DONA LORENZA: Que o diabo o carregue; ele, suas chaves e suas maestrias!

Entra Cañizares.

CAÑIZARES: Com quem estava falando, dona Lorenza?

DONA LORENZA: Falava com Cristinazinha.

CAÑIZARES: Olha bem o que fala, dona Lorenza.

DONA LORENZA: Digo que falava com Cristinazinha. Com quem mais havia de falar? Tenho, por acaso, com quem?

CAÑIZARES: Eu só não gostaria que estivesse fazendo algum solilóquio consigo mesma que redundasse em meu prejuízo.

DONA LORENZA: Não entendo esses seus circunlóquios, nem quero entender; e nos deixe comer em paz.

CAÑIZARES: Sim, não gostaria mesmo de travar uma guerra com você, hoje, véspera de são João. Mas quem bate naquela porta com tanta pressa? Veja lá, Cristinazinha, quem é: se for um pobre, dê-lhe alguma esmola e mande ir embora.

CRISTINA: Quem está aí?

HORTIGOSA: É Hortigosa, a vizinha, senhora Cristina.

CAÑIZARES: Hortigosa e vizinha? Deus me acuda! Pergunte-lhe, Cristina, o que quer, e cuidado para que não atravesse essas portas.

CRISTINA: E o que quer, senhora vizinha?
CAÑIZARES: A palavra vizinha me perturba e sobressalta. Chame-a pelo seu nome, Cristina.
CRISTINA: Responda; o que quer, senhora Hortigosa?
HORTIGOSA: Fazer um pedido ao senhor Cañizares, por minha honra, vida e alma.
CAÑIZARES: Diga, sobrinha, a essa senhora que, por tudo isso e mais um pouco, não entra aqui.
DONA LORENZA: Jesus! Que coisa estranha! Não estou aqui, na sua frente? Acha que vão me comer com os olhos? Que vou desaparecer no ar?
CAÑIZARES: Já que você quer tanto, que entre com seus cem mil diabos!
CRISTINA: Entre, senhora vizinha.
CAÑIZARES: Palavra terrível é para mim esta; vizinha!

Entra Hortigosa, e traz uma tapeçaria de couro pintado[39], e nas peles dos quatro cantos vêm pintados Rodomonte, Mandricardo, Ruggiero e Gradasso[40]; e Rodomonte vem pintado como se estivesse escondido.[41]

HORTIGOSA: Meu querido senhor, movida e incitada pela boa fama de vossa mercê, de sua grande caridade e de suas muitas ajudas aos pobres, atrevo-me a vir suplicar a vossa mercê que me faça tamanho favor, a enorme caridade e a ajuda e a boa ação de me comprar esta tapeçaria, porque tenho um filho preso por ter ferido um tosquiador de lã, e a justiça determinou que o médico que o atendeu testemunhe, mas não tenho como lhe pagar, e corre o risco de continuar preso por outros problemas, que podem ser muitos, porque o rapaz não é flor que se cheire, e gostaria de tirá-lo da prisão hoje ou amanhã, se fosse possível. O trabalho é bom, a tapeçaria é nova e tudo isso será de vossa mercê pela quantia que quiser me dar, porque vale mais a consideração, e como já perdi essas coisas nesta vida! Segure vossa mercê nessa ponta, minha senhora, e vamos abrir o tapete para que veja o senhor Cañizares que não há mentira em minhas palavras. Levante mais,

---

39. Em espanhol, *"guadamecí"*, couro adornado com desenhos pintados ou em relevo, palavra de origem árabe, *gadamecí*, de Gadamés, um oásis na região de Trípoli, na Líbia.
40. Personagens de *Orlando Furioso*, de Ludovico Ariosto (1474-1533), poema muito popular na Espanha de Cervantes.
41. Na peça *Los Celos de Rodamonte*, de Lope de Vega, o famoso personagem das histórias de cavalaria é retratado como orgulhoso e ciumento. Assim, as pinturas no tapete, por meio de um jogo alusivo e metarreferencial, criam uma espécie de "écfrase discursiva e metateatral", ver V.M. Carmela. Écfrasis Discursiva y Metateatro, *Pictavia aurea*, p. 973-980.

minha senhora, e veja como tem bom acabamento. E que as pinturas dos quadros parecem que estão vivas.

Ao levantar e mostrar o tapete, entra por trás dele um galã, e, enquanto Cañizares vê os retratos, diz:

CAÑIZARES: Oh, que lindo Rodomonte! E o que quer um senhor tão bem escondido na minha casa? Se soubesse o quanto amigo eu sou dessas coisas e dessas pinturas, a senhora ia se espantar.

CRISTINA: Senhor tio, eu não sei nada de senhores escondidos; e, se algum deles entrou em casa, a senhora Hortigosa é que tem a culpa; que o diabo me carregue se disse ou fiz alguma coisa para que ele entrasse. Não, em sã consciência; seria mesmo o diabo se meu senhor tio jogasse em mim a culpa de sua entrada.

CAÑIZARES: Eu já vi, minha sobrinha, que a senhora Hortigosa é que tem a culpa; mas não é de se espantar, porque ela não sabe de minha situação nem o quão inimigo sou dessas pinturas.

DONA LORENZA (*à parte*): É das pinturas que ele está falando, Cristinazinha, e não de outras coisas.

CRISTINA (*à parte*): Mas é dessas que eu estou dizendo. Ai, que Deus esteja comigo! Voltou-me ao corpo agora a alma, que já andava por aí.

DONA LORENZA (*à parte*): Eu devia costurar essa boca de caçapa. Enfim, quem com garotos se deita...[42]

CRISTINA (*à parte*): Ai, desgraçada, em que perigo eu quase pus toda essa jogada!

CAÑIZARES: Senhora Hortigosa, eu não sou amigo de figuras escondidas nem por esconder. Tome este dobrão[43], com o qual poderá remediar sua necessidade, e saia da minha casa o mais rápido que puder; e que seja logo, e leve daqui seu tapete.

HORTIGOSA: Que vossa mercê viva mais anos que o Matu de Jerusalém[44] ao lado dessa minha senhora, dona... que não sei como se chama,

---

42. A continuação do provérbio seria: "cagado se levanta". Poderíamos entender que o pudor de D. Lorenza não a permite completar a frase. De mesmo teor, outro ditado possível para uma tradução seria "Quem com crianças se deita, acorda molhado" (ou "acorda mijado"). Essa segunda opção resolveria um possível problema de gênero ("criança", no lugar de "garoto"), já que Lorenza está admoestando Cristina; contudo, Lorenza diz: *"quien con muchachos se acuesta"*, e, em espanhol, normalmente essa expressão utiliza as palavras *niños* ou *chicos*, ou seja, "crianças", em português. Assim, o uso do *muchachos*, "garotos", "rapazes", na fala da concupiscente esposa, pode sugerir algum desejo e já alguma censura a suas futuras ações.

43. Moeda de dois escudos.

44. Erro paródico do nome do personagem bíblico Matusalém, que viveu mais de mil anos, segundo o *Gênesis*.

a quem peço que conte comigo, que lhe servirei de noite ou de dia, com a vida e a alma; e ela deve ter uma alma tão simples e pura como a de uma linda pombinha-rola.

CAÑIZARES: Senhora Hortigosa, apresse-se e vá embora, e pare de ficar julgando as almas alheias.

HORTIGOSA: Se vossa mercê, minha senhora, tiver necessidade de algum emplastro para as cólicas, tenho uns milagrosos; e, para dor de dente, sei umas palavras encantadas que curam a dor na hora.

CAÑIZARES: Apresse-se, senhora Hortigosa, que dona Lorenza não tem nem cólicas, nem dor de dente, ela tem todos os dentes sadios e inteiros e, na vida, nunca arrancou nenhum deles.

HORTIGOSA: Mas vai arrancar, se Deus quiser, porque Ele lhe dará muitos anos de vida e a velhice é uma completa destruidora de dentes.

CAÑIZARES: Meu Deus! Não será possível que essa vizinha vá embora? Hortigosa ou o diabo, ou vizinha, ou o que quer que seja, vá com Deus e saia de minha casa!

HORTIGOSA: O pedido é justo e vossa mercê não se aborreça, que já me vou.

Sai Hortigosa.

CAÑIZARES: Ah! vizinhas, vizinhas! Só fico desconfiado das belas palavras dessa vizinha porque saíram da boca de uma vizinha.

DONA LORENZA: Você parece um bárbaro, um selvagem. E o que disse essa vizinha para que a tratasse com tanta ojeriza? Todas as suas boas ações se tornam um pecado mortal. Deu a ela duas dúzias de reais, junto de outras duas dúzias de injúrias. Boca de lobo, língua de escorpião, poço de maldades!

CAÑIZARES: Não, não; isso não está me cheirando bem. Não me parece certo que você fique tão agitada por sua vizinha.

CRISTINA: Senhora tia, entre para o quarto e pare de se aborrecer, e deixe aí o tio, que parece que está muito aborrecido.

DONA LORENZA: Farei isso, sobrinha, e, mesmo que queira, vai ficar sem me ver por duas horas; tenho certeza de que sei me vingar, por mais que me recuse.

Sai dona Lorença.

CRISTINA: Tio, não vê como fechou a porta com uma batida? Acho que vai buscar uma tranca para fechar a porta.

Dona Lorenza, de dentro do quarto:

DONA LORENZA: Cristinazinha, Cristinazinha!

CRISTINA: O que quer, tia?

DONA LORENZA: Se soubesse que lindo galã minha sorte trouxe para mim! Jovem, bem-disposto, tem cabelos negros e um hálito que cheira a mil flores de laranjeira.

CRISTINA: Jesus! Que loucuras, que bobagens! Está louca, tia?

DONA LORENZA: Nunca estive mais certa do juízo; e, na verdade, se você o visse, alegraria sua alma.

CRISTINA: Jesus! Que loucuras, que bobagens! Ralhe com ela, tio, para que não se atreva, nem mesmo brincando, a dizer essas imoralidades.

CAÑIZARES: Não seja boba, Lorenza! Acredite, não estou com a menor paciência para aguentar essas brincadeiras!

DONA LORENZA: Mas são brincadeiras muitos verdadeiras, tão verdadeiras que, no gênero, não podiam ser maiores.

CRISTINA: Jesus, que loucuras, que bobagens! Diga-me, tia: está aí também meu fradinho?

DONA LORENZA: Não, sobrinha; mas em outra vez virá, se quiser Hortigosa, a vizinha.

CAÑIZARES: Lorenza, diga o que quiser; mas não coloque na boca a palavra vizinha, que me treme o corpo todo só de ouvir.

DONA LORENZA: Também me treme o corpo todo, graças à vizinha.

CRISTINA: Jesus, que loucuras, que bobagens!

DONA LORENZA: Agora, consigo ver quem você era, velho maldito; que até hoje vivi enganada a seu lado!

CRISTINA: Ralhe com ela, tio; ralhe, tio, que está muito desavergonhada!

DONA LORENZA: Quero lavar as poucas barbas que tem o meu galã com uma bacia cheia de água de ângeles, porque seu rosto é como de um lindo anjo pintado.

CRISTINA: Jesus, que loucuras, que bobagens! Acabe com ela, tio!

CAÑIZARES: Não vou acabar com ela, mas sim com a porta que a encobre.

DONA LORENZA: Não tem necessidade; veja, está aberta. Entre e verá como é verdade tudo que eu disse.

CAÑIZARES: Mesmo sabendo que está brincando, entrarei, para acabar com isso.

Ao entrar Cañizares, dona Lorenza joga uma bacia de água em seus olhos; ele começa a se limpar; ajudam Cristina e dona Lorenza; nesse ínterim, sai o galã e se vai.

CAÑIZARES: Por Deus, por pouco me cegava, Lorenza! É coisa do diabo essas brincadeiras de jogar água nos olhos das pessoas.

DONA LORENZA: Veja com quem me casou minha sorte, senão com o homem mais perverso do mundo. Veja como deu crédito a minhas mentiras, só por causa de seu ciúme. Meu destino é ser humilhada e envergonhada! Vou pagar as dívidas deste velho com vocês, meus cabelos! Chorem vocês, meus olhos, as culpas deste maldito. Veja em quanto tem minha honra e a confiança em mim, pois de suspeitas cria certezas; de mentiras, verdades; de brincadeiras, coisa sérias; de divertimento, aborrecimento! Ai! Minha alma quase sai do corpo!

CRISTINA: Tia, não grite tão alto, que se juntará a vizinhança.

De fora.

DELEGADO: Abram essas portas! Abram logo ou as derrubarei no chão!

DONA LORENZA: Abra, Cristinazinha, e saibam todos de minha inocência e da maldade deste velho.

CAÑIZARES: Por Deus, claro que acreditei que estava brincando! Calma, Lorenza!

Entram o Delegado e os Músicos, o Bailarino e Hortigosa.

DELEGADO: O que é isso? Que briga é essa? Quem aqui estava gritando?

CAÑIZARES: Senhor, não é nada: brigas de marido e mulher, que logo passam.

MÚSICOS: Por Deus, estávamos, meus companheiros e eu, que somos músicos, aqui, parede e meia, em um casamento, e, pelos gritos que ouvimos, com grande sobressalto, pensamos que era outra coisa.

HORTIGOSA: E eu também, em minha alma pecadora.

CAÑIZARES: Pois, de verdade, senhora Hortigosa, se não fosse sua vinda, nada disso que aconteceu teria ocorrido.

HORTIGOSA: Sim, meus pecados fizeram isso; sou tão miserável que, por todos os lados, sem nem saber qual, jogam-me as culpas dos pecados que os outros cometem.

CAÑIZARES: Senhores, todos vocês podem ir embora, agora; agradeço--lhes sua boa intenção, mas eu e minha esposa já estamos bem.

DONA LORENZA: Ficarei bem sim, assim que ele pedir perdão à vizinha, se desejou algum mal a ela.

CAÑIZARES: Se a todas as vizinhas a quem desejo algum mal tivesse de pedir perdão, nunca acabaria; mas, com tudo isso, eu peço perdão à senhora Hortigosa.

HORTIGOSA: E eu lhe dou, aqui e na presença de Pero Garcia[45].

---

45. Pero García, personagem folclórica, proverbial por dizer verdades com os punhos, segundo informa Javier Huerta Calvo, em M. de Cervantes, *Entremeses*, p. 233, n. 276.

MÚSICOS: Enfim, para que não tenhamos vindo em vão, que toquem meus companheiros e dance o dançarino, e se celebre a paz com esta canção.
CAÑIZARES: Senhores, não quero ganhar música alguma. Eu já a dou por recebida.
MÚSICOS: Pois mesmo que não queira:
As chuvas no são João[46]
tiram o vinho e não dão pão.
As brigas no são João
o ano todo paz nos dão.
Chovendo trigo na terra,
a vinha estando madura,
nenhum lavrador regula
seus celeiros e panelas;
mas as brigas mais severas,
se ocorrem no são João,
o ano todo paz nos dão.
(*Dança.*)
Durante o verão ardente
está a raiva a tal ponto;
mas, passando aquele ponto,
menos forte ela se sente.
E assim quem diz não mente,
que as brigas no são João
o ano todo paz nos dão.
(*Dança.*)
E que as brigas dos casados
como aquela sempre sejam,
para que depois se vejam
sem pensar, já alegrados.
Sol que sai em dia nublado
é contento da aflição:
as brigas no são João
o ano todo paz nos dão.[47]
CAÑIZARES: Para que todos vocês vejam as voltas e reviravoltas que me deu uma vizinha, e se tenho razão de estar mal com as vizinhas.

---

46. Dia de São João, 24 de junho.
47. A canção, toda em redondilhas maiores, se estrutura em um quarteto de rima única seguido de mais três estrofes de sete versos (que são formadas por quartetos de rimas interpoladas e tercetos que retomam versos do primeiro quarteto).

DONA LORENZA: Mesmo que meu esposo esteja mal com as vizinhas, eu beijo as mãos de todas vocês, senhoras vizinhas.
CRISTINA: E eu também. E, se minha vizinha tivesse me trazido meu fradinho, eu a teria por melhor vizinha. E adeus, senhoras vizinhas.

A REMENDEIRA

Francisco de Quevedo y Villegas

Personagens:
- RASTROLHO
- REMENDEIRA
- DONA SANCHA
- DOM CRISÓSTOMO
- MULHERES
- BAILARINOS
- GODÍNEZ
- ORTEGA
- DONA ANA
- MÚSICOS

Entram Rastrolho e a Remendeira.

RASTROLHO: Valha-me Deus, que novidade é essa!
Que ofício vosmecê diz que tem?
REMENDEIRA: Sua cabeça é muito esquecida:
sou remendeira da vida.
RASTROLHO: Só de ouvir isso, perco o juízo.
E você tem uma venda?

REMENDEIRA: Tenho
RASTROLHO: E vende?
REMENDEIRA: E vendo.
RASTROLHO: Estou me consumindo a mim mesmo!
REMENDEIRA: Sou costureira do mundo remendado,
   pois os corpos humanos são costurados
   com linha e agulha:
   quando se soltam alguns dos fiapos,
   pontos cerzidos, para que fiquem secretos,
   são meus remendos prediletos.
   Vê aquele camarote? Dá uma olhada.
RASTROLHO: Muito bem.
REMENDEIRA: E a mocinha que está na beirada?
   Ontem, ela comprou todo aquele lado.
   E a velha, que com dificuldade sabedoria fala,
   ontem à noite lhe vendi mãos de donzela.
   Eu vendo retalhos de pessoas,
   eu vendo pedaços de mulheres,
   cabeças e topetes eu reparo,
   com calda, os bigodes eu preparo.
   Daqui vejo uma mulher e um homem,
   a ninguém eu vou dar nome,
   há duas semanas, estiveram
   em meus cabides pendurados,
   e estão em doze partes remendados.

Entra Dona Sancha, coberta com um manto.

Dona SANCHA: Hei, concede-me um aparte?
RASTROLHO: Aleluia, por fim chegam as encomendas!
REMENDEIRA: Sinceramente, negócio assim não faço
   porque saio perdendo.
RASTROLHO: Ih, vão acabar me vendendo.
Dona SANCHA: Já deixarei alguns dentes pagos.
REMENDEIRA: Vai desmantelar uma chapa.
RASTROLHO: Chapa? Por Deus! Chapa, você disse?!
REMENDEIRA: A dentadura está como nova,
   não foi usada senão em uma boda.
   Não pense muito, leve-a toda.
Dona SANCHA: Aqui está o sinal.

Dá-lhe dinheiro e sai.

REMENDEIRA: Mais de quatro dias rola
que as gengivas, em casa, você cola.
RASTROLHO: Rapazotes, fiem-se em bocas falsas,
com dentes de aluguel, como as éguas.
Com dinheiro e por prazer ando léguas!

Aproxima-se Dom Crisóstomo, com chapéu na cabeça.

D. CRISÓSTOMO: Então, querida, tem pernas?
REMENDEIRA: De quantas vossa mercê precisa?
D. CRISÓSTOMO: Ambas.
REMENDEIRA: Feitas aqui são essas.
D. CRISÓSTOMO: As minhas saíram tortas.
Tem corrigidas?
REMENDEIRA: Já entendo:
um tacho de tintura estou fazendo.
Essas barbas de leite grisalhas,
vêm para cá em vestes de ovelhas
para ordenar os fios e as guedelhas.

Sai Dom Crisóstomo. Entra Godínez, a governanta[1], com um manto de lã, vendo-se a touca por baixo.

GODÍNEZ: Hei!
REMENDEIRA: Já entendi.
RASTROLHO: Mas me matem se esta não é a dita-cuja!
GODÍNEZ: Estou por um triz de me casar,
e os desgostos me deixam enrugada.
REMENDEIRA: Ah, os anos não têm culpa de nada.
RASTROLHO: A pele como uma uva passa,
e a boca enrugada e sem graça,
poucos dentes e a beiçola, uma bagaça.
REMENDEIRA: Eu a farei moçoila por oito dias,
mas ferverá o rosto em duas lixívias.
GODÍNEZ: Para remoçar, ferverei dia inteiro
na caldeira de Pedro Botero.

---

1. No original "dueña". O *Diccionario de Autoridades* define este termo como aquelas mulheres viúvas e de respeito que se tem em palácio e nas casas dos senhores para autoridade de antessalas e guarda das demais criadas. São com frequência objeto de sátira na literatura da época e especialmente nos entremezes e comédias.

Sai Godínez.

RASTROLHO: E haverá bajuladores tão desavergonhados, 65
dizendo sejam felizes e bem-aventurados!

Entra Ortega, cobrindo um lado do rosto.

ORTEGA: Senhora, terá aí o que eu preciso?
REMENDEIRA: Já reconheço essa voz de eunuco.
ORTEGA: Teria um pelego preto dos Pampas
com dois dedos de pelo, 70
para que essa minha cara lavada
passe por homem em uma morada?
REMENDEIRA: Vou mandar buscá-lo;
entre aí no vestuário dos galos.

Sai Ortega. Entra Dona Ana, coberta por um leque.

DONA ANA: Vosmecê me conhece?
REMENDEIRA: De jeito nenhum. 75
DONA ANA: Senhora, eu gostaria
que ninguém nos ouvisse.
RASTROLHO: Você já viu mais descarada?
REMENDEIRA: Conte seus tormentos sem ficar corada.
DONA ANA: Conto, minha senhora, 80
por Deus, que ainda não fiz
vinte e dois anos.
REMENDEIRA: Mostre-me o seu rosto.

(*Descobre-se Dona Ana.*)

Vinte e dois anos, né? Passe adiante.
DONA ANA: E de melancolia
tenho beliscada minha fisionomia 85
e mastigo c'um toco de dente.
REMENDEIRA: E é de melancolia, não de anos,
desdentura semelhante?
DONA ANA: Sobre anos não vamos tratar.
REMENDEIRA: Passe adiante.
DONA ANA: Também me perseguem os humores 90
e me deixam encovada a face
certas coisinhas como rugas.
REMENDEIRA: Mas não são rugas?

DONA ANA: Sou muito moça
para desdita semelhante.
REMENDEIRA: Humores, sei. Passe adiante.
Tem mais o que dizer?
DONA ANA: Tinha as mãos
mais brancas que flocos de neve.
Agora, são manchadas e de branco só o pano,
foi olho gordo jogado há pelo menos um ano,
quando nem vinte e dois tinha feito,
e ambas secaram no mesmo instante.
REMENDEIRA: E ainda são vinte e dois: passe adiante.
Nas mulheres, são sempre os anos
bons, justos e santos inocentes,
que, na velhice, nem ruga, nem queixada,
não tiveram jamais culpa de nada.
E o que você quer, agora?
DONA ANA: Quem me dera ser remendada.
REMENDEIRA: Nesse caso, vou remediar sua cara.

(*Sai dona Ana.*)

No mundo, já não existem anos,
pois ainda que o tempo conferir venha,
não encontrará no mundo quem os tenha.
RASTROLHO: As damas da corte
sempre insistem, isso me faz enlouquecer,
e teimam em seus treze anos manter.

(*Soam violões.*)

Violões vêm; espero músicos
para que se alvoroce
ou remende os tons e as vozes,
que os violões apressem o passo
e na casa das loucas não busquem compasso.

Entram os Músicos.

MÚSICOS: Conserta corpos, como conserta mantilhas!
Botica de olhos, bocas, panturrilhas!
Nosso baile do Rastro está tão idoso,
que já não lhe resta mais que pele e osso;
queremos, se possível, remendá-lo

com os bailes passados.
REMENDEIRA: E remendá-lo por todos os lados,
para que não se vejam agulhadas.
Todas as danças, aqui, estão guardadas:

(*Aparecem as mulheres e os bailarinos, cada um com seu instrumento.*)

sarabanda, pironda, chacona, 130
corruja e vaquería
e as danças aqui: carretería,
ai, ai! rastrojo, escarramán, santurde[2].
RASTROLHO: Esse remendo é o que mais me aturde
avoado, estou no meio do bailado! 135
REMENDEIRA: Que misturança de música e dança.
MÚSICOS: Que prática mais estranha!
Já estava com teias de aranha.

(*Com um pano, vão limpando todas as faces, como se fossem retábulos; cantam e dançam o seguinte:*)

Uma festa de touros
é minha morena: 140
pícaros e ventana,
rufião e merenda.
Aproveitam-se as tias,
velhas feiticeiras,
jogando as sobrinhas na vida, 145
feito rameiras.
Os homens nos desfrutam
como laranja em beira de estrada,
comem, saem
e não pagam nada. 150
Queixa-se, porque eu peço
àquele que não deu nada;
dá-me logo, e queixe-se depois,
grande velhaco.

---

2. Tipos de danças.

ENTREMEZ DA VENDA

Francisco de Quevedo y Villegas

Personagens:
    GRAJAL (moça da venda)
    CORNEJA (vendeiro)
    ESTUDANTE
    MÚSICOS (que cantam)
    MOÇO DE MULAS
    MULHER
    GUEVARA (e sua companhia)

Entra Corneja, velhote, com um rosário; fora do palco, Grajal canta.

CORNEJA: Mas livrai-nos do mal, Jesus, amém.
GRAJAL (*canta*): É o Corneja vendeiro?
    Deus me livre e guarde,
    que até o nome tem
    de agourenta ave.
    Que farão as caçarolas
    onde passam as corujas
    por galinhas-d'angola?
CORNEJA: Linda letra canta minha criada.
    Não sei como a tolero. Por Cristo!

Ela se remexe todos os dias,
está sempre cantando melodias,
e sisa, e é atrevida e faladora.
Moça de venda não há de ser cantora. Grajal!

Gralha, de dentro:

GRAJAL: Senhor.
CORNEJA: Olha o tom que ela grasna!

Entra GRAJAL, cantando.

GRAJAL: Quem temer os ratos,
venha a esta casa,
onde o vendeiro que os guisa
também os caça.
Xô daqui, xô dali, xô de lá
que na venda está,
que na venda está.
CORNEJA: Para o diabo que lhe carregue, cantora!
Já que pose de cantora leva,
é bom o vilancico que me louva?
GRAJAL: Capítulo segundo, em que se trata
de como se responde nesta venda.
CORNEJA: Posa de cronista?
GRAJAL: Não se ofenda.
(*Canta*) Dizem "senhor vendeiro",
responde o gato;
e ao dizer-lhe "xô",
lá se vai meu amo.
CORNEJA: Cruz credo! Que coisa mais estranha,
para mim isso não quer dizer nada!
Já arrumou as camas?
Jogou na panela o que você sabe?
GRAJAL: E mal sabe aquele que o come.
CORNEJA: Não lhe perguntei nada;
vá limpar e regar.
GRAJAL: Já entendi o recado:
você está sempre mandando
regar o vinho e os bolsos ir limpando.
CORNEJA: Grajal!
GRAJAL: Esfria a cachola,
que a Grajal ouviu, respondeu a caçarola.

(*Canta*) Vendeiro morreu meu pai, 45
e Satanás o levou,
para que o inferno não pense
que só houve um mau ladrão.

Grajal sai.

CORNEJA: Que o chicote do algoz com ela cante!

Grajal volta a entrar.

GRAJAL: A você eu digo, pai; 50
preste atenção, meu senhor,
que o roubar de grão em grão
aumenta a condenação.

Grajal sai e um Estudante entra.

ESTUDANTE: Seja louvado
quem o barril com uma rolha tem fechado. 55
CORNEJA: Em água não se afoga o bacharel.
ESTUDANTE: Nem o senhor tem, por larápio, réu.
CORNEJA: Olhe, seu pilantra! Menos conversa.
  Coma e cale, que eu não indago,
  ou lhe custará bem caro.
ESTUDANTE: Se é que eu pago. 60
CORNEJA: Que novas contam aí, pelo caminho?
ESTUDANTE: De novo, contam apenas do seu vinho.
CORNEJA: Que queixa mais infundada!
  Daria eu coisa velha a um camarada?
ESTUDANTE: Como está a veleta do ensopado? 65
CORNEJA: Que diabos é veleta?
ESTUDANTE: Veleta eu chamo uma espécie de vela
  que, só pela posição,
  logo conheço que urubu navega.
  Estando bem firme, navega ovelha; 70
  estando de lado, navega cabra;
  estando abaulada, navega gato;
  no cume, como agora, navega
  para o meio-dia pomba ou urubu
  em borrasca de couve ou de chuchu.[1] 75

---

1. Era conhecida de todos a má fama dos vendeiros e o pouco confiável de seus cardápios, assunto que pronto se converteu em tópico da sátira literária e teatral.

CORNEJA: Por Deus, vai fazer discurso em terra de mouros, velhaco!
ESTUDANTE: Ah, é isso?
   Então, vou discursar neste cortiço.

Sai.

CORNEJA: Grajal!

Entra Grajal.

GRAJAL: Senhor.
CORNEJA: Muito cuidado
   com o tal licenciado,   80
   porque há estudante ligeiro
   que carrega colchão como um chaveiro.
GRAJAL: Não há o que temer, Corneja,
   há tanta pulga no colchão que, em instantes,
   faz correr todo um bando de estudantes.   85
CORNEJA: Já serviu aos tropeiros e aos cavalos o jantar?
GRAJAL: Já encaixei toda a história;
   comem lagartixas sem desconfiar.
CORNEJA: E como foi essa luta?
GRAJAL: Preste muita atenção.
CORNEJA: Comece.
GRAJAL: Escute.   90
   Como toalhas de mesa, então,
   coloquei trapos, com educação,
   um saleiro sem furo,
   uma faca sem cabo, um pão-duro,
   e, em um jarro sem bico,   95
   tão sujo e sem adorno
   que poderia servir de penico,
   servi vinho que virou
   vinagre da esponja...
   "É bom?", perguntaram. Eu, feito monja,   100
   respondi, com fingida aparência:
   "Por bom o tomam, em minha consciência."
   Em um banquinho, sentaram-se os cretinos,
   afiaram os caninos;
   todos os bigodes foram arregaçados   105
   para em molho não ficarem encharcados;
   empurrei a comida;

ajeitaram as queixadas os coitados,
para acomodar bem os bocados;
a mesa parecia um matadouro 110
com tanta carniça e tão mau agouro.
Feito gladiadores, alguns glutões,
com as duas mãos, rasgavam pedaços,
avançando em ovelha, feito lobo.
Um comilão, retorcendo-se todo, 115
com os punhos cerrados,
ouve o ranger dos dentes.
Outro, mastigador contemplativo,
com os dedos clericais,
farto de tanto desfiar
o cabritinho de dezesseis anos, 120
escarnou-o de tanto o puxar.
Mas nada se compara com aqueles
que foram agraciados com a morcela,
pois quando viram, entre o pão e o vinho, 125
um odre por morcela, no caminho,
com um *Deo gracias*, todos se abaixaram
a cheirá-la, e com dedos a tocaram.
"Isso é tripa ou couro duro? – disse um moço malicioso –, 130
mais parece odre que chouriço insosso."
Meteram-lhe a faca, o fim da picada,
e foi partida em rodelas,
revelando suas cores duvidosas.
Um fala: "Não entendo esta morcela." 135
Outro, benzedor de mondongos, diz:
"Tem gosto de lodo. De qual chiqueiro?"
Outro diz, com boca descadeirada:
"Busquem a descendência da morcela
e darão com uma mula encilhada, 140
que é importante saber de quem descende,
de cavalo ou de ovelha:
basta-lhe ser a morcela do Corneja."
E eu, como criada mui severa:
"Se de suas tripas fosse, Deus, quem dera!" 145
CORNEJA: Coisas dessa gentalha viajante,
de ociosas palavras,
das que temos de dar conta.

Entra um Moço de mulas, com uma jarra.

MOÇO: Ah, reverendo senhor desta venda!
Encha logo de bom vinho.
CORNEJA: A bebida do amor. 150

Sai Corneja

MOÇO: Que vendaval de mulher!
Temporal de beleza é essa cara.
Não acolhe os raios quem credita
sem dizer: "santa Bárbara bendita".
Por Deus, são arma vetada 155
seus olhos, e é sua mirada
penetrante e afiada;
e no despacho dessa pobre vida,
apunhala-me com o olhar a anca doída.
GRAJAL: Pouca proeza me conta 160
que arruíne minha formosura andante;
tarde chegou o coitado:
não cabe alma mais em meus cabelos,
e um rapazinho de mulas,
que é mais um sedutor transeunte, 165
não é coisa competente
para esta torre de marfim,
e para este exemplar talhado em mármore,
que, com duas miradas delinquentes,
arrebato infinidade de gentes 170
e não pode alfinetes comprar
nem se pelo além mulas alugar.
MOÇO: As mulas ofereço aos matadores,
a seus olhos, pois em matar são doutores.
Morto estou!
GRAJAL: Pois não saiba 175
o vendeiro que está morto, sem delongas,
se acaso nos escuta,
vender-lhe-á aos hóspedes por truta.

Entra Corneja, com a jarra.

CORNEJA: Aqui está uma jarra bem cheia.
MOÇO: Mui de profundis já posso notar, 180
na jarra, o vinho todo balançar.

Sai o Moço de mulas e entra um Estudante.

ESTUDANTE: E, nesta santa casa, *Deo gracias*,
são as jarras que eu bebo
bem mais cheias de lábia que de vinho.
CORNEJA: Não são.
ESTUDANTE: Sim, são!
CORNEJA: Não são! 185
ESTUDANTE: Sim, são! E à parte tantas razões
que não tornam a mim o que sisaram.
Por quatro almondeguinhas, feito nozes,
cobra-me quarenta reais?
Ontem, fez só oito dias 190
que quatro almondegonas, feito punho,
valiam só vinte reais.
GRAJAL: Eu até faria,
mas não morre um asno todo dia.
ESTUDANTE: Nem dissimulavam,
até depois de comidas rinchavam. 195
(*De dentro*:) Para, égua malhada!
O quê? Não quer entrar nesta pousada?
(*De dentro*:) Desamarre os violões, as caixas
de bufantes e as saias rodadas.

Entram Guevara e toda sua companhia.

CORNEJA: Que belo bando de gente! 200
Oh, meu senhor Guevara![2]
GUEVARA: Oh, senhor vendeiro!
CORNEJA: Para onde vosmecê leva a companhia?
GUEVARA: Vamos representar lá em Granada.
CORNEJA: Então, teremos festa esta noite.
GRAJAL: Vamos todos andar de venda em venda; 205
anime vassuncê os bailarinos.
GUEVARA: Só depois do jantar, minha rainha.
GRAJAL: Seu Corneja,
a seu Guevara vamos dar a janta;
será de qualidade, se repara,

---

2. Possivelmente, como aponta Antonio Rey Hazas em sua edição, se trate da Companhia teatral de Pedro Cerezo de Guevara, ativa entre 1616-1619, razão pela qual Eugenio Asensio data a estreia deste entremez nesses anos.

porque seremos ladrões de Guevara.³ 210
ESTUDANTE: Neste pardieiro de engôdos
furtados, sem Mendoza⁴ somos todos.
CORNEJA: Mente, mente, o sem-vergonha!
ESTUDANTE: Ladrão, protoladrão, arquiladrão,
tataraneto de Pilatos, 215
casamenteiro infame
de estômagos e gatos!
CORNEJA: Infame, chega, quieto!
ESTUDANTE: Quem não mata com morcela estragada
menos me matará com uma espada. 220
GUEVARA: Sejam amigos.
GRAJAL: Parem com esse ruído.
ESTUDANTE: Vosmecê sabe o que tenho comido?
GUEVARA: Toquem esses violões.
GRAJAL: Acompanhem-me cantando,
que sozinha os acalmarei, dançando. 225
GUEVARA: Sozinha? Mas aqui estamos todos.
GRAJAL: Conte com meus saltos, palmas e nodos.

Aqui, cantam e dançam.

MÚSICOS: Tudo já se sabe, Lampuga⁵;
até o diabo faz fofoca,
e que entre rufião e dama 230
nunca houve um secretário.

---

3. De acordo com a nota 106, da edição de Arellano e García Valdés, "o vendeiro e a moça sempre são ladrões, e quando estes roubam Guevara se convertem em 'ladrões de Guevara'". Quevedo sempre foi um admirador dos jogos de palavras envolvendo sobrenomes.
4. Esta menção se deve, muito provavelmente, ao dramaturgo e poeta espanhol Antonio Hurtado de Mendoza (Castro Urdiales, La Montaña, 1586 – Zaragoza, 22 de setembro de 1644).
5. Segundo a nota 116, da edição de Arellano e García Valdés, "Lampuga era um nome próprio divertido, nessa época, e também o nome de um peixe; ainda mencionam que esses versos finais 'são os quatro primeiros versos da *jácara* de Quevedo intitulada Carta de la Perala a Lampuga, su bravo.'"

CARTA DE ESCARRAMÁN A MÉNDEZ

Francisco de Quevedo y Villegas

Já está guardado na prisão
teu querido Escarramán,
porque alguns esbirros vivos
me prenderam sem pensar.
Estava à caça de perdizes   5
e grilhões vim a caçar,
que em mim cantam no campo,
como em noites de verão.
Logo entrando na taberna,
chegando a me embriagar,   10
certa pendenga confusa
se afogou em vinho e pão,
no trago sessenta e nove,
que só eu disse "Vou ali",
carregado me trouxeram   15
pelo meio da cidade.
Como a alma do alfaiate
os diabos soem levar,
ia em poder de malsins
teu desditoso rufião.   20
No momento me prenderam,

para maior seguridade,
no calabouço mais forte,
onde os grandes estão.
Lá encontrei Cardenhoso, 25
homem de boa verdade,
maneta de duas mãos,
por pianinho ficar.
Mandrião foi condenado
a lá nas galeras remar, 30
pois capotes roubou quatro
de noite, no Vidigal.
Sua amiga, a Coscolina,
acolheu-se com Canhamar,
que, mesmo sem ser São Pedro, 35
tem a chave universal.
Lobrezno está na capela:
diz que lhe pendurar vão
sem ser dia de seu santo,
que é um nefasto sinal. 40
Sobre pagar a patente,
viemos nos encontrar
eu e o bufão de Burgos:
acabou-se a afeição.
Golpeou minha cabeça 45
c'um jarro, antes urinol,
e eu, com meio punhal,
trinchei-lhe o maxilar.
Souberam aí os senhores,
no sopro do guardião, 50
grã saludador de culpas,
um fole de Satanás.
Na manhã seguinte, às onze,
véspera de san Millán,
com pregoeiros na frente, 55
vara da justiça atrás,
em minhas costas fizeram
cem chicotadas cantar,
que, do total recebidas,
são oitocentas ou mais. 60
Fui a cavalo garboso,

costas abertas a sangrar,
caras como do que prova
algo que lhe desce mal;
inclinada a cabeça 65
a monsenhor cardeal,
que o açoite, sem ser papa,
cultivou a autoridade.
Feito folhas de palmeira
minhas costas estão já, 70
pois envergo, mas não quebro,
no meu falar e no obrar.
Agridoce foi a mão,
a surra descomunal,
o asno, uma tartaruga, 75
que não se podia apressar.
De bom só possuía o porte,
dromedário colossal,
e os mouros lá de Mostaganem
em Sevilha me avistaram. 80
Não houve em todos os cem
açoite que caísse mal,
levei todos pelas costas:
não podem mal me causar.
Para se entender o pregão 85
com bastante claridade,
trouxeram por pregoeiro
umas sereias do mar.
Enviam-me por dez anos
(sabe Deus quem os verá!), 90
que, dando duras remadas,
cause agravo ao mar.
Para batedor de água
dizem que me levarão,
sacudidas e batidas 95
por mim sardinhas serão.
Se tens honra, boa Méndez,
e se tens boa vontade,
propícia ocasião é esta
em que podes me mostrar. 100
E ajuda-me com algo,

tal é minha necessidade
que tomo eu do verdugo
os vergões que ele me dá;
tempo virá, boa Méndez, 105
que alegre te gabarás
que a Escarramán por tua causa
lhe estrangularam o tragar.
À Pavoa do cercado,
à Chirinos, Guzmán, 110
à Zolla e também à Rocha,
à Luisa e à Cerdán[1],
à tia e ao velho padrinho,
que sob a tua guarda estão,
e também a todo o bando, 115
minhas saudações darás.
Em Sevilha, aos cem açoites
deste mês que corre já,
o menor dos teus rufiões
e o maior que aqui está. 120

---

[1]. Esses nomes estão relacionados à fala de *germanía*, linguagem vulgar dos rufiões, fazendo referência a apelidos depreciativos populares, presentes no cenário da delinquência, da prostituição e dos ambientes marginais.

O MARIDO PANTASMA[1]

Francisco Quevedo y Villegas

Personagens:
MUÑOZ
MENDONÇA
LOBÃO
DONA OROMASIA
MULHERES (três)
MÚSICOS

Entram Muñoz e Mendonça; Muñoz, de noivo galante.

MENDONÇA: Que o senhor Muñoz muito bem-vindo seja.
MUÑOZ: Que o senhor Mendonça muito bem esteja.
MENDONÇA: O que aqui o senhor deseja
com o semblante muito bem revestido?
MUÑOZ: Venho-me pôr a serviço; 5
venho aqui, senhor Mendonça,
para pôr-me de marido de uma moça.
MENDONÇA: Senhor Muñoz, eu presumo que, por hora,

---

1. Ignacio Arellano anota em sua edição que *pantasma* é pronúncia vulgar procedente da leitura popular da forma *panthasma*, usual desde o século XVI.

o mu é o bastante e todo o ñoz sobra.
Possui notória aparência de casado. 10
MUÑOZ: A mulher por quem desejo ser cuidado,
para tirar todos os inconvenientes,
não deverá ter família nem parentes;
quero mulher sem mãe, tampouco tias,
sem amigas nem vigias, 15
sem velhas e sem vizinhas,
sem visitas, sem carros, nem sequer Prado,
e sem quem ocupe o cargo de casado;
pois há donzela que concede ao esposo,
logo depois das bênçãos de casamento, 20
sucessores em futuros nascimentos.
MENDONÇA: Mulher sem mãe, onde pode ser achada?
MUÑOZ: Ela é uma nova invenção.
MENDONÇA: Perdeu com Eva uma linda ocasião;
mas já que ela carecia 25
de mãe, sogra e também tia,
uma cobra teve.
MUÑOZ: Felicidades a ela
pelo que acaba de dizer:
chova Deus cobras, mas mãe não pode ter;
pois ter uma mãe enxerida 30
chupa e sufoca e o casado castiga.
Somente a si própria se arrasta uma cobra,
mas a mãe, veja como é bem diferente,
arrasta também ao que a tem, geralmente.
Além disso, a cobra se põe como rosca, 35
mas para qualquer ingênuo que se assome,
a mãe não só pede como também come.
Além disso, a cobra uma maçã oferece;
a mãe todas as frutas humanas pede.
Além disso, ruídos a cobra emite, 40
e a mãe, tenho até vergonha de falar,
o ruído do genrinho vai rejeitar.
Muda a cobra a própria pele,
e, cheia de veneno, a mãe, com bondade,
enruga a própria, extrai a alheia com maldade. 45
Além disso, bastante sabem as cobras,
e as mães e velhas, tanto valor recobram,

dizem que são mais sábias que qualquer cobra.
Não restará nenhuma órfã neste mundo?
Para mim, não há uma desamparada? 50
Que a mulher do grão-turco tenha mãe,
e a desamparada minha
tenha serpentes e cobra, mas não tia;
não tenha parentes nem aparentadas,
nem amigas, nem criadas, 55
e tenha machucado e sarna e frieira,
e corcunda e peste e enfermidade grave,
que sejam esses todos os seus males,
pois o parentesco é peste em quarto grau,
e o vil casado padece desse mal. 60
MENDONÇA: Com seu discurso minha tristeza alegra.
Que conjurem as lagostas e não sogras!
Gostaria, já que há *flagelum demonum*[2],
que fosse impresso um *flagelum sogrorum*,
e, como há abrenúncio, então não existiria 65
também abremãe, abrevelha e abretia?
MUÑOZ: Isso não pode ser, meu amigo Mendonça,
tanto a cabeça quebrar:
chova Deus cobras, mas mãe não vou aceitar.
MENDONÇA: Aqui, existe uma mulher, que não se sabe 70
quem é, e nem se conhece
pai, nem mãe, muito menos parente algum,
que não fala com ninguém, e tem fazenda,
e não há neste povoado quem a entenda,
deixa a todos perturbados. 75
MUÑOZ: Isso era inesperado, fiquei espantado.
MENDOZA: Pois não há melhor momento
para efetuar, Muñoz, o casamento.
MUÑOZ: Não posso me casar subitamente,
porque eu e outro amigo, 80
que buscamos pelo mundo um casamento,
demos nossa palavra de que primeiro
ele se casaria, e de imediato

---

2. *Flagelum demonum* era um látego contra demônios. Ignacio Arellano anota que se refere à obra de Hieronymus Mengus, *Flagellum daemonum, exorcismos terribilis, potentíssimos et efficaces*..., Lyon 1608.

me avisaria de tudo
o que padece e passa 85
todo homem que se casa;
e assim estarei obrigado
a cumprir com minha palavra e aguardá-lo.
MENDONÇA: Eu, por minha conta, acho,
como você está já bem endurecido, 90
que madurará tarde para marido.
Mulher que um dia teve mãe e faz um ano
que morreu, será que é boa?
MUÑOZ: Um ano é pouco.
MENDONÇA: Pois não encontraremos coisa que te agrade. (*Sai.*)
MUÑOZ: Dez anos perdura o fedor de uma mãe. 95
Senhor, tu que defendeste
a Susana inocente dos anciões,
ouve essas reclamações
defende-me das mães, das sogras e tias,
pois é chilindrão legítimo de velhas, 100
e como tu defendeste,
na cova dos leões, o justo Profeta,
vendo essas misérias minhas,
defende-me da cova das tias.
(*Põe-se a dormir.*)
Que tanto sono tenho, valha-me Deus! 105
Não consigo resistir:
o melhor será dormir;
porque no entremez não existe anulação
do "que tanto sono tenho" e de tal visão[3].

Aparece Lobão, na visão.

LOBÃO: Muñoz, Muñoz, Muñoz, consigo é que falo, 110
quasemarido, como quasediabo.
MUÑOZ: Quem é você, que me chama
com voz triste e gaguejando?
Pode estar penando ou pode estar se casando;
de um pantasma essa voz parece a meu ouvido. 115
LOBÃO: Quem dera ser pantasma: sou homem marido.

---

3. Lembrança da convenção, em tom de paródia, de algumas comédias nas quais uma personagem dorme e ao sonhar representa-se na cena o sonhado.

A mim você não conhece?
MUÑOZ: A sogras a voz parece,
logo, você já se casou?
LOBÃO: Sim, casei-me (ai Deus, ai dote,   120
ai, ai, ai casamenteiro!)
com uma mulher tão ardente e abrasada
que, no meio do inverno, está afogueada.
Assim, na entrada do inverno fui enganado.
MUÑOZ: Seu fedor de genro me deixou nauseado.   125
LOBÃO: Veja como ardo, agora,
aqui entre meu senhor e minha senhora.

(*Aparecem a seu lado sogro e sogra, e casamenteiro e uma governanta.*)

Este que está à minha orelha
seria o casamenteiro,
que por dar-me uma mulher, pede dinheiro.   130
Ela, que nunca se cala,
diz: "Vocês não mereceram descalçá-la."
Ele diz a cada instante:
"Pude casar minha filha
com um homem prestigiado   135
que a um jogo de lanças foi convidado,
e no tempo de calças atacadas
entrou em encamisadas."
Atravessada tenho em minhas entranhas
esta governanta aqui avistada: 140
são como flechas e setas as sacadas,
e, por tormento sumo,
dão-me governanta como ao nariz fumo.[4]
MUÑOZ: Que morra enraivecido o perverso espírito:
uma velha viu, mas não tomou antídoto.   145
LOBÃO: Este é o dote ao diabo
dado com expectativas,
belas anáguas, Muñoz, são-me pedidas

---

4. Versos que aludem à imagem nefasta das governantas (*dueñas*), aqui objeto de escárnio. A expressão original "narices como humo" se refere a um remédio popular que consistia em aplicar vapor nas narinas para acalmar o mal de mãe ("el mal de madre"), doença que implicava em desordens físicas e de comportamento próprio das mulheres e que alguns psiquiatras vinculam ao diagnóstico de histeria nos séculos XIX e XX. Traduzimos *dueña* por governanta, já anotado.

e, quando surge uma chance,
não deixam de me pedir um carro. 150
(*De dentro:*) Carro, marido.
OUTRA: Genro, carro, carro.
LOBÃO: Para que você conheça
como é se casar, conforme a tradição:
esposa, sogra, criadas,
o que você quer mais? Perdizes, coelhos, 155
farturas, joias, dinheiro,
dez anos de união e festas prolongadas?
TODAS (*dentro*): A carro e água jejuaremos todas.
LOBÃO: Muñoz, os maridos com essa estrutura
têm como gasto principal carro e rua. 160
Se encontrar nas contas de perdão de genro,
então, será meu amigo...
MUÑOZ: Ao ouvi-lo me compadeço.
LOBÃO: Afaste-me da sogra de que padeço.
MUÑOZ: Farei o que recomenda. 165
LOBÃO: Afastar sogras é afastar tormenta.

Desaparece Lobão e se levanta Muñoz.

MUÑOZ: Depois do sonho e da visão
persiste o "Ai de minha vida!"
Aonde vai, sombra perigosa?
Aonde, meu amigo pantasma? 170
O casamento, o sogro, a sogra ou a raiva
tenham, céus, porque esvaziam minha alma.

Entra uma mulher coberta, chamada dona Oromasia.

OROMASIA: Você que é o Muñoz?
MUÑOZ: Quem o solicita?
OROMASIA: Procura-o dona Oromasia de Brimbronques.
MUÑOZ: Merecia o sobrenome uma alabarda. 175
  Brimbronques se assemelha a coisa de guarda.
OROMASIA: Não é por isso que venho.
  Quero me casar sem resistência alguma,
  e tenho fome canina de marido
  e de me casar tão logo 180
  com uma série deles, se eu os encontro.
  Eu sou uma mulher com ausência de tias,

sou totalmente podada de linhagem,
eu sou calva de amigas e de família,
não conheço pai, tampouco tenho mãe, 185
nem, em minha vida, tive mal de mãe,
e sei que o bom Muñoz está me buscando,
e em mim tem a esposa que tanto deseja.
Fui deixada na roda, o que mais quer?
Também não sou melindrosa 190
que nem as sem discrição:
dois ratos trarei como decoração.
Nem grito, nem questiono,
sempre me ocupo de enterros,
tenho aranhas de estimação, não cachorros, 195
e sou tão pouco rodada
que não ando pela vila; antes, anseio
que ande a vila por mim como corriqueiro.
MUÑOZ: Estranhas qualidades você repete!
OROMASIA: Em minha vida, desejei ter confete: 200
quero mais ouro potável que sustento.
MUÑOZ: E o investimento é melhor que o alimento.
Você ainda é donzela ou já é viúva?

Pega dona Oromasia muitos memoriais.

OROMASIA: Isso tudo sou e em tudo tenho dúvida.
MUÑOZ: São receitas ou escritos de marido? 205
OROMASIA: São maridos em escritos por mim tidos,
as certidões são de casamento todas;
às comédias posso me prestar a bodas:
dezessete maridos amargurei,
mas com nenhum marido continuei. 210
Cansada de casada e de ser viúva,
por ser o que de melhor traz hoje o mundo,
passei de novo a donzela *pro secundo*;
e, mesmo sendo a segunda vez casada,
ainda resta a donzela reservada: 215
sou e serei donzela, mesmo não pura.
MUÑOZ: Meu Deus, você será donzela molhada!
Dona Oromasia, você apareceu tarde,
pois estou desenganado de moleira
e experienciei visão descasadeira. 220

Sou confrade do prazer e do contento
e não sou capaz de tanto sacramento;
eu me casaria por um breve momento,
se, como há redentores para cativos,
fosse estabelecido aos escarmentados   225
a ordem para redimir os maus casados.
Que se case o rico, o virtuoso, o bom,
mas eu não pretendo entrar em matrimônio,
que, ainda que haja quem o queira louvar,
vai começar em "matri" e em "mônio" acabar.   230

Entra Lobão.

LOBÃO: Detenha seu passo, solteiro.

(*Aparece tomado de luto.*)

Aguarde, amigo Muñoz,
você verá em negro descanso
seu querido Lobão,
a amabilíssima capa,   235
o bendito chapelão,
o muito bem-vindo lencinho,
a bem hipócrita dor.
Como sou marido viúvo,
que Deus aos demais escute!   240
Contem o clamor harmonia,
e o responso, linda voz.
Graças ao começo da febre,
com a ajuda de um doutor,
tiraram-me com a navalha   245
a esposa perturbação.
Case-se, meu amigo Muñoz,
case-se, neste momento,
pois tudo pode se tornar
em ir ver em procissão,   250
"kiriada" dos bons meninos,
a mulher que nos cansou.
MUÑOZ: Seguir desejo o seu conselho.
OROMASIA: Pois sigamo-lo nós dois,
porque mais roupas de viúvas   255
saem para tomar sol.

MUÑOZ: Creio que não dure esta esposa
  nem um ano, prevejo eu.
OROMASIA: Só por um mês terá marido
  nesta, minha condição.   260
LOBÃO: Em minha saída e entrada
  que os músicos façam som,
  pois pêsames e castanholas
  somente eu sei orquestrar.

Entram Mendonça e outras mulheres: cantam e dançam.

MÚSICOS: Senhoras, vamos nos casar,   265
  vamos já nos casar, cavalheiros.
OROMASIA: Doenças temos para todos.
MUÑOZ: Para todas temos enterros,
  com roupa negra me previno.
OROMASIA: Guardadas vestes negras tenho   270
  e até herdeira penso ser.
MUÑOZ: Sem dúvida, serei herdeiro.
MÚSICOS: Da alegria de enviuvar,
  quem será, Lobão, o testigo?
LOBÃO: Eu que isso sei, que isso vi e também digo;   275
  eu que isso vi, que isso digo e também sei.
MÚSICOS: Por fim, o desmulherar,
  você assegura acabar,
  com toda a certeza, o castigo?
LOBÃO: Eu que isso sei, que isso vi e também digo;   280
  eu que isso vi, que isso digo e também sei.
MÚSICOS: Quem sabe não é melhor vê-las
  com os responsos para elas
  que com anáguas em pé?
LOBÃO: Eu que isso sei, que isso vi e também digo;   285
  eu que isso vi, que isso digo e também sei.
MÚSICOS: Quem disse que a mim alegrava
  o instante em que me despertava
  o canto do *parce mi*[5]?
LOBÃO: Eu que isso sei, que isso vi e também digo;   290
  eu que isso vi, que isso digo e também sei.

---

5. Ignacio Arellano anota em sua edição que *parce mi* corresponde às primeiras palavras do ofício de defuntos.

MÚSICOS: Quem tão virtuoso foi
que dispensou seu inimigo?
LOBÃO: Eu que isso sei, que isso vi e também digo;
eu que isso vi, que isso digo e também sei. 295

A MORTE

Luis Quiñones de Benavente

Personagens:
RUFINA
ANTONIA MANUELA
JUAN MATÍAS
NÁJERA
BEZÓN
INÉS
MARÍA DE JESÚS
GALÃ 1
GALÃ 2
GALÃ 3
VEJETE

Entra Rufina, cantando.

RUFINA: Representantes do mundo!
TODOS: Quem grita?
RUFINA: Escutai
 uma grande novidade.
TODOS: Que novidade, camarada?
RUFINA: Que, ao cabo da jornada,

sai a Morte a bailar[1].
ANTONIA: Onde a viste ensaiar?
RUFINA: Na casa do sonho, irmã.
JUAN MATÍAS: Quem a toca?
RUFINA: O sino.
NÁJERA: Quem a canta?
RUFINA: O sacristão.
TODOS: Din, dan, din, dan.
  Quem a toca, quem a canta?
  O sino, o sacristão.
RUFINA: Por que vos espantais que a Morte baile, se, quando chega, não há quem tantas mudanças faça na terra?
TODOS: Arreda, arreda, arreda,
  que a bailar começa!
RUFINA: Eu sou o mundo, senhores,
  na figura de uma fêmea,
  pois, por inconstante e vária
  não há quem mais se pareça.
  São tantos os vermes
  que povoam minha Babilônia
  que aos vadios.
  hoje, por justiça, põem-nos para fora.

Entra Bezón, de morte, com vara de ministro de justiça e, nela, uma foice.

BEZÓN: Eu venho a essa comissão,
  como ministro de justiça na terra,
  a levar para outra vida
  os que nesta não aproveitam.
  Trago as enfermidades
  por oficiais que os prendam,
  e, desocupando o mundo,
  a muitas léguas dele os levem.

1. Este baile dramatizado alude às chamadas danças macabras ou da morte, gênero vigente em toda Europa nos séculos XIII e XIV. No encabeçamento à farsa da *Dança da Morte*, de Juan de Pedraza, se declara: "como a todos os mortais, desde o Papa até quem não tem capa, a Morte faz neste mísero solo ser iguais, e a ninguém perdoa". Em J.M. Bobes, *Teatro Breve de la Edad Media y del Siglo de Oro*, p. 87. Víctor Infantes de Miguel, no estudo *Las Danzas de la Muerte*, p. 21, descreve o que considera uma Dança da Morte: "Entendo uma sucessão de texto e imagens presididas pela Morte como uma personagem central – geralmente representada por um esqueleto, um cadáver ou um vivo em decomposição – e que, em atitude de dançar, dialoga e arrasta um por um a uma relação de personagens representativas das mais diversas classes sociais."

TODOS: Quem és, triste visão?
BEZÓN: Sou pé de altar de igreja[2], 35
terra de sepulcro,
do sacristão boas novas.
RUFINA: Mortezinha, mortezinha:
que buscas aqui, dizes?
BEZÓN: Os que sobram no mundo, 40
para expulsá-los do país.
RUFINA: Pois, como vens bailando,
sendo o regozijo o fim?
BEZÓN: O vir de boa vontade
se costuma dizer assim. 45
RUFINA: Fugi, fugi,
gentalha de mal viver,
que parte, que corre, que vem, que chega
vosso carrasco.
BEZÓN: Gentalha sobrada do mundo! 50
TODOS: Quem chama, quem grita com tal excesso?
BEZÓN: Pouca carne e muito osso.
RUFINA: Este tem em vinho e pão
seis mil reais de renda,
e anda na colheita, em julho, 55
como se não os tivesse.
BEZÓN: Por que tostas ao sol
com fazenda e casa própria?
NÁJERA: Economizo uma jornada
e não pago a um peão. 60
BEZÓN: Tifo murino!
INÉS: O que mandas?
BEZÓN: Saia da terra.
INÉS: Saia do mundo quem tem e ceifa.
TODOS (*repetem*): Saia do mundo quem tem e ceifa.
RUFINA: Este laborou uma casa 65
que lhe custou sua fazenda,
e não a aluga
pela metade do que nela gastou.

---

2. No original "soy pie de altar de la iglesia". Segundo o *Diccionario de Autoridades* trata-se dos emolumentos e gratificações dadas aos padres da igreja e a outros ministros eclesiásticos pelas funções que exercem.

BEZÓN: Pesadelo!
MARÍA JESÚS: O que mandas?
BEZÓN: Saia da terra. 70
MARÍA JESÚS: Saia quem confia na cal e na areia.
TODOS (*repetem*): Saia quem confia na cal e na areia.
RUFINA: Este se lava com limas
 para não dizer que se maquia;
 cera coloca nos lábios 75
 e cinza de peixe nas sobrancelhas.
BEZÓN: Como anda?
RUFINA: Apertadinho.
BEZÓN: Como se veste?
RUFINA: Como fêmea.
BEZÓN: Como fala?
RUFINA: Como jura.
BEZÓN. Como jura?
RUFINA: Como dona[3]. 80
BEZÓN: Mau olhado!
ANTONIA: O que mandas?
BEZÓN: Saia da terra.
ANTONIA: Não estejam mais no mundo os que o afrontam.
TODOS (*repetem*): Não estejam mais no mundo os que o afrontam.
RUFINA: Com uma criança de quinze anos 85
 se casam estes de setenta,
 de cujos brios está
 fazendo figa à natureza.
BEZÓN: Olho gordo!
INÉS: O que mandas?
BEZÓN: Saia da terra! 90
INÉS: De que serve no mundo quem não lhe aumenta?
TODOS (*repetem*): De que serve no mundo quem não lhe aumenta?
RUFINA: Este é provocativo
 com a intenção de que lhe firam,
 e lhe paguem, para que 95
 desista da querela.
BEZÓN: Protomédico!
NÁJERA: O que mandas?

---

3. No original, "dueña", figura satirizada na literatura e teatro da época. Representa a mulher que cuida nas casas nobres da honra e recato das filhas solteiras.

BEZÓN: Saia da terra.
NÁJERA: Hoje acerta curar quem costuma errar.
TODOS (*repetem*): Hoje acerta curar quem costuma errar. 100
BEZÓN: Na praça da vida entrei,
    eu, que igualo palácios a choças.
RUFINA: Huchochó![4] Que correm as moças,
    Huchochó! Que vai corrida, que vai corrida.
ANTONIA: Quinze anos hoje cumpri: 105
    não existe morte tão precoce.
BEZÓN: Vem a mim, suave formosura;
    moça louca, vem a mim.
RUFINA: Minha idade se burla de ti:
    saiu tua esperança vã. 110
BEZÓN: Vem a mim, suave formosura;
    moça louca, vem a mim.
TODOS: A mocidade não é razão
    que chegue em tua presença.
BEZÓN: Se hoje a idade é aleluia, 115
    amanhã é *kyrie eleison*[5].
RUFINA: As mortes das mulheres...
INÉS: Diferentes mortes são.
MARÍA: Eu morro por ser garbosa.
BEZÓN: Maléfica morte te dê Deus! 120
ANTONIA: Eu, por não ter saiote.
BEZÓN: Morra quem os inventou!
RUFINA: Eu, por redimir os grisalhos.
BEZÓN: Xô! Tu não és Leonor.[6]
INÉS: Por bailar morre a Morte. 125
BEZÓN: Digam todos, com Bezón:
TODOS: Ai que dor!
    Pois os bailes morrem
    sem redenção.
BEZÓN: Aos bailes, senhores, muito se lhes devem, 130
    pois que serviram até à morte.
TODOS (*repetem*): Pois que serviram até à morte.

4. Exclamação para incitar os touros a atacar nas touradas.
5. Expressão da liturgia cristã, usada comumente nos enterros.
6. Não fica clara esta alusão, Arellano e García Valdés, na nota 23 de sua edição, suspeitam que possa referir-se a uma atriz conhecida por sua propensão a pintar o cabelo, querendo parecer jovem.

OS MORTOS-VIVOS

Luis Quiñones de Benavente

Personagens:
　JUAN RANA [COSME]
　ISABEL (sua irmã)
　JUAN PÉREZ [PÉREZ] (galã)
　SÃO MIGUEL
　SÁNCHEZ (velhinho)
　ANTONIA (cortesã)
　CRIADA
　MÚSICO(s)

Entra Pérez bradando a espada atrás de Cosme.

COSME: Por favor, socorro, ajudem!
PÉREZ: Esperai, cão.
COSME: Confissão, testamento, unção, enterro!
　Ai, que a arca do pão[1] quer me furar!
PÉREZ: Venho feito uma onça.
COSME: Eu, feito um tamanduá.
　Coitado de ti, Juan Rana!

---

1. Barriga.

PÉREZ: Negais-me por mulher vossa irmã?
Vós sois igual a mim, camelo?
COSME: Se nos medimos, fica fácil sabê-lo.
PÉREZ: Dizei, não vos excede este cunhado?
COSME: Não sei, pelo amor de Deus, que ainda não o calcei.	10
PÉREZ: Mereceis descalçar-me,
molde de mentecaptos?
COSME: Conforme fossem calças e sapatos.

Cosme fica de joelhos e Pérez levanta a espada.

PÉREZ: Vive Cristo, que os mate!
COSME: Abraão, cuidado, devagar!	15
PÉREZ: Quero vos falar sem cólera.
COSME: E eu quero...
Retrocedei, ide um pouco para trás, como cocheiro.
PÉREZ: Juan Rana, o mais bonito que já vi.

Vai atrás dele e solta a espada, ele foge.

COSME: Isso é muito pior, por Jesus Cristo!
PÉREZ: Vida da alma que o vosso amor celebra.	20
COSME: Acabou-se. Meu Deus, que me corteja!
PÉREZ: Meu anjo!
COSME: Meu demônio!
PÉREZ: Minha fiel verdade!
COSME: Meu falso testemunho!
PÉREZ: Meu amor é bom.
COSME: Mas parece mau.
PÉREZ: Fazei o favor de dar-me...
COSME: Com um pau.	25
PÉREZ: Tendes de dar-me a mão...
COSME: Se a quereis como chicote, tomai irmão.
PÉREZ: De amizades perfeitas...
COSME: Valha-vos Barrabás ou o que apertais...
PÉREZ: Dando-me por mulher vossa formosa irmã.	30
COSME: É isso?
PÉREZ: Está claro.
COSME: Não é outra coisa?
PÉREZ: O que teríeis pensado?
COSME: O mesmo que vós, se vos tivessem elogiado.
PÉREZ: Peço vossa irmã em casamento.

COSME: Quereis que vos a dê logo?
PÉREZ: É essa a minha intenção.
COSME: Bem-posta e bem-vestida?
PÉREZ: Isso desejo.
COSME: Com um bom dote?
PÉREZ: Parece que o estou vendo.
COSME: Que a tirem para dançar o padrinho e a madrinha,
que arrebente de tanta janta a cozinha,
que haja baile, haja banquete, haja loucura,
e que vos tome as mãos em seguida o padre,
cheirando as suas a batismo?
Isso é o mesmo que quereis?
PÉREZ: O mesmo,
e que me faleis bem claro e sem nenhum receio.
COSME: Mas eu não a quero dar: vede aí bem claro.
PÉREZ: Valha o diabo o chocalho!
Vive Cristo! E minha espada?

Vai pegar sua espada e percebe que Juan Rana a tomou e vai atrás dele.

COSME: Esperai, cão!
PÉREZ: Donosa geringonça!
Reportai-vos, digo.
COSME: Venho feito uma onça.
PÉREZ: Fico, amigo Juan Rana.
COSME: Por mulher me negais vossa irmã?
PÉREZ: Tendes, não me mateis sem merecê-lo.
COSME: Sois vós igual a mim, camelo?
PÉREZ: Pelos fios que me dais que eu vos dei.
COSME: Dizei, não vos vindes a calhar esse cunhado?
PÉREZ: Estou quase conseguindo.
COSME: Mereceis descalçar-me?
PÉREZ: Oh, apesar do homenzinho de água e lã!

Acomete Cosme, solta a espada e foge.

COSME: Ai, que me leva o diabo! Irmã, irmã!

Entram Isabel, sua irmã, e uma criada.

CRIADA: Estão a matar o meu senhor!
Saiam, rápido, rápido!
ISABEL: Ai, irmão de minha vida!

Quem te matou, quem te matou?

(*Abraça Juan Pérez e lhe diz, à parte:*)

Vai e volta logo a fazer
o que combinamos. 65

COSME: Olá! Eu sou teu irmão.
ISABEL: Cegou-me a dor que tenho.
Quem te matou, meu irmão?
Quem me deixou desconsolada?
COSME: Juro por Cristo que estou vivo! 70
ISABEL: Não acredito, não acredito!
COSME: Nem Deus te deixe acreditar nisso.
ISABEL: Ana, traz um castiçal
com uma luz e um pouco de pano
para poder amortalhar o corpo. 75
COSME: Estás bêbada, demônio?
CRIADA: Ai, senhora! Irei eu.

Vai-se.

COSME: Estou vivo.
ISABEL: Quem te matou
e me deixou sem remédio?
O que farei eu, órfã e pobre? 80
COSME: Valha-me Deus, eu morri
sem sentir!
CRIADA: Está tudo aqui.

Mostra um lençol e um castiçal com luz.

ISABEL: Não tenho um tostão para o enterro;
mas, que anoitece já,
à porta pediremos 85
esmola para o enterrar.
Cubra-o com este lençol.

Colocam-no no chão e lhe põem um lençol por cima.

COSME: É o certo, irmã!
ISABEL: Deus queira
que não fosse tão certo!
COSME: Ana, estou morto?
CRIADA: E não? 90
Tão morto como o meu avô.

COSME: Também há avós que estão vivos;
   (*Deita-se.*) Mas, sem dúvida, isso é verdade,
   porque todos o dizem. Alto!
   Morramos, e protesto, 95
   que morro de má vontade,
   rapidamente e de modo desconhecido morro,
   porque, sendo eu venial,
   minha irmã mortal me fez.

Entra Sanchez, com uma jarra de vinho e um pãozinho na mão, vestido como um velhinho viúvo.

SANCHEZ: Se o pão e o vinho são 100
   a segunda vida para os velhos
   a meu pãozinho me agarro
   e meu centavo eu guardo.
ISABEL: Para a alma deste homem
   que, sem confissão, mataram. 105
SANCHEZ: Quem o matou?
ISABEL: Um homem.
COSME: Uma fome.
SANCHEZ: Não tenho de dar dinheiro,
   mas toma para tua oferenda
   pão e vinho.

Quando os vai dar, Cosme se levanta meio corpo e os tira dele.

COSME: Oh, santo velho,
   que os mortos ressuscita! 110
SANCHEZ: Esconjuro! Vade retro!

Foge.

COSME Que barbecho[2]! Andai, bêbado.
   Pelo amor de Deus, é bom ser morto;
   que de fato se acha pão.
ISABEL: Cubramo-lo, que aí vem gente. 115

Entra São Miguel.

SÃO MIGUEL (*cantando*): Eu sei de um confeiteiro
   muito famoso

---

2. Também no texto fonte, "barbecho" significa a primeira lavoura que se faz na terra. Cosme ao estar deitado e integrado nela feito morto, é ressuscitado pelo pão e o vinho num jogo burlesco que parodia o ciclo na natureza da morte e da renascença.

que, vendendo mil doces,
faz mil agres[3].
CRIADA: Para a alma deste homem
que, sem confissão, mataram.

Levanta Cosme meio corpo, tropeça e cai. São Miguel se afasta, correndo.

SÃO MIGUEL: Se ele tivesse ficado em casa.
COSME: E se não conseguiu ficar?
SÃO MIGUEL: Ai, ele fala!

Retira-se, tropeça no morto e sai correndo.

COSME: Ai, ele me pisou!
SÃO MIGUEL: Ai, ele me quebrou o corpo!
COSME: Se ele tivesse ficado em casa
e seguisse o seu conselho.

Entram cantando Antonia e dois músicos.

OS TRÊS: Ai, que azar, senhores!
ISABEL: Quem canta?
COSME: Este é o enterro,
e não me recordem dele.
Irmãos, os que morreram,
deixando sem remédio
as vossas irmãs,
que vos doa ver que, sem achar
o caminho da estrada,
eu morro pelo atalho.
ANTONIA: Aqui tem de ser, companheiros,
onde teremos de cantar.
Arranhem os instrumentos,
gorjeiem as vozes
e gritem os que passam por aqui.
ISABEL: Enterrem, pelo amor de Deus, este defunto.
ANTONIA: A tempo!
Se a senhora quer cantada
uma letra de modo moderno

---

3. *Mil agros*, no texto fonte. *Agro* é voz antiga, segundo o *Diccionario de Autoridades*, que vale o mesmo que *agrio*, azedo. Diáfora que ironiza na canção popular sobre os milagres do confeiteiro e seus doces.

entre *jácara*[4] e romance,
tome, que aqui a trazemos.

(*Canta uma jácara:*)

Que se arrebente o mesmo demônio,
que morra o mesmo Lúcifer,
que se cale o mesmo Barrabás,   150
e o mesmo diabo também;
porque endiabrada
a mesma *jácara* é,
sem que deixe de mesmar[5]
desde sua mesma infância;   155
e toquem e tanjam esses violões,
que já me pululam e saltam os pés.

Cosme levanta meio corpo, dança e eles fogem.

COSME: Sacristão, aproxima essas cruzes,
  que esse som não é de se perder.
ANTONIA: Jesus, que os mortos dançam!   160
COSME: Pois então, que valha o diabo teus ossos!
  Com esse sonzinho
  não se faz dançar até os mortos?
  Cansado estou de morrer;
  façamos para este medo   165
  um lanche, que, afinal,
  os mortos com pão são menos.[6]
  Venha minha oferenda.
ISABEL: Ei-la aqui.

(*Dá o pãozinho e a jarra.*)

ISABEL (*à parte*): Sai Perico, que agora é tempo.

Entra Juan Pérez, com um lençol, e se estende junto de Cosme, sem que este o veja.

---

4. No meio a toda a jocosidade que envolve a ação, Antonia expressa o talante criativo do povo e seu sentido estético ao apontar que o moderno agora passa pela fusão dos gêneros *jácara* e romance.
5. A transformação de umas classes de palavras em outras, de mesmo a mesmar (de *mismo* a *mismar*), da conta da liberalidade dos autores entremezistas para captar toda a riqueza da fala oral.
6. Alusão ao refrão: as desgraças / as penas / os duelos com pão são menos.

PÉREZ (*à parte*): Ai, Isabel, deveras 170
  me trazes por haver-me morto!
COSME: Um brinde, senhores defuntos.
PÉREZ: Aqui, a razão faremos.

Toma a jarra, bebe e volta a deitar-se.

COSME: San Dimas, san Babilés,
  pouquinho a pouquinho me deito, 175
  que há outro morto no campo.
  (*Deita-se.*) Irmã, irmã!
ISABEL: O que é isso?
COSME: Outro morto.
ISABEL: O que te espanta?
  Este enterraram primeiro,
  e está em tua sepultura. 180
  Volta aqui.
COSME: Eu já volto.
ISABEL: Ana, entretenha-o.

Passa junto de Juan Pérez.

CRIADA: Sim, eu o farei.
  O que tu tens?
COSME: Não mais que medo.
ISABEL: É possível que esteja falando contigo?
PÉREZ: É possível que esteja te vendo? 185
COSME: Irmã, que está fazendo?

Volta e os vê conversar.

ISABEL: Procuro afastá-los deste corpo.

Cosme se levanta, pondo-se no meio dos dois.

COSME: Eu o afastarei, porque
  se junta muito do teu.
PÉREZ: Ai, Isabel, não se vá! (*Puxa-a.*) 190
COSME: Senhor morto, fica calado,
  tenhamos a morte em paz
  ou vou juntar dois mortos.
PÉREZ: Eu, em minha sepultura estou:
  falemos de bom para bom. 195

Os dois se deitam e conversam.

COSME   Falemos muito em boa hora.
De que o senhor morreu, cavalheiro?
PÉREZ: De febre terçã.
COSME: Eu, de fome.
E, onde está?
PÉREZ: No inferno.
COSME: E quem está lá?
PÉREZ: Juan Rana. 200
COSME: Ele mente como mau morto;

Discutem.

Juan Rana foi um santo,
pois sofreu aos mosqueteiros.[7]

Deitam-se novamente, e Isabel se senta no meio deles.

ISABEL: Senhores defuntos, paz,
Coloco-me no meio dos dois. 205
Voltem a vossas sepulturas.
PÉREZ: De volta estou.
COSME: E eu estou de volta.
PÉREZ: Esposa de minhas entranhas!
ISABEL: O que queres, formoso dono?
PÉREZ: Quem adia nossas bodas? 210

Cosme se levanta, pondo-se no meio dos dois. Sanchez entra, vestido de demônio.

COSME: Eu, que coloco impedimento.
SANCHEZ: Roubar-me o pão e o vinho
com mortezinhas e enredos?
Deus vive, que vai vomitá-lo
com a fantasia que coloquei! 215
A um mau morto, um mau demônio.
ISABEL: Irmão, não vês aquilo?
COSME: Antes ficasse cego.
CRIADA: É, pelo menos, um demônio.

---

7. Personagem e pessoa pública se misturam. Cosme, ao aludirem a Juan Rana (João Rã), alude a si mesmo, já que foi um dos atores cômicos mais famosos de seu tempo. Sua aparição num entremez garantia o sucesso. Os mosqueteiros eram os espectadores que assistiam de pé nos corrais de comédias e eram temidos por sua impetuosidade pelas companhias de atores.

COSME: O que será, então? 220
PÉREZ: Meus pecados são esses.
SANCHEZ: Dois mortos há, e era só um;
   mas, e se fossem verdadeiros?
COSME: E livra-nos do mal!

Vão-se levantando, fincando de joelhos e Sanchez também, com medo.

PÉREZ: Senhor meu, eu prometo, 225
   Se escapo dessa, serei frade.
COSME: Eu prometo ser taberneiro.

Levantam-se os mortos.

SANCHEZ: Deus vive, eles se levantam!

Sanchez se aproxima.

COSME: Que se aproxima sem remédio!
PÉREZ: Cheguem aqui.

Juan agarra Cosme.

COSME: Ai, que me agarram! 230
SANCHEZ: É um castigo dos céus.
COSME: Fujamos!

Correm pelo tablado, fugindo.

SANCHEZ: Eu quero fugir.
COSME: Olha a cruz!
SANCHEZ: Meu bom Jesus!
COSME: O quê? O diabo falando de Jesus?
SANCHEZ: O quê? Os mortos têm medo? 235

Entram músicos, cantando.

MÚSICOS: Cessem, cessem os medos e que os mortos
   deixem os lençóis e o diabo deixe a fantasia.
CRIADA: Eu tiro o lençol do moço.
COSME: E eu, os cabelos brancos do velho, sem ir ao Jordão.
ANTONIA: Por que nega tua irmã a este homem 240
   que chora, que geme, que quer expirar?
COSME: Porque temo que, sendo meu cunhado,
   mostre seu ressentimento pela irmandade.
PÉREZ: Não todos os cunhados são como

os descritos no refrão. 245
COSME: Em parentes indiretos
muito pouco há de se fiar.
PÉREZ: Eu não quero tirar nada de vós,
antes, prefiro dar.
COSME: Quem morto me tira o vinho, 250
vivo, o que pode me tirar?
E vai e vem a cunhadaria,
mas, em casa, não tem de entrar,
que, hóspede, mata-me este cunhado,
que até o nome me faz mal. 255
ANTONIA: Não há pior gente
que homens e mulheres.
COSME: Cunhados e leitões,
os melhores são os mortos.
TODOS: De covardes e entremezes 260
riem-se todos, sempre,
por um de dois.
Riam-se deste, pelo amor de Deus:
por covarde, por alegre
ou por essas duas causas. 265
Riam-se deste, pelo amor de Deus.

O EXAMINADOR MISER PALOMO

Antonio Hurtado de Mendoza

Personagens:
MISER PALOMO
LUQUILLAS (seu criado)
DONO DA HOSPEDARIA
PENETRA
CAVALEIRO
NÉSCIO
APAIXONADO
CORAJOSO
GRACIOSO
MÚSICOS (três)
MULHERES (duas)

Entram Miser Palomo, vestido do jeito mais ridículo possível, e Luquillas, seu criado, com uma lista na mão; com eles, um Dono de Hospedaria, benzendo-se.

MISER PALOMO: Não há de se admirar, prezado hóspede,
com essa comissão, muito verossímil,
e a ocasião que trago, urgentíssima;
farei o que devo, com retidão,

meu caro albergador. Já sabe o povo 5
que veio doutor Miser Palomo
para examinar todos os cavadores,
sevandijas dos cofres da corte,
onde acolhemos tantos vagamundos,
como no dilúvio deste mundo. 10
DONO DA HOSPEDARIA: Decerto, vosmecê, Deus lhe dita[1],
pois traz uma grande aparência...
M. PALOMO: "Como minha barriga",
ia dizer este descarado hóspede.
Eu já entendi. Previna, eleja, escolha
um tribunal, no qual eu sou decente, 15
que me autorize, não, que me sustente!
DONO DA H.: Diga-me, vosmecê, pois, neste momento,
como tão gordo está?
M. PALOMO: O verão é meu contentamento.
DONO DA H.: Bem sagaz parece o professorzinho.
M. PALOMO: Perguntador parece o hospedador, 20
DONO DA H.: Aqui a cadeira está.

Senta-se Miser Palomo.

M. PALOMO: *Comodabuntur*
ego mecum sentare.[2]
DONO DA H.: Calma, calma,
porque, se em latim vosmecê me fala,
grandes contratempos vamos ter[3].
M. PALOMO: Fique tranquilo, que trago comigo 25
bons encargos para evitar empecilhos.
DONO DA H.: Parece uma comissão da Fortuna[4].

1. Sinônimo de sorte.
2. Uma técnica de caraterização de algumas personagens nos entremezes são as expressões num latim macarrônico, como já foi visto também no Doutor de *Corno e Contente*.
3. Em espanhol, usa-se a expressão *"caérselela casa encima"*. É uma locução ou frase feita que se refere a alguma coisa desagradável que está chateando a pessoa que fala, neste caso, a própria personagem, que não quer que lhe falem em latim.
4. Ignacio Arellano e García Valdés anotam que a Fortuna era quem mantinha ou derrubava as riquezas ou glórias, dando a entender o Dono da Hospedaria que dita comissão, com esse representante, lhe parece pouco séria. E, certamente, se trata de uma comissão com claros elementos carnavalescos, como se pode apreciar pela descrição inicial da rubrica. Uma comissão oficial, rebaixada em suas dignidades, é uma
▷ imagem emblemática da comicidade festiva popular e constitui uma paródia dos ritos solenes da cultura oficial.

M. PALOMO: Piada hein, hospedador? Ao espaço, espaço.
Nada nos resta já para palácio?

O Dono da Hospedaria sai e entra um Penetra.

PENETRA: Beijo mil vezes as mãos de vosmecê.
M. PALOMO: Nunca vi agrado tão temporão.
Diga-me, então, quando beijei sua mão?
PENETRA: Astrólogo eu sou, em cortesia.
M. PALOMO: Que bom, que já se beija em profecia.
O que há por aqui?
PENETRA: Miser claríssimo,
de penetra desejo examinar-me.
M. PALOMO: É ofício barato e muito saboroso,
embora, no reino, viva ocioso.
Como é vosso nome?
PENETRA: Tacanho.
M. PALOMO: Muito bom,
mas, para quem há de dar, não é bom o duro[5].
Falai de uma vez, Penetra.
PENETRA: Eu sou um homem
que bebe e pede, sem cansar ninguém.
Sou um leva e traz que visita as casas,
contando o que se passa e o que não passa.
Tenho feridas famosas pelo fio.
Se o senhor for presunçoso, digo logo
que descende do conde Peranzules.
Se é meigo, o que me disse certa ninfa
é que não há tal cavalheiro em toda Illescas;
Se é bravo...
M. PALOMO (*à parte*): Coisa vil ter tal nome.
PENETRA: tremem de medo os mouros de Getafe.
Gaba-se de ser discreto e escreve e fala
melhor que Garcilaso e que Demóstenes.
E, ainda que um indiano na miséria,
digo-lhe que é mais pródigo que o filho.
E, se com essas coisas não se abranda,
invisto com dois tons Juan Blaseños
e o que reservei como cortesia,

---

5. Sem dinheiro.

e, dando com primor pelo atalho,
venho a pedir-lhe por meu trabalho. 60
M. PALOMO: Santo Deus, que sois uma anta! Que vos faltou
o mais sutil primor, e o que mais se usou:
o de "não há tão grande príncipe na Espanha"
e o falar muito mal de um a outro
não o ignora o penetra mais tonto. 65
Andei senhor, andei e, em quinze dias
de "mercês", de "vós", de "senhorias",
não pegueis um vintém sem permissão.
PENETRA: Eles me ajudarão com a obediência.

Sai o Penetra e entra um Cavaleiro.

CAVALEIRO: Que Deus proteja o bom Miser Palomo. 70
M. PALOMO: Sim, ele cuidará, pois é lindo mordomo.
CAVALEIRO: Como cavaleiro, venho a examinar-me.
M. PALOMO: E muito importante será que não o sejais,
se, na verdade, só pretendeis parecer.
Qual é o nome?
CAVALEIRO: Dom Juan Bilches.
M. PALOMO: Pouca coisa; 75
mas lutando, pela minha vida, o Bilches,
o Bilches só, eu digo, dá-me asco;
tornai-vos Hernando de Velasco,
e prossegui.
CAVALEIRO: Estudei cavalaria
e tenho alguns cursos de enfadonho, 80
com algumas senhorias regateio[6],
e com os filhos alheios me proclamo.
Duvido das excelências[7], e jurei
a fé de cavaleiro com dois títulos,
sem ficar doente da cabeça. 85
Já andei nas testeiras de três coches

---

6. Nesta autoapresentação pomposa do currículum vitae, o Cavaleiro presume da familiaridade de trato com as "senhorias", isto é, nobres, a quem regateia a forma do tratamento. Regatear tem o sentido de negociar o tratamento de respeito devido a um nobre numa interação social, por acharem do Cavaleiro que sua linhagem é tão nobre e se encontra no mesmo nível que aqueles.

7. Num ato contínuo da proclamação da própria importância, também questiona a superioridade das "excelências", colocando-se novamente no mesmo status social que os aristocratas com títulos.

com um conde, um marquês e quase um duque.
Passeio pela praça em festas públicas
e, topando com uma mula, digo:
"excelente cavalo dos touros", 90
e dou fé que dá conta da corrida.
Por causa de sarna, chamei dois médicos
e comi carne por toda a Quaresma[8].
De uma mosca no verão tenho medo[9];
e, como ouvi que o duque de Sajonia 95
estava com catarro, naquele ponto,
fui embora de luto por Sevilha[10].
Minto facilmente, e sem embuço,
pois o mentir recatado dessa gente,
isso é coisa de fidalgo somente. 100

M. PALOMO: Oh, que lhe falta uma palhinha no chapéu
para ser nomeado cavaleiro! "Dom" vós tendes?

CAVALEIRO: Como assim "Dom"? Fidalguia possuo.

M. PALOMO: De verdade, de verdade, que estais muito próximo
de ser cavaleiro famigerado. 105
Bebeis água?

CAVALEIRO: Senhor, melhor o vinho.

M. PALOMO: Jesus! Pobre de mim! Que desatino!
Embora tenhais bom gosto e, agora,
desfrutai melhor o vinho, bebei água,
sem que nunca vos contente a bebida. 110
Fresca chamada a fria, e chamada quente
a fresca, buscando estranhos modos
que, como um caldo, todos já o falam.
Outra coisa: por questão de ordem,
quais são vossos proventos?

CAVALEIRO: Meu senhor, 115
acontece que ando muito mal de dinheiro.
Vivo de qualquer jeito, e não trabalho,
porque ser muito cortês é coisa baixa.

---

8. O costume de não comer carne em Quaresma não se aplica a pessoas importantes como ele.

9. Alguns cortesãos mostravam-se excessivamente delicados para chamar a atenção e diferenciar-se.

10. Para poder responder se alguém lhe perguntasse por que estava de luto, dizia porque morreu o duque de Sajonia, dando a entender a existência dum parentesco.

M. PALOMO: Em recentes cavaleiros me contenta
que sejam inexoráveis de capelo; 120
mas, atenção, para que vades mais douto.
Luquillas, o chapéu do dito exame[11].
Filar com esta sorte a todo o mundo:
ao fidalgo, aos olhos e à boca;
ao cavaleiro, ao título, à barba; 125
ao grande, ao peito; ao rei, ao joelho;
ao papa, afundamento; desse modo,
acabareis de ser irritante em tudo!

CAVALEIRO: Posso ser cavaleiro em todo o reino
com doutrina tão nova e tão famosa? 130

M. PALOMO: Sê-lo e dizê-lo, que é mais fácil coisa.

O Cavaleiro vai embora e entra o Néscio.

NÉSCIO: Eu venho para fazer o teste de néscio.

M. PALOMO: Vivereis bem contente de vós mesmo.
Sois bem-aventurado?

NÉSCIO: Nisto, somente,
não fui néscio.

M. PALOMO: Vamos ao teste. 135
Dizei vosso nome.

NÉSCIO: Eu? Dom Domingo.

M. PALOMO: Dom Domingo!
Néscio sois de guardar em todas partes;
mas, pois, tão néscio sois que vos chamais dom Martes.

NÉSCIO: Falo de tudo aquilo que não entendo,
pensando que domino mais que todos. 140
Dei de achar-me arquiteto e disse, um dia,
olhando o Escorial: "que insigne fábrica,
se tivesse de espaço mais um dedo!"

M. PALOMO: É esboço do Alcázar de Toledo.

NÉSCIO: Direi um pesadume ao mais amigo, 145
pensando que lhe digo uma lisonja.
Farei mistérios de que voa um pássaro.
Prenderei um delinquente que está fugindo

---

11. Luquillas, o ajudante do comissário, é solicitado para que lhe empreste o chapéu. Nesta cena de gestualidade paródica, Arellano e García Valdés anotam que Palomo ensina ao cavaleiro falso algumas técnicas de saudação.

para desejar não mais que "feliz Páscoa";
Insistirei com o mesmo calendário, 150
se a Quaresma começa nas quartas.
Sou mau, sim, malicioso e grave,
mas no entendimento, Deus nos livre!,
que a todos os que vejo como alheios,
ou os estimo pouco, ou os tenho de menos. 155
M. PALOMO: A fé de examinador, que não vi
néscio de mais cultura em toda a Europa.
Só uma coisa vos falta, eficacíssima,
para néscio estimado de discreto,
que é: trocar os freios aos discursos; 160
entre os valentes, o tratar de letras;
entre letrada gente, de espada;
saber dos livros somente o título;
referir um soneto de Petrarca,
sem entender da Itália o *non lo voglio*. 165
Pelo culto dizer, ao ver um rabanete,
que as folhas não estão conforme a arte.
E com isso sereis néscio, portanto,
gabando-se em latim e falando em grego.
NÉSCIO: Com isto estou, senhor, muito ensinado. 170
M. PALOMO: Deus vos faça néscio e muito irritado.

O Néscio vai embora.

LUQUILLAS: Mais um se queixando?
M. PALOMO: Não o quero; Que chato veio o escudeiro!
LUQUILLAS: Há mais um, pedindo o teste de infeliz.
M. PALOMO: Diz-lhe que aprenda a ser desconfiado. 175
LUQUILLAS: Temos outro. Este o pede para invejoso.
M. PALOMO: Que triste vai ser o destino do coitado!
Diz-lhe que estude a vileza e a baixeza,
para que inveje com mais sutileza.
LUQUILLAS: Este aqui pede teste de enxerido. 180
M. PALOMO: A este daria quarenta pauladas.
Que pessoas enfadonhas! Lucas, diz-lhe
que sofra seis desdéns cada noite,
em uma esquina e no piso da carruagem.
LUQUILLAS: Outro também.
M. PALOMO: De quê?

LUQUILLAS: De confiado. 185
M. PALOMO: Diz-lhe que o néscio já está examinado.
LUQUILLAS: Mais um.
M. PALOMO: De que coisa?
LUQUILLAS: Sem-vergonhice.
M. PALOMO: Moderna, a chamada filosofia.
Não trago comissão para sem-vergonhas,
porque está reservada ao cartapácio 190
dos protobufões do palácio.
LUQUILLAS: Teste para homem de bem pede um homem.
M. PALOMO: Do que não se usa não há exame.
LUQUILLAS: Quatro pedem o teste de trapaceiros.
M. PALOMO: Quatro apenas? Estéril primavera: 195
mas se há mais de dez mil, que o raio os parta!
Trapaceiros, que os examine outro.
LUQUILLAS: Há dois que pedem o teste para ladrões.
M. PALOMO: Por que não se juntaram com os quatro?
Pois já estão aprontando alguma coisa. 200
Mas que coisa! Paciência tenham, irmãos,
porque não hei de dar nome aos tabeliães.
LUQUILLAS: Duas pedem o teste de donzelas,
e eu penso que...
M. PALOMO: Que penso que nada! Oh, línguas viperinas!
Falar mal das mulheres, que coisa má! 205
LUQUILLAS: As donzelas, senhor, não são mulheres.
M. PALOMO: Pelo contrário, pois não as conheces:
as mulheres, rapaz, não são donzelas.
LUQUILLAS: De amor vem aqui um homem a ser testado.
M. PALOMO: Virá com muito mistério o encrenqueiro. 210

Entra o apaixonado, cheio de fitas e muita graça.

APAIXONADO: Essa gentil presença e doce agrado,
vejo, agora, em boa hora, que me deve,
não de meu amor demonstrações poucas.
M. PALOMO: Irmão, o que deixais para uns chapéus?
Fazei o teste, bobão; falai, barbado, 215
que podeis ser um néscio apaixonado!
Como vos chamais?
APAIXONADO: Dom Carlos.
M. PALOMO: Mentecapto!

O nome que roubais é de imperadores.
De dom Marcos vos chamareis, sem piscar;
para o Marco tendes gentil pessoa.

APAIXONADO: Tenho em amar muito bem feito o caldo
amo as velhas, não mais que as moças,
porque há mais tempo são mulheres;
e, porque mudar é grande tempero,
prefiro amar duas feias que uma bela.

M. PALOMO: Que o tropo varia é bela coisa.

APAIXONADO: Eu escrevo cem notas por dia,
sem que tenham "mercê" nem "vós", nem "tus".

M. PALOMO: Há flechinha?

APAIXONADO: E também coraçãozinho.

M. PALOMO: Amante podeis ser de um qualquer.
E, para ter casamento, a vossas donzelas
não enviais a promessa?

APAIXONADO: Pois a enviarei.

M. PALOMO: O convite, preciosa bagatela.
Convite aos poucos não me agrada,
pois eis que anuncia vicariato.
De suspiros, de lágrimas e queixas,
o que sabeis, o que sabeis?

APAIXONADO: Senhor Palomo,
se eu suspirasse, o que me faltava?

M. PALOMO: Não suspirais? Apaixonado infausto.

APAIXONADO: Dizem que o faço à antiga, e nem me atrevo.

M. PALOMO: Não importa, não há por que afligir-vos;
o mundo já se acabou: não há suspiros!
Deram-vos favor secreto ou público?

APAIXONADO: Pois eis que, nisso, eu tenho meu capricho:
não me deram favor, mas tenho dito.

M. PALOMO: Já todos dizemos, e ainda diremos,
que, no quesito do amor, meu bom dom Marcos,
o que fora gosto agora é fanfarrice.
E do teste levai este conselho:
não só em favores, não digais mentiras,
mas também, se puderdes, calai verdades.

O Apaixonado vai embora e entra um Corajoso.

CORAJOSO: Que flor?

M. PALOMO: Com quem o hás?
CORAJOSO: Que flor, pergunto?
M. PALOMO: Se o dizes por mim, talha, irmão[12].
CORAJOSO: Digo-o e o direi pelo mundo afora.
M. PALOMO: Que flor? Pois, se há indício de corajoso, 255
em que és douto, em bota ou em garrafa?
CORAJOSO: Quero que me teste, então, por calote.
Eu já tive quinhentos desafios,
e fiz sobre o duelo dois comentários,
seiscentas pancadas já dei, 260
e briguei umas cem vezes em jejum.
M. PALOMO (*à parte*): Isso se deve a fenecer as azeitonas?
CORAJOSO: Matei um leão com este dedo.
M. PALOMO (*à parte*): Albano?
CORAJOSO: E um tigre, com um coice.
M. PALOMO (*à parte*): Não teria sido Hircano[13]?
CORAJOSO: Nas Astúrias, com um sopro matei um urso. 265
M. PALOMO: Compadre, faz o teste de mentiroso.
CORAJOSO: E isso não é nada; em grande destreza,
pasmo a Luís Pacheco de Narváez[14].
Com uma adaga tirarei uma espada
e com uma escovinha, um elefante. 270
M. PALOMO: Homem, que fizeste de tudo que disseste,
se com tua espada e capa não entraste
em batalha campal com uma dona[15],
e não fizeste um abano de uma pena?
CORAJOSO: Isso eu deixo para a sinistra, 275
pois com a destra sou do mundo açoite,
e só de uma pancada na cabeça,
o ar tão veloz, um monte sobe,
que lhe deixo cravado em uma nuvem.
M. PALOMO: Com tal força, faz o teste de freira, 280
pois essas são pequenas façanhas frívolas.

---

12. Não estão claros estes quatro versos. Ignacio Arellano e García Valdés acreditam ser alusões à embriaguez.
13. Tanto os leões albanos como os tigres de Hircarnia tinham fama de ferozes.
14. Arellano e García Valdés anotam que Luís Pacheco de Narváez era um famoso mestre da esgrima científica e inimigo de Quevedo.
15. No original "dueña". Constante motivo de burla nos entremezes e na literatura da época. Já foi anotado e traduzido em outros entremezes por "governanta".

Estás vendo estes braços, não estás?
CORAJOSO: Sim, eu os vejo.
M. PALOMO: De Guadarrama viste o porto alto e forte,
por onde o céu em altura o iguala?
CORAJOSO: Sim, já o vi.
M. PALOMO: Pois então vai-te embora de vez. 285

Ele sai e entra o Gracioso.

GRACIOSO: De gracioso de farsa teste peço.
M. PALOMO: Esta presença é mister, porque há poucos.
Que peças usais?
GRACIOSO: Pois eu trago
umas calças que vão quase ao calcanhar,
um colarinho de carvão, chapéu sujo, 290
gasta capa e surrado casaco.
M. PALOMO: Amigo,
se a elegância colocais no asqueroso,
também um muladar será gracioso.
E a cultura, pois, pergunto?
GRACIOSO: A meus estudos,
agrego meus gestos e minhas vozes, 295
minha mudança de tom e minha esperteza.
M. PALOMO: Moderado agregar, curto gracejo.
Oh, se não tendes a graça dada,
é tudo um falatório bem vazio!
Não vos metais, de repente, nos Tristanes[16]; 300
tentai primeiro o vau desses príncipes.
Soltai-vos com abóboras, que há muitas;
não vos cantem quantas vaias, quantas vozes.
A prosa não tenteis, que é grande excesso,
até que na elegância tiverdes sucesso. 305
Assim começaram todos os antigos;
Que a Alonsillo, a Basurto, a Lastre e a Osorio
não lhes veio a graça da estirpe.
GRACIOSO: Gracioso serei, e bem reconhecido,
se trato, meu senhor, de obedecê-los? 310
M. PALOMO: Como quiserem estes cavalheiros.

O Gracioso sai e entram duas mulheres.

16. Povoado andaluz.

MULHERES: Vosmecê nos testa de dançarinas?
M. PALOMO: Dança e mulheres? Percam a esperança,
pois não há de ir o mundano na mudança!
Não trago os argumentos de paleta.   315
Dançam o rebuscado ou o dissoluto?
MULHERES: Da cintura para cima as danças são nobres.
M. PALOMO: Da cintura para baixo, que Deus nos perdoe[17]!
Pois como sussurros começam as danças,
bem assim, bem suavemente, e depois vem   320
toda a safadeza, como no jogo.
Olha a dança tão parecida com a de Juan López[18],
isto é, pelo meu amor, que seja a bela metrópole,
a metrópole de danças, Benavente[19].
MULHERES: Há de bailar vosmecê?
M. PALOMO: Farei o possível,   325
mas saiba o senado que chamavam,
onde não se falou mal dos poetas,
que falar mal de si mesmos já incomoda,
e pensam que é elegância, mas é inveja.

(*Cantam e dançam o seguinte:*)

Voltaram de seu desterro   330
os mal perseguidos bailes,
espertos de bom gosto
e pícaros da boa vida.
Suaves as castanholas,
os pés ligeiros,   335
com elegância os braços,
altaneiro o corpo.
E ficaram chateados
com a roupa que levavam,
pois até nas danças   340

17. As danças estiveram no ponto de mira dos moralistas que pediam sua proibição por serem desonestas e lascivas. Famosa foi a dança do Escarramán, um mítico delinquente (*jaque*) sevilhano, de quem se sabe pouco mas que ganha fama por sua existência literária em numerosos entremezes; nesta coletânea, o encontramos na jácara de Quevedo, *Carta de Escarramán*, e o entremez *O Cárcere de Sevilha*. Dizia-se dela que havia tido sua origem no inferno.
18. Juan López é outro músico.
19. Benavente é Luis Quiñones de Benavente, o maior e mais famoso entremezista do Século de Ouro.

isso é visto nos galãs.
Com que graça e elegância
a menina dança;
oh, que belo encaixe do corpo,
que tudo é alma! 345
Nos seus belos pés,
ela carrega meus olhos.
Se viver alguém quiser,
cuidado há de se ter.

A CASTANHEIRA

Alonso de Castillo Solórzano

Personagens:
JUANA
LUCÍA
LACAIO
BOTICÁRIO
ALFAIATE
SAPATEIRO
MÚSICOS

Entram Lucía e Juana.

LUCÍA: Sê, Juana, a esta corte bem-vinda.
JUANA: E tu, amiga Lucía, agradecida[1],
 que me verás de estado[2] melhorada.
LUCÍA: Admirada estou, pois, dessa maneira
 ver-te já dama, se antes castanheira. 5

---

1. Não há em português uma expressão como em espanhol que dê resposta à expressão "Bem-vindo". Por isso preferimos manter apenas o jogo de cordialidade que abre o entremez.
2. O estado diz respeito à nova situação social de Juana.

JUANA: Não fico bem com isso.
LUCÍA: E tão vistosa
   que o brilho a minha vista satisfaz.
JUANA: Esses milagres é o amor que os faz.
   Este palmo de face, minha amiga,
   deu a um mercador guerra e artilharia   10
   que, apoderado amor de suas entranhas,
   pôde tirar-me de vender castanhas.
   Disse-me sua paixão, seu amor e lhe cri,
   brindou-me com Sevilha e lhe segui;
   levou-me, e, ao passar Serra Morena,   15
   troquei Juana por dona[3] Madalena.
   Deu-me vestidos, joias e dinheiros,
   finezas de adornos tão verdadeiros,
   que dama que vive na falação
   viverá triste, pobre, na solidão.   20
   Eu, que soube andar com meu amante,
   vesti-me bem, com todo o brilhante,
   aproveitei-me e consegui as unhas,
   que foram de sua fazenda as fuinhas.
LUCÍA: E em que parou o ofício?
JUANA: Em quê? Embarcou-se   25
   às Índias, deixou-me e enfim acabou-se,
   porém com gentil dinheiro.
LUCÍA: Isso me agrada.
JUANA: Quis gozo, enganei-o e não foi nada.
   Retornei, pois, a Madri, ignorada,
   de castanheira em dama transformada,   30
   que por amores não sou a primeira
   que de baixa subiu à maior esfera.
   Tenho minha casa bem adornada,
   sou bem-vista, aplaudida e visitada;
   e, já que casar-me tenho a intenção,   35
   chove nesta casa combinação,
   e esta, de toda espécie de gente.
LUCÍA: Sem dúvida, sobra-te pretendente.
JUANA: Agora, estou por quatro requerida,
   de quem sou com cautela pretendida: 40

   3. O vocábulo Dona aqui se refere ao feminino de Dom.

boticário, alfaiate, sapateiro
e lacaio desejam meu dinheiro,
mas todos seus ofícios me negaram
e que têm fazenda então me disseram.
LUCÍA: Golpe querem dar-te.
JUANA: Não, ninguém passa!
Hoje, hei de contrastar essa trapaça,
e, na proposta da sacra união,
verás que, sem sair-me da intenção,
declaro-lhes seu estado e exercício,
com mais os aderentes do ofício,
até sair com minha intenção final.
LUCÍA: Teu gênio gozo, arte sem igual.

Entra o Boticário.

BOTICÁRIO: Está em casa nossa luz dourada
que é, comparando-a, feia a alvorada?
JUANA: Seja vossa mercê bem acolhido.
BOTICÁRIO: Aos dois olhos a sorte recebida,
pois chegar a ver tanta formosura...
Vivo em vossa memória, por ventura?
Devo ser consorte neste apogeu,
dedicado às aras de Himeneu[4]?
JUANA: Senhor Inútil, é tanta sua frequência
que veio a apurar minha paciência,
e que chegue a dizer que é meu intento
que fale, por sinal, do casamento,
que está tratando dele noite e dia,
a que é mais inclinada caía,
não em moer e moer-me se constrói,
que parece moedor no que mói.
BOTICÁRIO (*à parte*): Que é isso de moedor? Sabe o que fala?
Mas o símil, sem dúvida, é que o trouxe.
JUANA: Amor, senhor Inútil, é como pílula...
BOTICÁRIO: (Isto é pior!)
JUANA: que anima o desanimado
a que a tome olhando o que é dourado[5].

---

4. Deus grego do casamento.
5. Jogo de palavras entre "pílula" e "dourado" porque antigamente havia o costume de dourar as pílulas.

BOTICÁRIO: (Muito toca em botica esta moça;
em vão já minha qualidade se embuça; 75
mas penso que, decerto, percebeu
que este homem uma joia não lhe ofereceu.)
Senhora, eu já entendi o dourado:
pesa-me de não haver adiantado.
Uma joia lhe ofereço.
JUANA: Bem que o entende![6] 80
Com o que me oferece mais me ofende,
senhor Inútil, pois, sabe, o casamento,
vindo a ser união de corações,
parece com boticárias soluções[7]:
diversas qualidades vêm perfeitas 85
em bocados, pílulas e tabletes,
mas, se amor em consórcios não é casto,
parecerá pegado[8] como emplastro;
franco há de ser, sem medo, não publique
que é amor destilado de alambique, 90
dado que a vontade nunca lhe toma,
se não é puro como água em redoma,
e, ao dito, se não quer sua máscara
que o desatemos com a nossa espátula.
BOTICÁRIO: Aqui não mais há o que fazer. Saio envergonhado. 95
JUANA: Vai-se?
BOTICÁRIO: Sim, porque já me conheceram. (*Sai.*)
JUANA: O que tu achas? Diz.
LUCÍA: Se tiveres sorte,
nunca mais tratará de pretender-te.

Entra o Alfaiate.

ALFAIATE: Mil cumprimentos darei a meus olhos,
porque chegaram a ver essa lindeza 100
que o *non plus ultra*[9] é assim da beleza;
que essa gala, esse garbo, esse alfinete,
flechas douradas são do deus Cupido,

6. Frase irônica.
7. Soluções feitas por boticários. O original "confecciones" diz respeito a medicamentos preparados com xarope e mel.
8. Aglutinado, colado.
9. Expressão latina usada como substantivo para qualificar as coisas no mais alto grau.

e eu renuncio a ele, que prostrado
estou desse donaire asseteado. 105
Acaba vosmecê de resolver-se
e à castíssima lei submeter-se?
Que como a resposta ampliou,
sua beleza também me caloteou.[10]
JUANA: Caloteado? Com calotes ou tapeação? 110
ALFAIATE (*à parte*): Isso vai mal: jogo de adivinhação,
já a ideia por enganar-me aguça.
JUANA: É desconfiado ou é escaramuça?
ALFAIATE: (Quero dissimular.) Enganado morro.
JUANA: Pois enterrem-no sobre o tabuleiro[11]. 115
Senhor Zaldívar, vou ao importante:
vosmecê me ofende por vil amante.
ALFAIATE: Por quê?
JUANA: Direi, pois tem em conta.
Mil vezes esta rua me pesponta[12],
e é porque vossa mercê tem gana[13]
de ver-me como cabide em ventana[14]; 120
porém eu, com clausura recolhida,
queria estar em um dedal metida,
pois tenho vizinhas tão tagarelas
que cortam mais que as tesouras delas.
Deixe este casamento, por sua vida, 125
ou se o fará deixar uma "alfaiatrida"[15].
ALFAIATE(Vive Deus, que é sabichona a mulher!
Já tem sabido o que o alfaiate quer.)
Aqui não mais há o que fazer. Licença solicito.
JUANA: Vai-se?
ALFAIATE: Sim, porque já fui reconhecido. 130

Vai embora, e entra o Sapateiro.

---

10. Começa aqui um jogo de palavras com o verbo *Picar*, em espanhol, que não se mantém em português.
11. Propusemos uma aproximação lexical. O original "tablero" se refere à mesa em que os alfaiates cortavam as roupas.
12. Jogo de palavras com a profissão do alfaiate e o verbo *Pespontar*.
13. No sentido de vontade.
14. Sinônimo de janela.
15. Interessante neologismo produzido a partir da justaposição da raiz *alfaiat* com o radical *rida*. A terminação *ida* indica "o que mata".

SAPATEIRO: Prospere e guarde o céu essa beleza,
enorme admiração da natureza.
JUANA: Contente que vossa mercê chegou.
SAPATEIRO: Vossa mercê de mim não se lembrou?
Tudo julgado neste casamento? 135
JUANA: Direi a vosmecê meu pensamento:
qualquer mulher que aspira este contrato
anda a buscar a forma para seu sapato.
SAPATEIRO (*à parte*): Forma disse e sapato? O que houve:
sem dúvida que de meu ofício soube. 140
JUANA: E eu o busco, porque tenho estima
em um noivo sem ser de obra nova[16],
que, se vejo por aí moçoilas frívolas
que querem elevar-se em saltos altos,
melhor posso empregar-me em um marido 145
que esteja em grosserias sem solado,
posto que a natureza (não se inquiete)
também desvira, embora sem trinchete;
e assim, senhor Galván, busco marido
de solar, não um solar tão conhecido 150
como o de vosmecê: que já tenho dote,
sem um sapateiro cheirando forte.
SAPATEIRO: (Por Deus, que me sacode e que é discreta.)
JUANA: Volte a seu assento.
SAPATEIRO: A qual?
JUANA: À banqueta.
SAPATEIRO: Pois, sem responder nada, eu me retiro. 155
JUANA: Vai-se?
SAPATEIRO: Sim, porque já sou conhecido.

Vai embora e entra o Lacaio.

LACAIO: Este céu maldiga e "remaldiga"[17]
a quem, ao vê-la, não lhe dê uma figa[18].
JUANA: Pois este, amiga minha, é o lacaio.

---

16. Em detrimento de trabalhos de sapateiros feitos a partir de remendos.
17. Estratégia usada para reforçar a sentença.
18. À época podia se configurar como um gesto obsceno e de desprezo, mas em outras funcionava como uma superstição. Ou seja, o Lacaio, para valorizar a beleza de Juana, diz que todos devem fazer uma figa que serviria como uma espécie de proteção contra mau-olhado.

LACAIO: Viu-se, entre flores, mais ameno o maio 160
nem o zéfiro que alisa os jardins?
JUANA: O zéfiro os alisa? Pois são crinas?
Não dirá que a flor se embaraça?
LACAIO (*à parte*): Vive Cristo, soube no ar a trapaça!
Na empreitada que tento, desmaio, 165
que isso cheira a saber que sou lacaio.
JUANA: Que pensa? Diga.
LACAIO: Penso em meu cuidado.
JUANA: Não pense vosmecê, sem entendimento,
e isso sem dar cuidado a pensamentos.
LACAIO: Já descamba!
LUCÍA: Já penetro teus intentos. 170
JUANA: Penetre, porque mais já não me aflige.
LACAIO: Eu lhe direi quem é, embora se irrite!
JUANA: Que tem vossa mercê, que está suspenso?
LACAIO: Que há de ter quem dispensa ao amor censo?
JUANA: Ama tanto?
LACAIO: É meu fogo tão sobrado 175
que o coração me tem um pouco assado.
Viu um torrefator onde há castanhas
que ostenta por resquícios as entranhas,
e este sobre um braseiro acomodado,
que está sempre de brasa rodeado, 180
e constantemente o sopram abanando
sem o ar que passa por onde ando?
Pois este coração enternecido,
a este torrefador tão parecido,
sofre de amor tal fogo que se abrasa, 185
e este tormento por amar-lhe passa,
mais fixo sempre nesta pena fera
que, em uma esquina, uma castanheira.
JUANA: Lucía, amiga, isto se perdeu.
LUCÍA: Como?
JUANA: É que o sabichão me reconheceu. 190
LACAIO (Pique-a e repique-a...)
JUANA (*à parte*): Oh, finório!
LACAIO: (e este pique e repique trazem glória.)
Já vosmecê, senhora, entendeu-me:
o que era difícil é mansarrão?

JUANA: Pois que é meu esposo: esta é minha mão. 195
LUCÍA: Estás acertando, por minha vida!
JUANA: Que hei de fazer se sou já conhecida?
LACAIO: Os músicos eu trazia, prevenidos,
 com três lacaios, todos conhecidos.
LUCÍA: Saiam com as vizinhas e dancemos, 200
 e estas alegres bodas celebremos.

(*Baile.*)

Uma menina linda,
que subiu o amor
de torrar castanhas
a mais presunção 205
para casamento,
uns galantes juntou,
e, entre quatro amantes,
o pior escolheu.
Ouçam, tenham, parem, escutem e deem atenção, 210
que hoje se juntam a escova e o torrefador.
A que com donaire
os três enganou
no quarto acha
truques de curioso. 215
Lacaio professo
por marido achou,
o que, para a dama,
faz aprovação.
Ouçam, tenham, parem, escutem e deem atenção, 220
que hoje se juntam a escova e o torrefador.
Castanheiras que estais em Madri,
vinde, vinde, vinde à festa,
anunciando castanha cozida enxertada.
Lacaiozinhos de escova e mandil, 225
vinde, vinde, vinde à boda,
anunciando miséria com calças rotas.

AS CARNESTOLENDAS[1]

Pedro Calderón de la Barca

Personagens:
VELHOTE
RUFINA
MARIA
LUÍSA
GRACIOSO
HOMEM (ao revés)
REI (que rabiou)
MARTA (com seus frangos)
DAMA QUINTANHONA
MARICASTANHA
PERICO DOS PALOTES
MÚSICOS

Conversam um Velhote, Rufina, Maria e Luísa.

VELHOTE: Rufinica, Rufina, Rufinilha!
RUFINA: Que tanto "rufinear" e matracar?

---

[1]. Apesar de pouco dicionarizada, a palavra *Carnestolenda* aparece em Camões significando Carnaval, assim como em espanhol.

Chamas[2], papai?
VELHOTE: Em teu corpo, relambida.
RUFINA: Que menos digo eu?
VELHOTE: Assim, atrevida.
Onde estás, despudorada?
RUFINA: Nesta sala.
VELHOTE: Vinde, dai-me a capa e bengala.
RUFINA: Tome-a vosmecê, que aí está posta.
VELHOTE: Descarada resposta.
Insultos me jogais? Ingrata!

Saem as três atrás do velho.

RUFINA: Ai, senhor, não há que dizer nada!
MARIA: Paizinho d'alma, lindo, formoso...
LUÍSA: Amo, galã de corpo e talhe airoso...
RUFINA: Paizinho, armazém de primaveras...
LUÍSA: Inventor de adenga e quimeras[3]...
MARIA: Teus anos que são quatro vintes...
RUFINA: Em Tetuão os contes.
MARIA: Coceguento, o tempo nos convida
das Carnestolendas, por tua vida,
que nos deixes fazer uma comédia.
VELHOTE: Nem que fossem Riquelme ou Heredia[4]
a representar! Melhor seria
gastar a noite e o dia
em fazer seu labor.
LUISA: Lindo arlequim!
RUFINA: Cuspa, papai, que tem fama o coisa ruim:
vade retro, Satanás,
tempo é de calor e ananás.

---

2. Segundo Arellano e García Valdés (*Antología de Entremeses del Siglo de Oro*, p. 180), existe aqui diáfora entre "chamas" (substantivo relacionado com fogo) e o verbo "chamar".

3. No texto fonte encontramos os termos *mantenga* e *sepades*, que seriam termos considerados arcaicos pelas moças (Ibidem, p. 180); aqui substituídos por *adenga* (do verbo adengar) e *quimeras*.

4. Conforme Evangelina Rodríguez Cuadros e Antonio Tordera (Biblioteca Virtual Miguel de Cervantes, p. 140), María de Riquelme e María de Heredia eram atrizes famosas. A primeira, casada com o ator Manuel Vallejo, morreu em 1656. María de Heredía, por sua vez, foi condenada ao cárcere em 1642 por viver amancebada com Gaspar de Valdés. Morre em Nápoles em 1658.

VELHOTE: Eu? Gastar em comédias meu dinheiro?
Para comprar coisas de comer o quero!
MARIA: Se licença nos dás que a estudemos,
a comédia e a água jejuaremos. 30
VELHOTE: Oh, louco tempo de Carnestolendas,
dilúvio universal das merendas,
feira de queijadas e rosquinhas,
vida breve de porcos e galinhas
e folhados, que ao doutor lhe dão ganância 35
com massa crua e com manteiga rância!
Pois que é ver derretido um mancebo
jogar fora dinheiro em limões de cheiro?[5]
LUÍSA: Nisso, sua loucura manifesta,
que melhor é jogarmos o que custa. 40
RUFINA: E como! Vinte limões de cheiro
são vinte reais em dinheiro!
Jogam-me um e mancham meu vestido,
fico eu pesarosa e ele advertido,
sem erguer mais a cabeça no resto do dia. 45
MARIA: Pois qual vou querer mais, por vida minha,
essas galanterias criminais
ou em dinheiro legal, vinte reais?
RUFINA (à parte): Luísa, agora é tempo de lograr meu plano.
LUISA: Cravo no galã o rabo[6], sem dano. 50

Vai-se.

RUFINA: Muito há que temer estas contendas.
VELHOTE: Não há quem não tema nas Carnestolendas:
o capão, tomar morte repentina,

---

5. No texto em espanhol, os carnavalescos jogam *huevos azareños*, esferas preenchidas com água de flor de laranjeira. No Brasil, essa brincadeira se chamava entrudo. As pessoas jogavam bolas de cera cheias de água perfumada. Mas às vezes também lançavam ovos e essas bolas eram preenchidas com líquidos malcheirosos; devido aos distúrbios, o entrudo foi proibido em 1853. Ver mais sobre a proibição do entrudo e outras brincadeiras carnavalescas no capítulo de Patrícia Vargas Lopes de Araújo (*Folganças Populares*, p. 71-93).

6. No texto de Calderón usam a palavra *maza*, que aqui significa um pedaço de pano preso nas costas de alguém, como burla; mas também poderia ser um pedaço de madeira ou de osso que era atado ao rabo de cachorros durante as Carnestolendas (I. Arellano; C.C. Garcia Valdés [eds.], op. cit., p. 181).

o galo, ser corrido na campina[7], 55
o cão, da maça o desconcerto,
as damas, de que o cão seja morto,
as estopas, de se ver chamuscadas,
as bexigas, de se ver aporreadas,
o tacho, se seu tisne alguém untar,
a água que a seringa juntar, 60
o danado, de andar sempre pisado,
sendo a um tempo salvo e condenado.
Cercadas nossas ganas, esses dias,
de exércitos de mil docerias,
tal fome no cerco padecemos 65
que até as ferraduras nós comemos.
MARIA: Mas, paizinho, tudo se remedia.
VELHOTE: Com o que, filhotas festivas?
AS DUAS: Com comédia.
RUFINA: De outro entretenimento não gostamos.
AS DUAS: Comédia, como igreja, nós nos chamamos[8]. 70

Entram o Gracioso, com um pedaço de pano grudado nas costas, e Luísa, que se esconde atrás de Rufina.

GRACIOSO: A mim, uma troça?
LUÍSA: Socorro!
GRACIOSO: Faladeira,
a mim, de pobre bordadeira,
que, sem valer duas favas,
hoje te enfeitas e ontem "bordaricavas"[9]!
Vive Deus! Se não fosse... (não te espantes) 75
porque não tenho cólera bastante,
que um disparate fizera,
e com saber as ruas me perdera.

7. Segundo Arellano e García Valdés (ibidem, p. 182), durante o Carnaval eram consideradas diversões queimar estopas, jogar água com seringas, limões de cheiro, farinha e farelo de trigo (*salvado*) e correr galos.
8. No texto fonte, *Iglesia me llamo*. Conforme o *Diccionario de Autoridades*, era uma frase usada pelos delinquentes quando se negavam a declarar; era como pedir santuário.
9. A palavra é um composto de "bordadeira" com "fornicar", numa tentativa de emular o texto fonte, em que Calderón compõe a palavra *fregonizabas*, com *fregona* e *fornicar*.

AS CARNESTOLENDAS 235

Um rabo? Sou bobo? Mas que chacota!
Tão desavisado sou e um janota? 80
Um rabo[10]! Terei perdido alguma prova?
Sou escabeche que, vendido solto,
por um quartilho mais é revolto?
LUÍSA: Pois que lhe hão feito? Diga...
GRACIOSO: Esfregadeira,
de quanto barro há em Talavera, 85
fazer polvo a um cristão!
MARIA: Aos cristãos,
de quando em quando, eu os quereria pagãos.
GRACIOSO: Pagãos? Que dizes?
RUFINA: Tonto sois vós
que não pagão, ou pagai a nós.
GRACIOSO: Beijo teus pés, que rabio por beijá-los,
para ver se as deidades criam calos. 90
VELHOTE: Senhor, perdoe vosmecê esta moça,
que este tempo no corpo a retouça.
E vá com Deus. Cerre aqui, alô,
que não quero pendências pelo rabo! 95
Que eu vou, pois com isto se remedia,
a buscar quem as faça uma comédia.
GRACIOSO: Comédia há dito? Pois não falara antes!
Comédia lhe darei e representantes,
toda gente muito destra. 100
VELHOTE: Burla-se vosmecê?
GRACIOSO: Ouça a mostra...
VELHOTE: Tragam-lhe de almoçar, que dar-lhe quero
com que corte a cólera primeiro[11].

Vai-se Luísa.

GRACIOSO: Pois primeiro, ainda que esteja representando,
comerei e beberei de quando em quando, 105

---

10. O termo no texto fonte é *cola*. *Llevar cola o ser cola* era como chamavam os estudantes que ficavam nos últimos lugares nos exames (E. Rodríguez Cuadros; A. Tordera (eds.), Biblioteca Virtual Miguel de Cervantes, p. 144). Utilizamos rabo, que alude aos rabos de burros, como eram chamados os estudantes que ficavam por último nas provas.

11. Segundo Arellano e García Valdés (op. cit., p. 184) e Rodríguez e Tordera (op. cit., p. 145), *cortar la cólera* era usada como expressão que significava saciar a fome.

que sou homem, por Deus, de digo e faço[12],
tão presto represento como trago.

Entra Luísa, com um prato contendo algo e uma jarra de vinho.

LUÍSA: Aqui tem o senhor um desjejum.
GRACIOSO: Pouca coisa, mas basta para um.
MARIA: Ai, qual zampa! Jesus! Que fome é essa? 110
LUÍSA: Parece que o come por aposta.
VELHOTE: Homem: comes ou devoras?
GRACIOSO: Lindo fiasco,
poucas coisas, senhor, nunca as masco.

Come depressa e bebe.

MARIA: Pequena a jarra de vinho?
VELHOTE: Dá-lhe um poço.
RUFINA: Que bem que ensarta aljôfares o moço! 115
LUÍSA: Que tragos engole, por Cristo!
GRACIOSO: Leve o diabo quem a boca hei visto assim. Se me esquecia de perguntar:
não querem algo para manducar?
VELHOTE: Falta mais que comer?
GRACIOSO: Nada me sobra. 120
Saia Prado[13] e comece esta obra.

(*Agora, há de imitar Prado com uma décima o soneto[14].*)

---

12. Conforme Arellano e García Valdés (op. cit., p. 184), a expressão "*ser hombre de digo y hago*", quer dizer executar coisas com muita prontidão e presteza; corresponde à expressão "dizer e fazer".

13. Conforme pesquisas feitas para esta tradução, Calderón deve estar se referindo ao famoso ator e autor de Comédias Antonio García de Prado y Peri (final séc. XVI-1651), conhecido como Antonio de Prado, dono da Companhia Prado, uma das mais conhecidas e melhores da Europa. Representaram também várias peças de Lope de Vega (que chegou a oficiar o batismo de dois de seus filhos) e Calderón, inclusive a peça *No Hay Burlas Con el Amor*, representada quatro dias antes da morte de Antonio de Prado. Outra coincidência que reforça essa tese é a existência de uma atriz com o nome Rufina Justa, Maria de Prado (também conhecida como Maria Escamilla) nessa Companhia. Não acreditamos que possa ser seu filho, Sebastián García de Prado (1624-1685), que na época da concepção da peça, *circa* 1648-1652, ainda muito jovem, não havia ficado conhecido como galã, algo mencionado no texto fonte. Ver mais sobre a biografia desses autores em Cotarelo y Mori (1916: passim) e verbetes da *Real Academia de la Historia*.

14. A expressão "décima o soneto" confere liberdade ao ator para improvisar suas falas. (I. Arellano; C.C. García Valdés [eds.], op. cit., p. 185.)

Seca está a boca: quero
jogar uma rociada,
entre couve e couve, alface,
diz um adágio, na Espanha.   125

Ele bebe.

VELHOTE: Lindamente o arremeda.
GRACIOSO: Muito bem!
RUFINA: Muito bem! Em minh'alma
que lhe tem furtado voz e ações!
MARIA: Ao Prado, farão grande falta.

Ele coloca uma barba postiça e uma boina.

GRACIOSO: Sai um velhote enrugado[15],   130
de barba e boina achatada,
tão trêmula a sua cabeça
como gaguejante a fala,
e diz a duas filhas suas:

(*Imita o velho.*)

"Por são Lesmes, pela lança   135
de Longuinho, que essa festa
retouça estas moçoilas
no corpo, e de cócegas
se consuma a criada."
VELHOTE: Essa fala é muito obscura.   140
GRACIOSO: Tem vosmecê uma mais clara?
A garganta tenho enxuta:
rociemos a garganta.

Ele bebe.

RUFINA: Não sei eu de que está seca,
estando tão bem regada.   145

Ele põe uma máscara e um barrete vermelho.

GRACIOSO: Agora, sai o negrinho
requebrando como pudim,

---

15. Nos versos seguintes, com algumas variações, aparecem no texto *La Maestra de Gracias* (*circa* 1645-1650), que López-Vázquez (2000, p. 482) acredita ser uma colaboração entre Calderón e Luis de Belmonte.

com sua cara de morcela
e seu barrete de carmim:
"*Quelemos* vossancê[16],   150
Luísa, Maria e Rufiana,
que lhe *demo* um grande bufê
que aqui o *trazemo gualdado*,
bem assado e *chafuldado*,
muita da *cagancanha*,   155
cagalão e *cochelate*,
calamerdos, *merdaelada*,
tudo para vossancê?"

RUFINA: A quem digo, camarada?
Eu lhe perdoo minha parte,   160
que tão espessas viandas
entre onze e doze serão
melhores se esvaziadas.

Ele toma uma espada pelo ombro e a jarra na mão, bebendo em seguida.

GRACIOSO: Agora, sai um pimpão,
o tudesco da guarda[17],   165
falando muito, e depressa,
e sem pronunciar palavra,
com sua espada[18] na cinta,
e na jarra a sangria,
e diz, jogando trinta votos,   170
como quem não diz nada...

(*Fala, improvisadamente, como se fosse um tudesco, bebendo e, logo depois, fingindo que está bêbado.*)

Jesus, que bochorno! Quitem

---

16. Aqui ocorre uma paródia humorística de um espanhol ao ser falado por indivíduos negros, com curiosas deformações linguísticas, como a supressão do "s" final, generalização da terminação em "a", e substituição do "r" pelo "l", como se as pessoas, por terem pele mais escura, tivessem problemas fonológicos. Esse recurso foi utilizado até pouco tempo atrás. Notar a abundância de palavras que soam escatológicas (*cagalón, calamerdos, merdaelada...*) deformando outras, como *caramelos, mermalada*. Ensaiamos uma imitação desse fictício registro étnico em português, deixando essas palavras em itálico.

17. Alusão à guarda alemã da corte dos Astúrias. (I. Arellano; C.C. García Valdés [eds.], op. cit., p. 187.)

18. A palavra usada no texto espanhol é *tizona*, uma alusão à celebrada espada de Cid Campeador.

desse braseiro as brasas:
onde vão tantas lanternas?
Não mirarás como passas, 175
por ser judeu, filho de puta?
Por Cristo! Se não mirara
que tu és clérigo...
VELHOTE: Eu, clérigo?
GRACIOSO: Sim, clérigo tu e tua alma.
A mim, armadilha? Oh, cão! 180
Que donosa vigarice,
que paguem os tristes pés
o que a testa é culpada!
Lá vai, comam-te lobos,
vá uma sonequinha, vá, 185
mas tenho sono ligeiro,
não façam ruído, camaradas.

Põe-se a dormir.

RUFINA: Meu pai, caiu o pecador.
VELHOTE: Pois, enquanto se levanta,
eu vou pôr um camareiro[19] 190
que em sua casa guie a dança,
porque nisto vem a parar
aquele que beber não para.

Vai-se. Levanta-se o Gracioso e fala diretamente.

GRACIOSO: Foi-se o velho?
RUFINA: Já se foi.
GRACIOSO: O quanto me custas, ingrata! 195
RUFINA: Mais custas-me tu, pois perco
por ti minha fortuna e casa.
LUÍSA: Sabem que voltará o velho?
Rápido! Por que a demora?
RUFINA: E o dinheiro?
MARIA: Está na bolsa. 200
GRACIOSO: E as joias?
LUÍSA: Na minha manga.

19. No texto fonte, *esportillero*, algo como um moço de recados. Por restrições métricas e linguísticas, utilizamos o termo "camareiro", que não significa exatamente o mesmo que o vocábulo utilizado em espanhol, mas se aproxima.

Vão-se todos e entra o Velhote.

VELHOTE: Não se encontra um camareiro
por um olho da cara.
Mariquita! Barafunda!
Rufinica! Sarabanda! 205
A Luisica? Esta outra porta!
Ainda pior está que estava[20]:
e minhas joias sumiram.
Oh, comedor de minhas arcas!
Que me roubeis minhas filhas, 210
que o diabo as carregue,
que eram prendas que comiam.
Mas minhas joias... não pode!
Que essas coisas são do tempo
do rei que rabiou na Espanha.[21] 215

Entra alguém, com uma coroa e um morteiro na mão, fazendo de cetro.

REI: Eu sou o rei que rabiou.

(*Cantando como mogiganga* [*dança burlesca, com mímicas*].)

Se tua filha te deixou,
teu trabalho lhe custou,
e teus tragos ao pobrete.
Que queres com eles? Vai-te! 220
Some, avarento velhote!

Repetem os dois últimos versos e ambos bailam.

VELHOTE: Vive Deus, que o sonzinho
fará bailar uma tábua!
E senão está o tal dito:
lá vai com seus frangos Marta.[22] 225

---

20. No texto fonte, *Peor está que estaba*, que, conforme Arellano e García Valdés (op. cit., p. 189), é também o título de uma das Comédias de Calderón, além de ser um dos versos da já citada obra *La Maestra de Gracias* (*circa* 1635), impressa em Madri apenas em 1657.
21. A expressão "*Rey que rabió*" dava a entender que alguma coisa era muito antiga (*Diccionario de Autoridades*).
22. No texto fonte, "*Marta con sus pollos*", uma expressão proverbial, "*allá con sus pollos Marta*", que aconselha a não se imiscuir na vida alheia. A fonte é Correas, que

Entra Rufina, com chapéu e mantilha, levando uma cesta de vime sobre a touca.

RUFINA: Eu sou Marta com seus frangos,
livra-me desses escolhos,
que eu te darei pimpolhos,
que te façam moleque.
Que queres conosco? Vai-te! 230
Some, avarento velhote!

Repetem.

VELHOTE: Depois que nasci, não hei visto
filha tão desavergonhada.
Nem Perico dos Palotes[23]
seria mais ignorante. 235

Entra o Gracioso, com uma sotaina coalhada com pauzinhos usados para fazer rendas e baquetas de tambor.
Cantando.

GRACIOSO: Aqui, Perico dos Palotes
sou eu, não te me alvoroces
porque de dois capirotes
dos meus pés serás tapete.
Que queres conosco? Vai-te! 240
Some, avarento velhote!

VELHOTE: Que antiguidades são essas?
Que é isso que por mim passa?
Pois parece que estou no
tempo de Maricastanha.[24] 245

---

oferece também outra variação, "*Marta, la que los pollos harta*" (E. Rodríguez Cuadros; A. Tordera [eds.], op. cit., p. 151; I. Arellano; C.C. García Valdés [eds.], op. cit., p. 190).

23. "*Perico el de los Palotes*", uma expressão para denominar a bobos ou néscios. As duas fontes utilizadas citam Correas como referência e a utilização da mesma personagem por Quevedo em *Sueño de la Muerte* (escrito em 1621 e publicado em 1627) e no entremez *Los Refranes del Viejo Celoso* (circa 1643). I. Arellano: C.C. García Valdés (eds.), op. cit., p. 190 e E. Rodríguez Cuadros; A. Tordera (eds.), op. cit., p. 152.

24. O provérbio recolhido por Correas, segundo nossas duas fontes, é "*En tiempo de Maricastaña: tiempo antiguo de inocencia y patraña*", frase utilizada sobre um outro tempo, muito antigo, quando qualquer disparate era possível, no qual animais e vegetais falavam, e outras coisas sem sentido. Especula-se sobre a origem da personagem, uma mulher chamada Mari Castaña, que teria se recusado a pagar tributos ao bispo no século XIV. Essa mesma personagem aparece no entremez *Los Refranes del Viejo Celoso*, de Quevedo, citado na nota anterior (I. Arellano; C.C. García Valdés [eds.], op. cit., p.191 e E. Rodríguez Cuadros; A. Tordera [eds.], op. cit., p. 152).

Entra Luísa, com touca de viúva e sombrinha, e a saia recolhida, fiando uma roca.

LUISA: Vê, aqui, Maricastanha
e, se metes mais cizânia,
como torço esta maranha
torcerei teu gasganete.
Que queres conosco? Vai-te! 250
Some, avarento velhote!

VELHOTE: Ao revés anda já o mundo.
Por são Dimas! Que não falta
senão andar de homens as fêmeas
e os homens com anáguas. 255

Entra alguém, metade mulher, metade homem, posto ao revés e andando para trás.[25]

HOMEM: Vê aqui um homem ao revés,
que sirvo neste entremez,
da cabeça aos pés,
aos noivos de sainete.
Que queres com eles? Vai-te! 260
Some, avarento velhote!

VELHOTE: Todas as sombras me seguem,
só falta o pantasma
da dama Quintanhona:
mas hei-a aqui, não faz falta. 265

Entra Maria, com roupa antiga: boina chata, golinha, avental velho e escorrido.

MARIA: Esta dama Quintanhona[26]
nem se barbeia, nem se entoa,
mas serve de peçonha

---

25. E. Rodríguez Cuadros e A. Tordera (op. cit., p. 153) ressaltam o tópico "mundo às avessas" (*mundo al revés*) mostrado neste momento do entremez. Para saber mais sobre suas origens clássicas, os críticos sugerem consultar E.R. Curtius, *Literatura Europea y Edad Media Latina* (1976); e J.A. Maravall, *La Cultura del Barroco* (1975), se o interesse for a consciência da crise seiscentista. O termo surge em entremezes, e os autores exemplificam com dois de Luis Quiñones de Benavete (1581-1651), *El Mundo al Revés* (1643) e *Baile de la Casa al Revés y los Vocablos* (1640). Aconselham a leitura de Helen F. Grant, que relaciona as representações gráficas do tema e suas correspondências literárias nas seguintes obras: *Images et gravures du monde à l'envers dans les relations avec la pensée et la littérature espagnoles* (1979) e *The World Upside-Down* (1973).

26. *Dueña Quintanoña* é a personagem que atua como mediadora entre Lanzarote do Lago e a rainha Guinevere. Arellano e García Valdés (op. cit., p.192) recordam outras menções da mesma personagem; como em Cervantes, que fala dela no primeiro livro do *Quixote* (105), nos capítulos 13, 14 e 49; e em *Sueño de la Muerte* (1621), de Quevedo.

a quem este ruído mete,
Que queres com eles? Vai-te!
Some, avarento velhote!

VELHOTE: Por Jesus Cristo, que temo que todos saiam com varas
e me persigam como um galo:
dito e feito, santa Eufrásia!

Cantam todos.

TODOS: Ao velhote, que de Cupido
já não espera nem chamas:
Huho[27], que correm as damas!
Huho, que vai corrido!
VELHOTE: Eu já passei minha carreira,
para onde querem que corra,
se se há metido de gorra
o noivo na madrigueira?
TODOS: E de amor, nunca foi ferido?
VELHOTE: Isso é andar pelas ramas.
TODOS: Huho, que correm as damas!
Huho, que vai corrido!

Entram todos, pela última vez, com varas, bandeirinhas de papel, coroas, capas e capotes pintados, como muchachos que vão aos galos e vários instrumentos da pandorga,

---

27. No texto fonte, *Hucho ho*. As duas fontes coincidem em afirmar que é uma maneira de chamar, incitar falcões e touros. É de uso também de Cervantes, em *El Retablo de las Maravillas* (1615). Seria um estribilho usual no entremez para ferir o Velhote; como no entremez musicado *El Tiempo* (1633-1634), de Quiñones (E. Rodríguez Cuadros; A. Tordera [eds.], op. cit., p. 155 e I. Arellano; C.C. García Valdés [eds.], op. cit., p. 193).

O SININHO

Agustín Moreto y Cavana

Personagens:
  [ANTÔNIO] ESCAMILLA
  MANUELA [ESCAMILLA]
  DOM BRÁULIO
  ALFAIATE
  MÚSICOS
  VALENTÕES (dois)
  DONA RAPIA
  DONA ELENA
  DAMA
  GALÃ

Escamilla, um plebeu rude, e Manuela entram em cena. Ele carrega um sininho.

ESCAMILLA: Mulher, quer me soltar?
MANUELA: Há tal insensatez?
ESCAMILLA: Quieta ou arranco sua língua de uma só vez!
MANUELA: O que você fez?
ESCAMILLA: Deixe-me, aconteça o que acontecer,
  é do meu gosto fazer o que eu bem entender.

Sei o que faço.
MANUELA: Pois, como pode pensar, 5
asno, um animal em troca
de um sino dar? Que grande erro...!
ESCAMILLA: Mente, mulher, isto não é um simples sininho.
MANUELA: ... todo o dinheiro que tinha guardado?
ESCAMILLA: Pois isso a espantou? 10
Quantos há que sua riqueza bem guardada
gastam-na em um sino de badalada?
MANUELA: Quarenta reais por este sininho?
ESCAMILLA: A qualidade não é paga nem com cem,
sem os poderes que com ele vêm. 15
MANUELA: Isso, poderes?
ESCAMILLA: Sim, tem poderes!
MANUELA: Antes, conte-me para que me console.
ESCAMILLA: A primeira magia é poder ouvi-lo,
a quarta e principal é, já sabe,
que era do senhor que testa chaves, 20
um astrólogo que dizem que ali vivia,
tão sábio que me disse que sabia.
Esse tal, que de uns livros se desfez,
este sininho fez,
e nele confiou tal graça abençoada 25
que Deus nos livre quando seja tocada.
Menos aquele que o toca, se o escutarem,
permanecerão de um modo como se paralisassem,
todos imóveis com estranho modos,
porque em seu tilintar está a hora de todos[1]. 30
Tanto que, se não acudirem com os sons
da harpa, das castanholas ou do violão,
antídoto de um encanto tão profundo,
assim ficarão até o fim do mundo.
Veja, mulher, se pago por tal tesouro 35
isto não se compra nem a preço de ouro.
MANUELA: E como sabe que isso assim é?

1. "A hora de todos" é marcada pelo som do sininho. Dessa forma, faz uma menção ao tema da "árvore pecadora", que se iniciou iconograficamente no século XVI e alcançou grande difusão na pintura espanhola e hispano-americana no XVII. A partir de então, foi levado, também, a obras literárias como *La Hora de Todos*, de Quevedo, editada pela primeira vez no ano de 1650. (Nota de rodapé na edição do Grupo Moretianos.)

ESCAMILLA: Não basta que eu creia nele com fé?
E, para que o note, em nosso lar
há tanta gente quanto na rua vejo passar.
Pare-os aqui, verá se acerto.
MANUELA: Então será, se isso é certo,
que eu também me paralisarei se o ouvir?
ESCAMILLA: Não, mulher, qualquer um que possuir
esta fita que lhe dou poderá escutá-lo
sem risco. Mas, se soltá-la,
mesmo que seja eu, se o ouvir,
ficarei inerte sem poder agir.
MANUELA: Pois vamos experimentar o quanto ele valerá
através da gente que daqui sairá.
Este é dom Bráulio, um galã
de pouca importância.

Entram Dom Bráulio, com um gibão, e um Alfaiate, vestindo-o com um colete.

ESCAMILLA: Alerta,
porque vestindo-se sai
de novo, porque o espera
a procissão que há à tarde.
DOM BRÁULIO: O lado esquerdo da calça me aperta
mais que o direito, assim coisa
de duas casas e meia.
ALFAIATE: O tafetá resolve só;
se não, esta tesoura conserta.
DOM BRÁULIO: E hei de ficar com esta dobra
em minha perna?
ESCAMILLA: Qualidade pura!
DOM BRÁULIO: Como há de ficar bem-feita
a linha desta costura?
Eia, que venha o colete.
ESCAMILLA: Olhe como funciona.
MANUELA: Teste de uma vez.

Ao tocar o sininho, todos se paralisam na posição em que estavam.

MANUELA: Como os levou a hora!
ESCAMILLA: Vale ou não vale esta peça
os quarenta reais?
MANUELA: Ouve? Afaste-se, há gente que chega.

Entram o Galã e a Dama, ele com uma bolsinha de couro.

GALÃ: Mulher, quer me destruir?
Dois contos, que são toda a riqueza
de um homem, vem pedir?
DAMA: Não basta? Reluto então
de ser como
uma escrava do seu amor! 75
Guarde-os, que a partida tomo
à tarde e…
GALÃ: Não, não vá,
que nesta bolsa vão sempre estar.
Tome-os.

Ao dar a bolsinha, toca o sino e eles se paralisam.

ESCAMILLA: Deus não permita
que essa transação aconteça. 80
Que bom que os levou a hora!
MANUELA: Que hora ruim para ela!
ESCAMILLA: Ainda não creio que haja coisa
que, de conseguir, algo impeça
as mulheres.
MANUELA: Pobrezinha, 85
se ela não consegue, sem vida está.
ESCAMILLA: Dois homens muito assustados
se aproximam, vindo de lá.

Entram dois valentões, discutindo.

VALENTÃO 1°: É um covarde e não percebe
que era coisa muito malfeita 90
para o mundo, que cortasse
com minha espada uma melancia,
das suas tripas faria pó
e logo as peneiraria.
VALENTÃO 2°: Ouça, por minha vida! 95
Que se desperto a cólera…
VALENTÃO 1º: Cale-se!
VALENTÃO 2º: Espere!

Sacam as espadas.

VALENTÃO 1º: Tome!

VALENTÃO 2º: Zás!

Toca o sino e eles param na ação.

ESCAMILLA: A paz o sino seja,
se não os leva a hora,
valha-me Deus que iriam se atravessar! 100
MANUELA: Certo que há horas fatais.
Veja o porquê: aqui haveria
acontecido uma desgraça.
ESCAMILLA: Mais gente vem, fique atenta.

Entram Dona Elena e Dona Rapia, com uma merenda e um jarro em uma cesta.

DONA RAPIA: Venha, amiga, merendar. 105
DONA ELENA: Eu não vejo melhor festa
que a que é feita por um bobo.
MANUELA: Dona Rapia e dona Elena
de seus galãs tiraram
a tarde para uma merenda 110
e comem tanto que se deleitam.
ESCAMILLA: Mulher, não tenha disso pena,
que você comeria também.
DONA RAPIA: Grande pesar nos espera,
porque me disse dom Roque 115
que, com música feita
de harpa e violão, viria.
DONA ELENA: Um brinde a nós se tenha!

Toca o sino e uma fica com o jarro e a outra, com um pedaço de carne na mão.

ESCAMILLA: Não em meus dias! Que já estou
faminto! A ânsia me rodeia. 120
O bocado na garganta
foi levado a hora dele.
Nunca toquei em melhor tempo.
MANUELA: Por quê?
ESCAMILLA: Porque inteiros estão
todos os pratos, mulher. 125
Não seja boba, venha cá.
MANUELA: Para que comer ou ir até lá,
se nem ir, nem comer me deixa?
Quanta pressa!

ESCAMILLA: É que eu temo
   minha hora. Venha, coxa suculenta. 130

Escamilla come. Manuela toca o sino e ele fica com um punhado na boca.

MANUELA: Eu me vingarei de você,
   agindo dessa maneira.
   Se assim, sempre do marido,
   a hora a mulher tivesse lá,
   na sua mão para tudo, 135
   seria de grande conveniência.
   Que saboroso está o caldo!
   Marido, experimente-a.
MÚSICOS: Nada pode impedi-la
   de dar a merenda, 140
   mas apenas a escolha
   de comer parte dela.
MANUELA: Ah, todos se desencantam
   quando a música começa!
DOM BRÁULIO: Esta ombreira!
DAMA: Os contos! 145
VALENTÃO 1º: Boa estocada!
VALENTÃO 2º: Grande golpe!
DONA RAPIA: Bom guisado! DONA ELENA: Beba, acabe.
ESCAMILLA: Atravessado fica
   o bocado na garganta.

Entram todos.

TODOS: O que é isso? Meio suspensas 150
   estão as estranhas figuras
   que nessa casa se hospedam.
ESCAMILLA: Se não me leva a hora,
   um guisado faço na panela.
MANUELA (*canta*): De ninguém se levou 155
   melhor a hora,
   que o que, por um acaso,
   suas trapaças arma.
ESCAMILLA (*canta*): O entremez acaba,
   para que não 160
   se leve sua hora
   nem paralisado fique.

O RETRATO VIVO

Agustín Moreto y Cavana

Personagens:
  COSME [RANA]
  BERNARDA [RAMÍREZ]
  VALENTÃO
  MULHERES (três)
  MENSAGEIRO
  PINTOR
  CORTESÃO
  CRIADO

Entra Bernarda e uma Mulher.

BERNARDA: Ouça, amiga, e você verá meu pesar
para a causa atenuar.
SEGUNDA MULHER: O que você irá tramar?
BERNARDA: Você já sabe que Juan Rana
é meu marido.
SEGUNDA MULHER: Já sei, dona Juana,
que é seu esposo, e realmente crê
na burla planejada e lhe vê

sem sair um só instante da sua sala,
e com delicadeza lhe afaga.
Não é isso?

BERNARDA: Sim, é isso, mas ouça, agora:
como é ciumento e tanto me adora, 10
quanto mais o tempo passa, mais apego,
para dissolver, amiga, esse zelo,
para que o mal acabe com uma piada,
tramei-lhe uma burla bem-humorada,
pois estando presente 15
o fiz crer que...

SEGUNDA MULHER: O que, amiga?

BERNARDA: que está ausente.

SEGUNDA MULHER: Como pode ser isso?

BERNARDA: Eis a artimanha,
ele pensa que é pintura[1], que coisa estranha!
Isso foi, amiga, o motivo
para dar a entender que seu retrato vivo 20
eu desejava, assim ao tolo
um pintor fez crer que é um retrato
de si mesmo. E, como nisso acreditou,
desde hoje dentro de uma moldura se confinou,
e está imóvel na postura 25
que o deixou, pois crê ser pintura.
E o engraçado é vê-lo nessa situação,
pois não pôde demonstrar sua insatisfação.

SEGUNDA MULHER: Ótima a burla! Logo vê-lo eu espero.

BERNARDA: Em breve o exibirão, pois primeiro 30
virão me ver sem medo,
aqueles mesmos de quem tem receio;
porque, como com eles combinado,
todos apoiarão que está pintado
em sua presença. 35

CRIADO: Ô de casa!

BERNARDA: Quem é?

1. Como anota o Grupo Moretianos na edição deste entremez, o recurso a uma pintura na qual a personagem está viva se repetirá mais adiante no baile de palácio *El Pintor*, de Suárez de Deza. Nesse caso, se trata de uma mulher enquadrada de perfil, da qual se descobre sua imagem à medida que o pintor a faz, e que finalmente terminará saindo do quadro para roubar a bolsa de dinheiro do pintor.

CRIADO: Espera sua licença
meu senhor, dom Honorato.
BERNARDA: Meninas!
DUAS DAMAS: Senhora?
BERNARDA: Aquele retrato
do meu Juan Rana logo devem me trazer
e seu pó limpar.
AS DUAS: Com todo prazer. 40

Saem.

BERNARDA: Diga que pode entrar sua senhoria,
que não há problema.
CRIADO: Adeus, senhora minha.

Entra o retrato dentro de uma moldura.

SEGUNDA MULHER: Por não comer, desbotado
vem o retrato.
BERNANDA: Sacudam!
COSME: Deus seja louvado![2]
BERNARDA: O pó ao pintado desfigura. 45
Bata bem, para aclarar a pintura.
COSME: As duas me sacudiram, e disso eu gosto!
Mas, como estou pintado, nada noto.
BERNARDA: O que você acha, amiga?
PRIMEIRA MULHER: Algo parece distorcido,
mas não dirão outra coisa, a não ser que está vivo. 50
Só resta falar e, mesmo que não fale o retrato,
parece que sai do quadro.
COSME: Não sairei, pois o pintor disse ao me adornar
que posso me matar se me despintar.

Entra um cortesão e dá a Juana uns laços para o cabelo.

CORTESÃO: Já que posso entrar sem susto, bela Juana, 55
para falar com você, pois não está aqui Juan Rana,
tome esses laços, que seu marido
não os vê.
COSME: Esses são laços do demônio!
CORTESÃO: Tome, já que está ausente seu marido.

---

2. No original "¡Deo gracias!" Trata-se de uma forma de saudação ao entrar nas casas.

COSME: Valha-me Deus! Aonde terei ido? 60
BERNARDA: Não vê seu retrato?
CORTESÃO: E nele se escuta.
De fato, é uma grande pintura.
COSME: Com certeza absoluta.
CORTESÃO: É tão simples!

Entra um Valentão.

VALENTÃO: Deus seja louvado!
Já sei que está fora o seu amado,
Juan Rana, digo. Quero lhe agradar. 65
COSME: Pois digo que estou em outro lugar!
VALENTÃO: Dizem que o selvagem tem ciúme.
E assim queria, para que atue
essa pobre espada...

Encosta a espada.

COSME: Estou tremendo!
VALENTÃO: Vamos...
BERNANDA: O quê?
VALENTÃO: Dançar, porque, se para dançar 70
lhe tirasse...
COSME: Como aperta, está doendo!
VALENTÃO: Sua cabeça faria estourar.
COSME: Nossa Senhora, e como machuca!
BERNANDA: Ele não está presente.
VALENTÃO: Então, acalmo minha fúria.
BERNANDA: E, para que creia no que eu havia contado, 75
só em casa o tenho retratado.
Veja.
VALENTÃO: Então, deixo de me irritar.
COSME: Fora estou, mas não sei em que lugar.
VALENTÃO: E quando irá voltar?
BERNANDA: Na outra semana.
VALENTÃO: Como não tem ciúme, dona Juana, 80
venho quando quiser.
BERNANDA: Assim espero.

Entra um Mensageiro.

MENSAGEIRO: Seria possível que eu lhes deixe aqui uma mensagem?

BERNARDA: Enviada por quem?
MENSAGEIRO: Por seu esposo,
 que me pediu que a trouxesse, ansioso.
BERNARDA: Carta do meu Juan Rana?
MENSAGEIRO: Sim.
COSME: Como?
MENSAGEIRO: E um presente também.
BERNARDA: Eu o aprecio muito.
COSME: Senhor mensageiro...
MENSAGEIRO: Em que posso ajudar?
COSME: Onde estou? Saberia o lugar?
MENSAGEIRO: Na Zarzuela[3].
COSME: E estou bem lá?
MENSAGEIRO: Agora, em memória,
 morto de amor.
COSME: Então, Deus me tenha na glória!
BERNARDA: Ouçam a carta.
CORTESÃO: Vejam, que será boa.
BERNARDA: Diz assim: "Só vive aquele que se alimenta."
SEGUNDA MULHER: Linda sentença!
BERNARDA: "Eu matei, senhora,
 as perdizes que esse homem leva agora.
 Eu as cacei, mas ele as leva nas costas.
 E, mesmo que desse a pólvora respostas,
 das respostas não morreram juntas,
 porque só morreram de perguntas.
 Ambas vão com as patas coloradas
 para que não as troque nas pousadas;
 outra cor aqui não foi achada,
 desculpe se a sua não foi encontrada,
 mas você tem a culpa, pois não diz
 que cor prefere na perdiz.
 Deus lhe faça mãe e decerto avó.
 Seu marido, Juan Rana, na Zarzuela."
SEGUNDA MULHER: Bom escrito.
CORTESÃO: Bom estilo.

---

3. Zarzuela: espaço vinculado ao descanso da família real, no qual ocorriam festas teatrais. O mesmo ator Cosme Pérez protagonizou a *mojiganga Juan Rana de la Zarzuela*, que serviu de desfecho à comédia, também de Calderón de la Barca, *El Golfo de las Sirenas*. (Grupo Moretianos.)

VALENTÃO: E bem palpado[4].
COSME: Disso já me lembro, tinha notado.
BERNARDA: Ele já crê que é pintura, e é apoiado.
COSME: Estou caçando?
MENSAGEIRO: Sim.
COSME: El Bacho[5] na cena, 110
colocando um grosso anzol em meu pescoço,
de imediato me ensinou o voo.
BERNARDA: As duas perdizes são como um diamante.
COSME: Façam que me assem uma, nesse instante.
BERNARDA: Então, o que você quer?
COSME: Comer, pois, na atual conjuntura, 115
morre de fome a pintura.
BERNARDA: Está louco, marido? Caso isso aconteça,
virá o pintor.

Entra o Pintor.

PINTOR: Deus neste lar esteja.
BERNARDA: Alegro-me que, agora, tenha aparecido,
pois por comer se mata o meu marido. 120
PINTOR: Não se espantem, pois nisso exagerei,
que um pouco a boca grande deixei.
Assim, eu a vou diminuir e retocar
e, se comer, a cor pode acabar.
COSME: Já ouvi dizer de outros pintores 125
que o não comer acaba com as cores.
PINTOR: Fique quieto!

Pinta-o.

COSME: Eu já estou quieto.
Não me faça muito mal.
PINTOR: Não tenha medo,
porque não será mais que uma aprimorada.
COSME: Que cor é essa?
PINTOR: É avermelhada. 130
COSME: Então você pinta as pessoas em tons avermelhados?

4. No original, *palpado*: claro, como se fosse tocado com as palmas das mãos (DRAE).
5. No original, *El Bianco* é Baccio del Bianco, engenheiro italiano encarregado da cenografia das festas nobres a partir de 1652, cuja especialidade era fazer voar os atores pelo cenário através de diversos artefatos mencionados aqui.

PINTOR: É o que gasto quando pinto embriagados.
Já está consertado, e, para que seco fique o retrato,
que ao sol seja pendurado.
COSME: Se para secar me puserem – moscas, saiam! –, 135
é bem provável que por não comer eu seque.
PINTOR: O que vocês acham?
AS DUAS: Que ele está rindo.
PINTOR: Cada um, em separado, vá conferindo
se há alguma falha.
BERNARDA: Parabéns.
Cada um aponte 140
toda imperfeição que encontre,
e a mencione, cantando,
para que consertado fique.

Cantam "El Villano". Enquanto isso, queixa-se Cosme.

BERNARDA: Gira a roda[6]
e todos, cantando, 145
aquele retrato
vão consertando.
SEGUNDA MULHER: O nariz não está terminado,
por isso, será esticado.
COSME: Ai!
TERCEIRA MULHER: Pois a boca tem aberta, 150
um simples reparo a fecha.
COSME: Ai!
VALENTÃO: No semblante, com dois tiros,
retirarei suas cores.
COSME: Ai!
QUARTA MULHER: Para a sobrancelha ajustar
devo mais pelos tirar.
COSME: Ai! 155
BERNARDA: Eu tiro seus olhos lindos,
pois os tem muito fundos.

---

6. No original, *ande larueda y cozconella* é um "jogo com o qual se divertem as crianças, no qual tiram a sorte para não ficar de fora; os outros, com as mãos dadas, formam uma roda e, dando voltas, vão chutando os que ficaram de fora" (DRAE). Jerónimo de Cáncer usou a frase como refrão em uma de suas sátiras. Aparece também como final de sainetes posteriores, por exemplo, em *El Petimetre*, de Ramón de la Cruz. (Grupo Moretianos.)

COSME: Ai!
MENSAGEIRO: O mensageiro tão somente
a cabeleira começa a tirar.
COSME: Ai!
PINTOR: Eu acho curto aquele braço, 160
dessa forma, coloco a mão.
COSME: Ai!
BERNARDA: O que você acha do retrato, Juan Rana?
COSME: Que eu sou a moldura, e você, a enquadrada[7].
BERNARDA: Se você disser
que sente ciúmes, 165
farei que pintado
agora o pendurem.
COSME: Muitas mulheres
querem retratos
de seus maridos, 170
para vê-los perdurados.
BERNARDA: A quem é simples
e o ciúme conhece,
girem a roda
e deem-lhe chutes. 175
COSME: A quem causa ciúme
e finge carinho,
girem a roda,
e deem-lhe beliscos.
BERNARDA: Como poderemos 180
o baile terminar?
Pedindo perdão
e girando a roda.

---

7. No original, "Que yo soy el marco y tú la marcada", num jogo com o sentido de marco/marcada. De um lado, Cosme se diz "marco", no contexto, aquilo que delimita uma pintura, e Bernarda, por outro lado, seria a mulher "marcada", "enquadrada", ou seja, prostituta.

LOA

Félix Lope de Vega y Carpio

Entrei a ver representar,
para me entreter um dia,
uma companhia que tinha
chegado a certo lugar.
Entre os de pé me meti   5
e, depois de uma hora e meia,
começou então a comédia,
e eu comecei a ouvir.
O romance da Cava[1]
foi o que cantaram primeiro,   10
quem o disse, um escudeiro
que a meu lado ouvindo estava:
"Este aos bobos engana,
que eu, quando Deus queria,
mais que de cor direi   15
as crônicas da Espanha.
Diz que a Cava escreveu
a seu pai aquele papel,
e, juro por Deus, ele é tão
rei dom Felipe quanto eu."   20

1. Referência ao *Romance da Cava Florinda*.

Eu lhe disse: "Homem de bem,
deixai escutar a gente."
Respondeu-me: "Bem o sente,
não vão na história bem!"
Alvoroçou de tal forma, 25
no fim, pátio e tablados,
que seis homens honrados
lhe jogaram para fora.
Fui-me dali mais para baixo
e, como estavam cantando, 30
vi um homem que, solfejando,
cantava com seu contrabaixo
com voz bem elevada e clara,
como se sozinho estivesse,
tão forte que bem pudesse 35
servir se o outro faltara.
Mudei-me daquele lugar
e, em outro que cheguei,
de bom talhe um homem achei,
e ali pareceu-me estar, 40
ao fim o def [...][2]
Coloquei-me a ouvir atento
e fez um bom argumento:
"Deus lhe perdoe, Saldanha! – disse aquele – Que disparate! 45
O que se tem de fazer
é forçoso mister
que o argumento o trate,
que, se o dizem desta arte,
é quebrar-nos a cabeça." 50
Conhecida sua fraqueza,
deixei-o e fui-me a outra parte.
Saí dali, com efeito,
e passei mais adiante,
onde estava um estudante 55
que me pareceu esperto.
Começou um rei a dizer
umas coplas redondilhas
que um mármore pôde senti-las,

---

2. Ausência provável de uma estrofe devido à deterioração do manuscrito original.

e ele começou a rir, 60
dizendo: "Oh, traidor! Qual é
o verso, tal os conceitos!
Não vês que aqueles sonetos,
os fez de cinco pés!"
Conheci o bom humor 65
do jovem soneteiro,
deixei-o com o primeiro
para achar lugar melhor.
Andando de casa em casa,
como dizem, cheguei, por acaso, 70
a um homem que, em certo passo,
suspirava por Ganassa[3]
e era, se bem adivinho,
dos que ele costumava falar,
e outros vinham escutar, 75
comprometidos com seu vizinho.
Nesse momento de sossego
com que dali me apartei,
das cinzas eu escapei
para meter-me no fogo. 80
[...][4] não falar e quanto ofendes,
mais com freio eles falavam,
pois veio a dar onde estavam
uma manada de duendes,
gente que desdenha e caçoa: 85
"bom", "mau" e "razoável",
e que, com frieza notável,
censuram a comédia toda.
E, se a princesa morre,
dizem: "Não morrerá, 90
que eu sei que viva está."
Se a raptarem, não comove;
se errar ou demorar muito,
que mais perde sua saúde;
se é comédia de virtude, 95

---

3. Representante e autor da *Commedia dell'Arte* que entre 1570-1580 estava com sua companhia teatral na Espanha.
4. Ausência de uma ou duas estrofes devido à deterioração dos manuscritos.

que a traz a quinta-feira santa;
se em coisa não tão notória
algo verossímil vem,
porque adorná-la convém,
que não é fábula nem história. 100
Querer a rainha ao criado
dizem que é um disparate;
e, caso o outro se mate,
é um pentelho encravado;
Se o marido for enxerido, 105
dizem que não pode ser,
e que foi impróprio dizer
que deu o bilhete respondido;
e, que isso seja sem razão,
a comédia não se obriga 110
nem o dono, a quem sempre diga
verdades como sermão.
Por fim, saí dali,
conhecendo bem o que é
colocar um homem os pés 115
(não os pés, a língua) aqui.
Mas, duendes de Satanás,
vinde com muito tropel,
que não falta são Miguel
que vos expulse uma vez mais. 120
Deixai essa presunção,
calai ou falai em segredo,
olhai, porque sabe o cavalheiro
que sois feitos de carvão.
Se todos têm desaparecido, 125
sem falha que terá atenção,
se, por acaso, em algum rincão,
não houver um duende escondido.
Mas, se estivesse nele,
à palavra primeira 130
lhe lance o cavalheiro fora,
e trataremos com ele.

ENSAIOS

NOTAS SOBRE OS SUBGÊNEROS DO TEATRO BREVE ESPANHOL DO SÉCULO DE OURO[1]

Como se sabe, na época barroca, o teatro se converte em um espetáculo total. O público não assistia somente à representação de uma comédia, e sim a uma festa teatral completa e complexa, de várias horas de duração, que, depois de uns alguns eventos precedentes (como apresentações de violão), constava de uma loa, o primeiro ato da comédia, um entremez, o segundo ato, um baile ou "jácara", o terceiro ato e uma "mogiganga" ou fim de festa para terminar. Sendo assim, os distintos subgêneros do teatro breve – denominação preferível à de teatro menor – eram componentes essenciais da festa dramática barroca e especialmente bem recebidos pelo público. Aqui, ofereço algumas notas caracterizadoras sobre eles[2].

---

1. Carlos Mata Induráin, Universidade de Navarra, Grupo Griso. Tradução para o português de Giovanna de Oliveira França.
2. Para mais detalhes, remeto a C.M. Indurán, Panorama del Teatro Breve Español del Siglo de Oro, *Mapocho*, n. 59, p. 143-163.

O Entremez

É uma peça cômica breve que, no âmbito da festa teatral barroca, acompanhava a representação das comédias e dos autos. Esse subgênero dramático essencialmente jocoso, que tem sua referência nos "pasos" de Lope de Rueda, explora ao máximo a comicidade verbal (faz uso de todos os recursos de jocosidade disparatada) e também a cênica (gestos grotescos, movimentos descompostos, brigas, perseguições etc.), e manifesta uma clara inclinação à temática costumeira. Lope de Vega definiu o entremez nos versos 69-76 de seu *Arte Nuevo de Hacer Comedias en Este Tiempo*, e Eugenio Asensio, em *Itinerario del Entremés*, sintetizou breve e magistralmente sua história: no começo era escrito em prosa e se limitava a uma caracterização caricaturesca de algumas personagens cômicas, especialmente o bobo. Mais tarde, Lope de Rueda soube enriquecer com novos matizes os tipos tradicionais e ampliou a visão realista do ambiente, inserindo a comicidade literária em um âmbito mais costumeiro. Outro elo fundamental na evolução do gênero é constituído pelas peças de Cervantes. Dos seus oito entremezes, seis são em prosa e dois em verso, mas, à medida que avança o século XVII, o verso se impõe, até o ponto do abandono definitivo da prosa. Importantes autores do Século de Ouro, como Quevedo ou Calderón, cultivaram o entremez (exceto Lope de Vega, Tirso de Molina e Luís de Góngora); outros nomes de destaque são os de Agustín Moreto e Jerónimo de Cáncer y Velasco, contudo, quem merece ser mencionado à parte é Luis Quiñones de Benavente, o maior especialista do gênero, cuja dedicação exclusiva aos gêneros breves supõe uma contribuição fundamental.

O esquema da burla é essencial na construção dessas peças e a crítica destacou sua relação com as modalidades expressivas (teatrais e parateatrais) da cultura popular carnavalesca. No amplo *corpus* de entremezes áureos, apreciamos uma grande variedade de estruturas e temas, por isso sua classificação resulta complicada. Recordarei apenas a tipologia estabelecida por Javier Huerta

Calvo[3], que distingue cinco categorias. Segundo ele, possuem maior importância a ação, a situação, a personagem, a linguagem literária ou a linguagem espetacular (a representação):

1. Entremezes em que predominam a ação, geralmente de caráter burlesco. Desenvolvem uma pequena intriga consistente em uma burla ou engano. (*La Tierra de Jaula*, Lope de Rueda), frequentemente de tipo amoroso (*La Cueva de Salamanca*, de Cervantes, *El Dragoncillo*, de Calderón...). Os agentes das burlas costumam ser estudantes, ladrões, clérigos e sacristães, com os objetos pacientes sendo bobos, camponeses e velhos.

2. Entremezes em que se destaca a situação, isto é, aqueles nos quais a ação fica subordinada à apresentação costumeira do aspecto ambiental, com pequenos quadros da vida cotidiana, especialmente de cidades como Madri e Sevilha: *La Maya* e *El Abadejillo*, de Quiñones de Benavente, *Las Carnestolendas*, de Calderón...

3. Entremezes centrados na apresentação de uma ou várias personagens, ridículas ou extravagantes, que, muitas vezes, adotam a estrutura do desfile de figuras (com seus vícios e manias correspondentes) frente a um juiz examinador. São obras de grande força satírica, como *El Hospital de los Podridos*, de Cervantes, *El Examinador Miser Palomo*, de Hurtado de Mendoza, *El Hospital de los Mal Casados*, *El Zurdo Alanceador* ou *La Ropavejera*, de Quevedo...

4. Entremezes em que, sobretudo, interessa a experimentação com a linguagem, com debates burlescos entre as diferentes personagens (brigas de marido e mulher, contendas verbais entre membros de distintas profissões, particularmente prefeitos etc.). Assim são *Las Aceitunas*, de Lope de Rueda, *La Guarda Cuidadosa*, de Cervantes e outras.

5 Entremezes que pretendem gerar um espetáculo brilhante por meio de elementos não verbais (disfarces, coreografia, música, cenografia etc.).

Em relação às personagens, existe um elenco fixo de máscaras ou figuras, a saber, o prefeito-bobo, o velho, o sacristão,

---

3. *El Teatro Breve en la Edad de Oro*, p. 85-95.

o soldado, o estudante, o médico, o barbeiro, o cego, o negro..., mais a mulher, a que Huerta Calvo qualifica como "autêntica *Dea ex machina* do gênero entremezil"[4]. Ignacio Arellano, por sua vez, acrescenta: "Personagens de baixos ofícios (alfaiates, vendeiros, boleiros, criados, pajens), representantes degradados dos fidalgos (miseráveis e patifes, cafetões e valentões, prostitutas e cafetinas) pululam no mundo do entremez, assim como na literatura burlesca e satírica de outros gêneros."[5]

Quanto à representação, o entremez se presta especialmente ao histrionismo mais exagerado. De fato, o êxito dessas peças é atribuído, em muitas ocasiões, à habilidade dos atores, como o célebre Cosme Pérez, cognome Juan Rana, para quem foram escritas mais de quarenta peças[6]: *El Desafío de Juan Rana* (Calderón), *El Doctor Juan Rana* (Quiñones), *Juan Rana Poeta* (Antonio de Solís), *Juan Rana Mujer* (Cáncer)...

Se nos referimos ao estilo, é importante destacar que a língua do entremez explora todos os recursos próprios da comicidade grotesca: falas dialetais, latins macarrônicos, vocabulário popular (injúrias, insultos codificados, obscenidades, disfemismos...), onomástica burlesca, todos os registros expressivos do erotismo, alusões escatológicas etc. Sem dúvida alguma, o entremez oferece um imenso campo para todo tipo de experimentação linguística.

O *corpus* de entremezes e entremezistas do Século de Ouro é imenso; limito-me, agora, a dar algumas pinceladas sobre os principais.

Lope de Rueda (1510-1565)

Os primeiros cultivadores do gênero foram Juan del Encina, Lucas Fernández, Gil Vicente, Hernán López de Yanguas, Diego Sánchez de Badajoz, Sebastián de Horozco e Juan de Timoneda;

4. Ibidem, p. 95.
5. *Historia del Teatro Español del Siglo XVII*, p. 662.
6. Ver Francisco Sáez Raposo, *Juan Rana y el Teatro Cómico Breve del Siglo XVII*.

mas é Lope de Rueda quem consolida o gênero com seus *pasos*. Alguns de seus títulos mais famosos são: *Cornudo y Contento, La Tierra de Jaula, Las Aceitunas, Los Lacayos Ladrones, El Rufián Cobarde*. A ágil prosa coloquial de tais *pasos* exerceu uma poderosa influência sobre Cervantes.

Miguel de Cervantes Saavedra (1547-1616)

É outro dos grandes marcos no desenvolvimento do gênero, que enriqueceu com peças de genial maestria: ampliou o número de personagens e enobreceu os tipos básicos do bobo e do fanfarrão (dotando-os de caráter e matizes e fornecendo certa profundidade psicológica), acrescentou os materiais novelescos e refinou literariamente suas peças, aportando novos temas, ideias e técnicas. Publicou-as em *Ocho Comedias y Ocho Entremeses Nuevos Nunca Representados* (1614), cujo prólogo destaca a importância do modelo de Lope de Rueda. Seus títulos são: *El Rufián Viudo Llamado Trampagos, La Guarda Cuidadosa, El Juez de los Divorcios, El Vizcaíno Fingido, La Elección de los Alcaldes de Daganzo, El Retablo de las Maravillas, La Cueva de Salamanca* e *El Viejo Celoso*. Vários alcançam a categoria de obras-primas dentro do gênero e neles o gênio de Alcalá de Henares nos brinda com tipos inesquecíveis e pinceladas do melhor realismo costumeiro. A variedade dos temas cômicos, a animação de seus quadros e a diversidade de suas personagens populares são três pontos de destaque, a que se deve acrescentar a fina observação da realidade, a perspicácia satírica intencionada e a profunda intencionalidade de entremezes que ligam à perfeição a excelência do riso e a seriedade.

Francisco de Quevedo y Villegas (1580-1645)

Um terceiro topo é constituído por Quevedo, especialmente no que se refere à elaboração linguística do discurso verbal dos seus entremezes. "A contribuição de Quevedo ao entremez radica em sua prodigiosa criatividade verbal, mais do que nas dimensões cênicas", destaca Arellano[7]. Conta com dezesseis títulos, muitos deles descobertos por Asensio, sendo designados vários outros (existem grandes problemas de atribuição). O intitulado *La Venta* nos apresenta um vendeiro, Corneja, ladrão que ajuda a criada, Grajal, a depenar os passageiros descuidados. Em *La Ropavejera*, apreciamos a sátira contra as falsas aparências e o vício em cosméticos e postiços. A figura celestinesca da cafetina fica retratada magistralmente em *La Vieja Muñatones*, enquanto *Bárbara* e *El Niño y Peralvillo de Madrid* apresentam prostitutas. As duas partes de *Diego Moreno* e *El Marido Pantasma* fixam o tipo de maridinho, o marido traído e consciente, tão habitual em sua poesia satírico-burlesca. Igualmente, o tipo do afeminado aparece em *El Marión*, e o velho adoentado e impotente em *Los Refranes del Viejo Celoso*. *Los Enfadosos* ou *El Zurdo Alanceador* adota a estrutura de desfile de figuras etc. Eugenio Asensio indicou corretamente que Quevedo fertilizou o entremez com sua contribuição de tipos e figuras, e pela "exemplar técnica literária que aplica à pintura do homem"[8].

Pedro Calderón de la Barca (1600-1681)

O teatro cômico breve de Calderón estava tradicionalmente abandonado pela crítica, mas, ultimamente, vem se destacando sua faceta cômica, na qual cabe apreciar o mesmo talento e domínio teatral que há em suas obras sérias. Contudo, o *corpus* dos seus entremezes não foi fixado com segurança: Rodríguez Cuadros e Tordera incluem 24 peças breves (entremezes, jácaras e mogigangas), enquanto Lobato eleva o total a 41, entre as seguras e as atribuídas com menos segurança. Sabemos, certamente, que saíram de sua pena, entre outros, entremezes

7. Op. cit., p. 665.
8. *Itinerario del Entremés*, p. 178.

como *La Casa Holgona, La Plazuela de Santa Cruz, La Pedidora, La Franchota, El Dragoncillo, El Toreador, Los Instrumentos, El Desafio de Juan Rana* e *Las Carnestolendas*. Arellano assinalou seus traços mais destacados:

> O talento dramático e literário de Calderón produziu um conjunto de entremezes muito elaborados em seus meios cômicos, com uma linguagem múltipla (obscenidades, jogos de palavras, "germanía", paródias de registro e códigos literários, manipulação de frases feitas...) que é característica do gênero, mas que em poucas ocasiões alcança a perfeição calderoniana, amostra de uma complexidade dramática que afeta a estrutura orgânica de suas peças, assimilando procedimentos da comédia longa, e multiplicando os pontos de vista e os espaços dramáticos, aperfeiçoando também os recursos cênicos (disfarces, maquiagem, movimentos, vestuário), em que desempenham papel principal a música e os bailes.[9]

É comum, nas peças calderonianas, a ridicularização de uma personagem (*Don Pegote, El Sacristán Mujer, El Mayorazgo, La Melancólica*), ou de várias, conforme o esquema de desfile de figuras, (*El Reloj y Genios de la Venta, La Casa de los Linajes*). Em *El Toreador*, Juan Rana toureia ridiculamente para ganhar o amor de uma dama, o que dá lugar à paródia de diversos temas e motivos literários. *El Dragoncillo* é uma reelaboração genial de *La Cueva de Salamanca*, de Cervantes. Em *Las Carnestolendas*, a dimensão carnavalesca é patente, pois introduz o tema do mundo ao contrário e a personagens folclóricas como El Rey que Rabió ou Perico de los Palotes. Em *La Plazuela de Santa Cruz*, enfim, apreciamos sua veia costumbrista.

Luis Quiñones de Benavente (1581-1651)

É o grande especialista do gênero, pois se dedicou quase com exclusividade ao teatro breve. Luis Vélez de Guevara o chamou "pontífice dos bailes e entremezes" e Tirso, "o sal / dos

9. Op. cit., p. 667-668.

gostos, o presente / de nossa corte". Todos os entremezes estão escritos em verso e apresentam um marcado caráter urbano (ações localizadas em Madri), além de uma clara tendência ao lirismo popular. A Quiñones de Benavente se deve a criação do entremez cantado ou "baile entremezado", além da renovação do gênero por meio da introdução de elementos abstratos, fantásticos e alegóricos. A condição de músico (foi um famoso violonista) explica a importância do elemento em suas obras. Sua capacidade satírica não está em disputa com o viés didático e moralizante de muitos dos entremezes. É apreciada em sua produção certa tendência a misturar gêneros, a praticar modalidades mistas.

"Prolífico e famoso, [...] escreveu muito e atribuíram-lhe também muitos entremezes que não são seus"[10], como acontece com Lope de Rueda, no âmbito da comédia. Em 1645, foi publicado *Joco Seria: Burlas Veras, o Reprehensión Moral y Festiva de los Desórdenes* Públicos, que alcançou várias edições, no século XVII. Hannah Bergman, em *Luis Quiñones de Benavente y sus Entremeses*, considera provada a autenticidade das 48 peças de *Joco Seria* e outras dezenas, que chegam a somar um total de cento e cinquenta, enquanto Emilio Cotarelo edita, em sua famosa *Colección de Entremeses, Loas, Bailes, Jácaras y Mojigangas*, 142.

A temática dos entremezes de Quiñones é bastante ampla. Uma leve intenção satírica aparece em muitas de suas peças, mas o que predomina é, sem dúvida, o cômico. A Quiñones, aparentemente, deve-se a criação de Juan Rana, que chegou a identificar-se com o ator Cosme Pérez, cuja versatilidade lhe permitia adaptar-se às mais variadas situações e ofícios: médico, letrado, poeta, toureiro etc. Muitos de seus entremezes são pequenas obras-primas, como *El Gori-Gori*, que restabelece o tema do falso morto em um ambiente madrileno contemporâneo. Outras peças notáveis são *Los Cuatro Galanes, La Barbera*

---

10. Ibidem, p. 670.

de Amor, El Retablo de las Maravillas (reelaboração do de Cervantes), *Los Alcaldes Encontrados, La Maya, Las Civilidades, El Doctor Juan Rana* etc.

Mestre no manejo da linguagem, Quiñones dota seus entremezes de uma maravilhosa graça verbal; da mesma forma, o aumento da espetaculosidade das peças (maior importância da música e do baile) seria outra de suas marcas mais características[11].

Outras Formas de Teatro Breve

A Loa

É a peça breve que precede o auto ou a comédia, uma espécie de preâmbulo para captar a atenção do público e conseguir seu silêncio. Essa introdução ao espetáculo é composta, às vezes, de um elogio à cidade em que se representa e ao próprio público, ou então pondera a qualidade da obra que segue e da companhia, ou resume brevemente o argumento. Em suas origens, a loa era recitada por um único representante, porém se converteu, mais adiante, em um tipo de peça dialogada (*loa entremesada*).

Cotarelo classificou-as em cinco categorias: 1. loas sacramentais[12], que precediam os autos, essencialmente cômicas até 1650 e de maior caráter didático a partir de Calderón (suas personagens costumam ser as mesmas alegorias dos autos: introduzem a matéria teológica e apontam a técnica alegórica); 2. loas a Jesus Cristo, à Virgem e aos santos, de tema estritamente religioso,

---

11. Existem muitos outros "entremesistas" áureos, e o gênero se prolongará no século XVIII com autores como Antonio de Zamora, José de Cañizares y Francisco Benegasi e Luján; mas agora quero destacar Manuel Coelho Rebelho, quem compilou seus entremezes em *Musa Entretenida de Varios Entremeses* (1658), alguns escritos em castelhano e outros em português: *El Pícaro Hablador, El Capitán Mentecato, El Asalto de Villavieja por Don Rodrigo de Castro y Castigos de un Castellano...*

12. Ver C.M. Induráin (coord.), *«Estosfestejos de Alcides»: Loassacramentales y cortesanas del Siglo de Oro*.

destinadas a abrir as festas religiosas e de Natal; 3. loas cortesãs, que serviam de abertura para as festas palacianas de Calderón, Francisco Bances Candamo, Moreto ou Solís e tinham a função de propiciar e exaltar as personagens reais que seriam espectadoras da representação; 4. loas para casas particulares, isto é, para festas familiares em palácios de diferentes nobres; e 5. loas de apresentação de companhias que atuavam nos corrais.

O Baile

Segundo Emilio Cotarelo y Mory[13], o baile dramático é um "intermédio literário em que também entram como elementos principais a música, o canto e sobretudo o baile propriamente dito". São peças de menor extensão que o entremez, de grande riqueza métrica, tendência ao "poliestrofismo" e com predomínio temático da sátira moral em forma alegórica (os protagonistas dos bailes costumam ser conceitos abstratos ou personificações de coisas). Seus quatro componentes fundamentais são música, baile, letra cantada e letra falada. No começo, o baile servia de arremate ao entremez; mas, desde 1616 aproximadamente, quando este abandona a prosa pelo verso, baile e entremez separam-se. No meio do século, a forma mais representativa do gênero será o baile de figuras. Os principais entremezistas também escreveram bailes.

A "Jácara"

A palavra "jácara", derivada de *jaque*, designa em sua origem o romance cantado sobre a vida e as andanças de um cafetão ou valentão, habitualmente acompanhado de sua dama "prostituta". A jácara era uma peça muito exigida no espetáculo teatral

13. *Colección de entremeses, loas, bailes, jácaras y mojigangas*, p. CLXIV.

barroco e podia aparecer como peça independente (representava-se então durante os intervalos) ou dentro de uma comédia ou de um entremez, para dar-lhes variedade. Pouco a pouco, converteu-se em uma espécie de entremez cantado (normalmente por uma atriz) ou com alternância de partes cantadas e representadas (com frequência dançáveis), com protagonistas rufianescos que, em geral, terminavam recebendo seu castigo. Ela descrevia o mundo marginal, dando entrada a seu léxico peculiar, o da *germanía* literária. São conhecidas algumas jácaras de tema cortesão (poucas), além de outras de tema divino.

Mogiganga

A mogiganga existiu primeiro como festa típica de Carnaval, com espécies de foliões de máscaras, ou cavalgada grotesca, caracterizada pelo emprego de disfarces ridículos, exóticos e vistosos, às vezes organizada pelos diferentes grêmios e com caráter altamente burlesco (temas e personagens da mitologia, da história ou da literatura). Mais tarde, passou ao teatro e aos palácios e se converteu em mogiganga teatral, sempre ligada ao Carnaval. A versão dramática supõe a carnavalização do teatro breve. Segundo a definição de Cotarelo[14], a mogiganga dramática é uma mascarada grotesca – procedente da festa de rua – que se representava como fim de festa teatral e consistia em uma série de danças descompostas (entre elas, os *matachines*) e movimentos ridículos, disfarces de animais etc. Igualmente ridícula como a coreografia era a música, produzida com instrumentos absurdos (o barulho estrepitoso que se formava recebia o nome de pandorga)[15].

14. Ibidem, p. CCXCI.
15. Ver C. Buezo, *La Mojiganga Dramática*.

BURLA BURLANDO[1]:
OS ENTREMEZES DE MORETO EM SEU CONTEXTO[2]

A sociedade espanhola do Século de Ouro vivia entre o esplendor e a miséria. Com uma situação econômica em muitos casos deplorável para o povo simples e outros grupos sociais mantendo um nível de vida mais aceitável, uma minoria vivia com certa abundância, embora, na verdade, em muitos casos fosse mais ostentação que realidade, o que acontecia também entre os que pertenciam a diversos grupos de nobres, até mesmo os que integravam a monarquia de Astúrias.

No entanto, o teatro era uma atividade que unificava os diversos estratos sociais e possibilitava momentos de regozijo e diversão para todos. Durante o século XVI e XVII, na Espanha e em seus vice-reinos, as representações teatrais encontraram acolhida nas ruas e praças, nos corrais de comédia, em casas particulares e em espaços da corte, que eram alguns dos mais frequentados. O teatro teve, empregando um termo anacrônico, um efeito democratizante. Com um baixo custo e acessível aos vários grupos da

---

1. Indica que algo ocorre ou se faz com extraordinária facilidade (DRAE)
2. María Luisa Lobato (Universidade de Burgos, Grupo Moretianos). Tradução ao português de Danielle Theodoro Olivieri.

sociedade, o calendário de representações teatrais foi ampliado e se fixou durante o período, segundo as pautas que marcavam o calendário litúrgico. Assim, durante a Quaresma – tempo de penitência entre os cristãos – não se representava, porém as companhias de comediantes se organizavam para a nova temporada que começaria com a celebração da Páscoa e duraria até o Carnaval seguinte.

O teatro tinha como consequência muito entretenimento e também ensino, tardes nas quais a comédia, o drama ou o auto sacramental compartilhava comediantes e espaços cênicos com obras mais breves, em muitos casos de tom cômico e ainda burlesco. No Século de Ouro, a função teatral principal era interrompida por peças breves que inseriam o contraponto e respondiam à *varietas* tão apreciada nesse período: "et per tal variar natura é bella". Também era possível acontecer de uma comédia filosófica, como *La Vida Es Sueño*, de Calderón de la Barca, ser interrompida ao longo de suas três jornadas, ou atos, por peças breves que destoavam bastante da obra central.

Esse teatro breve continha também diversas variedades: loas, entremezes, bailes dramatizados, jácaras e mogigangas. Com um forte componente de música e dança em algumas delas, como nas loas e bailes destinados ao palácio, tais variedades fizeram as delícias de um público que buscava solução para a tensão da obra maior ou simplesmente queria divertir-se. Inauguraram, assim, momentos de distração no meio da obra teatral mais longa e, ademais, costumavam finalizá-la para deixar o ambiente mais animado e alegre depois da apresentação.

Entre os gêneros breves, o mais atrelado às verdadeiras obras de arte foi o entremez. Escreveram entremezes tanto autores que atualmente não são tão conhecidos, como Cáncer, Solís, Vicente Suárez de Deza, Francisco de Avellaneda, Vélez de Guevara ou Manuel de León Merchante, quanto autores mais conceituados, entre os quais, Cervantes, Quevedo, Quiñones de Benavente, Calderón de la Barca e Agustín Moreto.

Em numerosas ocasiões, a burla foi a pedra angular dessas obras, que chamamos breves, uma vez que possuíam duzentos e cinquenta versos de medida e podiam ser representadas em cerca de dez minutos. Ela afetava de forma ativa ou passiva o conjunto de personagens, que era dividido entre burladores e burlados, embora houvesse ocasiões em que o próprio burlador acabava sendo burlado, no final da peça, como uma espécie de justiça poética. E por que a burla? Nessa forma de interpretar o mundo, triunfa a astúcia e a inteligência, a capacidade de jogar com palavras e situações, de modo que algumas personagens do entremez se apropriam da supremacia intelectual e dos acontecimentos, em relação a outras, menos dotadas ou carentes de informação. O público, sobretudo, equipara-se aos burladores e, desde uma posição de superioridade moral, observa o embuste tramado contra os mais ingênuos, reforçando a postura de quem está prestes a descobrir o que irá acontecer e é, certamente, melhor e mais inteligente que os burlados – ao menos enquanto durar o entremez.

O curioso é que os entremezes de burla não se limitaram somente às ruas e aos corrais de comédia, sendo representados também em lugares seletos, como os palácios dos nobres e os espaços de recreação do rei. Há notícias documentais de peças cômicas breves nesses locais. Um exemplo clássico é a mogiganga *Juan Rana en la Zarzuela*, que acompanhou, com música, a obra teatral *El Golfo de las Sirenas*. Tal obra foi precedida, por sua vez, por uma loa, sendo Calderón de la Barca o autor de todo o espetáculo. A apresentação aconteceu em 17 de janeiro de 1657, no Palácio da Zarzuela, em El Pardo, diante da família real: o rei Felipe IV, a rainha Mariana e as infantas Margarita e Maria Teresa[3].

O mesmo Juan Rana, o mais ilustres dos atores no papel do gracioso durante o Século de Ouro, protagonizou numerosas comédias atuando como criado do galã e também em entremezes nos quais frequentemente desempenhou o cargo de prefeito. Por sua versatilidade e graça nos palcos, muitos autores do

---

3. J.E. Varey; N.D. Shergold, *Teatros y Comedias en Madrid 1651-1665*, p. 222.

período escreveram obras magníficas para ele, pois sua presença no cenário garantia êxito ainda antes de que falasse alguma coisa. É o único ator da época que deixou um retrato (pintura) a óleo, atualmente encontrado na Real Academia Espanhola.

Se nos referimos, em particular, aos entremezes de burla, é porque essa modalidade atinge muitas peças que conseguiram bastante fama. E ainda, dentro dessas, é possível encontrar temáticas variadas. Em um recente trabalho, em vias de publicação, escrevi sobre "La Representación del Doctor en el Teatro Breve Español del Siglo de Oro"[4], no qual analisei a forma e a função que a personagem do médico – e, em alguns casos, seus acompanhantes – desempenha nos entremezes do período. Entretanto, embora tenha trabalhado com um *corpus* de quarenta peças, quatro delas foram tomadas como amostra de análise morfológica de suas funções: *El Médico Simple*, *paso* atribuído a Lope de Rueda (1570); o entremez anônimo em prosa *El Doctor Simple* (1609); o entremez intitulado *Un Doctor y lo Que Hicieron Sus Criados* (1616) e o entremez *El Doctor Borrego*, atribuído a Francisco de Rojas Zorrilla (1648). Nelas, os burladores são os ajudantes do médico, que aproveitam sua ausência, e os burlados são os pacientes, que chegam para procurar remédios que não encontrarão. Forma-se, assim, a crítica a uma das profissões mais satirizadas na literatura burlesca do Século de Ouro: a do médico, que deveria ser o guardião da saúde dos pacientes, mas que converte a si ou a seus assistentes na causa do extermínio de uma parte da população.

O *corpus* de teatro breve de Agustín Moreto é um dos maiores de seu tempo. Constituído por trinta e cinco obras de diversos gêneros, a maioria tem caráter cômico, estando nesse grupo algumas das melhores de sua autoria, que, em determinados casos, foram escritas para palácio, com a finalidade de acompanhar algum auto ou, na maioria das vezes, para serem representadas entre os atos/jornadas das comédias apresentadas nos

4. M.L. Lobato, Medicine, Literature and Culture in the Early Modern Hispanic World, monográfico de la revista *eHumanista*.

corrais. Vinculadas a festas que aconteceram na corte estão obras "ajacaradas"[5] do gosto da época, como o baile entremezado *El Mellado*, escrito para o aniversário da pequena princesa Margarita Maria, a quem Moreto chamou de "pimpollo tierno"[6]. Mais do estilo do teatro cortesão é *La Loa Para los Años del Emperador de Alemania*, dedicada a Fernando III, além de obras nas quais se buscou o protagonismo do ator Cosme Pérez, apelidado Juan Rana, muito querido pela família real, cuja referência já foi feita. A tal grupo pertencem os entremezes *El Alcalde de Alcorcón*, *El Ayo*, *La Loa de Juan Rana* e *El Retrato Vivo*, representados no final dos anos de 1650 e na década de 1670. Em quase todos, há referências à família real por parte do ator.

Entre as obras compostas por ocasião das festas de Corpus Christi, estão o entremez *La Perendeca* e a *Loa Sacramental Para el Corpus de Valencia*, única peça alegórica breve que se conserva desse autor. Para outros festejos populares, como o de são João, Moreto escreveu um entremez protagonizado por valentes fingidos, ao qual intitulou *Alcolea*, nome de seu protagonista. No entanto, a maioria de suas obras serviu para acompanhar as comédias nos corrais, ainda que nem sempre resulte fácil estabelecer a organização da festa teatral completa. É possível determinar, como hipótese, que o entremez *El Aguador* foi escrito não muito distante de sua comédia *El Lindo Don Diego*, uma vez que a peça breve continha a burla de uma mulher presunçosa que despreza seu galã (admirador) por um aguador (pessoa que vende e distribui água), disfarçado de marechal francês, tema que nos remete ao "lindo", na comédia, que perde dona Inés ao preferir uma criada, a quem disfarçam de condessa para burlá-lo.

A maior parte de seu teatro breve tem como protagonista a burla de alguma personagem que representa um tipo fora da ordem social ou moral: a prostituta de *La Perendeca*, os ladrões

---

5. Com protagonistas e assuntos do mundo marginal da época: ladrões e pequenos delinquentes cuja vida, delitos e castigos tiveram grande sucesso na ficção teatral.
6. M.L. Lobato, *Loas, Entremeses y Bailes de Agustín Moreto*, v. II, p. 386-398.

de *Los Gatillos*, os falsos valentes que protagonizam *Alcolea*, o ciúme de *El Retrato Vivo*, o excesso de atenção para o que dirão de *Las Galeras de la Honra* ou o traído de *Los Galanes* são alguns dos exemplos destacáveis. A peça breve se converte em um espelho no qual a sociedade vê desmesurados seus vícios e defeitos, talvez em ocasiões para dar uma solução, mas sempre, e acima de tudo, para rir deles.

Em outros momentos, o teatro breve de Moreto apresenta certo caráter costumbrista, com uma infinidade heterogênea de tipos, como os que desfilam no *Baile de Los Oficios*, ou enche os versos dos atores nos momentos anteriores a uma representação teatral, como no entremez *El Vestuário*. Mais escassas são as peças, estranhas por outra parte, que colocam em cena episódios mágicos, como acontece em *La Campanilla* – aqui editada. Nela, recorda-se o Quevedo de *La Hora de Todos y la Fortuna Con Seso* e, com ele, o pensamento da época, que retratava no toque do sino o final do tempo da vida, aqui transformado em burlas.

Moreto constrói suas peças breves com grande esquematismo e com aparente facilidade. Sua capacidade de síntese leva à criação, em poucas pinceladas, de tipos muito eficazes e à provisão da linguagem apropriada a cada um deles. Ademais, destaca-se na comicidade e no humor com que impregna as obras, situando-as entre as melhores de seu gênero. Ele incorpora música e dança a seus bailes burlescos entremezados, escritos segundo muitos romances famosos na época. Como exemplo, vale a pena citar a obra *El Rey Don Rodrigo y la Cava*. A música, porém, não é exclusiva de tais peças, que costumavam encerrar o espetáculo teatral. Há outras de suas obras breves, ainda pendentes de um estudo detalhado, que contêm indicações musicais e coreográficas.

Compondo sua produção, os dois entremezes de Augustín Moreto, brilhantemente traduzidos neste estudo, são de burlas. Sou consciente do cuidado com que Miguel Ángel Zamorano e sua equipe realizaram as traduções ao longo dos últimos anos. E são textos nem um pouco simples, possivelmente porque o tipo da burla, o ambiente dos trabalhos da época e a linguagem coloquial com seus jogos de palavras e diáforas geram dificuldades, muitas vezes nada fáceis de solucionar. As duas peças de Moreto aqui incluídas, *El Retrato Vivo* e *La Campanilla*, são expoentes de um gênero que triunfou nos cenários, tanto os populares como os de palácio. Ambas provavelmente foram compostas alguns anos antes de 1660, por um Moreto já mais maduro, e representadas por atores renomados na época: Juan Rana e Bernarda Ramírez atuaram em *El Retrato Vivo* e Manuela e Antonio de Escamilla, em *La Campanilla*. O entremez satiriza os vícios, o ciúme do protagonista, no primeiro caso, e o gasto excessivo com caprichos, no segundo. Nas duas obras, as mulheres são as burladoras e os homens, os burlados. Há também uma crítica implícita às relações matrimoniais, também presente em outros entremezes do período. São dois exemplos magníficos do bom trabalho de Agustín Moreto. Espero que a tradução desses textos o faça ir além das fronteiras que os viram nascer. Eles são, em todo o caso, um maravilhoso exercício de engenhosidade e peças especialmente apropriadas para a apresentação teatral.

O TEATRO BREVE DO SÉCULO DE OURO ESPANHOL OU QUANDO A IDEOLOGIA SE DISFARÇA DE LITERATURA POPULAR[1]

La Representación de los Reyes Magos, drama litúrgico do século XI sobre o episódio religioso da adoração dos reis magos ao Menino Jesus e um dos primeiros escritos em espanhol, demonstra que o uso do teatro breve como meio para transmitir uma ideologia, seja religiosa ou de outro tipo, está presente na literatura espanhola desde suas origens. De fato, para alguns escritores do Século de Ouro, o teatro breve é um dos gêneros literários no qual o espírito popular se manifesta melhor. O modo como o castiço é filtrado ideologicamente em forma de humor exemplar, por um lado, ou satírico, por outro, funciona igual ou melhor que no resto dos gêneros literários para desvelar a ideologia dos entremezistas. O humor ideológico costuma ir acompanhado da crítica dos costumes, onipresente tanto no teatro breve do Século de Ouro como no posterior, contribuindo para confirmar também a postura do autor diante dos temas tratados na obra. A identificação desse gênero com a vontade popular se tornará mais evidente, por exemplo, durante

[1]. Vicente Pérez de León, Universidade de Glasgow. Tradução ao português de Danielle Theodoro Olivieri.

o período das ditaduras ibero-americanas, na segunda parte do século xx, especialmente na América Central, ainda que presente também em outros países como a Argentina. Sendo assim, o teatro breve de autores como Osvaldo Dragún, representado em muitas ocasiões na clandestinidade, servirá para o propósito de alimentar o discurso de resistência e dissidência contra os governos tiranos.

Nesta introdução proposta sobre o teatro breve do Século de Ouro, oferece-se uma concisa aproximação ao gênero, propiciando um contexto que visa sua melhor compreensão por parte do leitor brasileiro contemporâneo, explorando, também com tal propósito, sua relevância em nossos dias. Para tanto, em primeiro lugar, ofereceremos um panorama acerca do caráter do teatro breve espanhol, com especial atenção aos aspectos fundamentais que o definem. Em segundo lugar, abordaremos com mais detalhes a evolução desse gênero em sua época fundamental, entre meados do século xvi e xvii. Assim, observaremos aspectos como o humor, a criação de personagens, o entremez em verso *versus* prosa, entre outros assuntos. Será abordado ainda o tema do entremez anônimo, representado em algumas das obras aqui selecionadas e que tradicionalmente foram atribuídas a Cervantes. Por fim, teceremos um comentário sobre *La Castañera*, de Alonso de Castillo Solórzano, como o entremez que resume a última evolução do gênero, no Século de Ouro.

O Caráter do Teatro Breve Espanhol

Unidos aos entremezes anônimos, fundamentais para compreender o alcance desse gênero, destaca-se o *corpus* de entremezistas canônicos de autores como Lope de Rueda, Cervantes, Quiñones de Benavente, Quevedo, Castillo Solórzano e Calderón. Rueda se define como a alma e a origem do primeiro teatro breve, Cervantes como o entremezista mais autorreflexivo sobre seu valor ideológico[2]. Quiñones de Benavente, por sua vez, é a alma criativa do entremez novo, um tipo de Lope de Vega dos entremezes. Já Quevedo se sobressai por sua contribuição com obras de elevada criatividade, nas quais incorpora com singular maestria numerosos aspectos da cultura popular, particularmente em sua jácara sobre Escarramán. Castillo Solórzano chama a atenção por seguir os passos de Cervantes, contribuindo com reflexões metaliterárias para desvendar o que significava ser entremezista em seu tempo. Calderón, por fim, exemplifica o profundo contraste existente entre os gêneros da comédia e do entremez.

A influência de numerosos argumentos e técnicas de cenografia do teatro italiano na obra de Lope de Rueda é algo que pode ser apreciado não somente em suas obras de longa duração, uma vez que a maioria delas é de adaptações transalpinas, mas também em seus *pasos*. Seu teatro breve evidencia a habilidade de adaptar criativamente ao teatro espanhol a cultura popular dramática italiana. Comparando as comédias de Rueda ao resto de seu teatro, vemos que sua capacidade criativa se concentra na adaptação italiana das primeiras, ao passo que se dedica a inovar, com detalhes mais castiços, em seus cômicos *pasos*. A combinação dos Zanni, da *Commedia Dell'Arte*, com certos aspectos cômicos relacionados à representação de um folclore nacional de elevado tom picaresco está muito presente no entremez anônimo em prosa posterior aos *pasos*[3]. Esse perfil da obra de teatro breve contribui para a definição das preferências de um público que teria possibilitado ao *batihoja* ser um autor bastante popular em sua época, chegando inclusive a representar para a corte. Tanto a introdução do bobo como a situação espacial dos *pasos* em contextos rurais contribuirão

---

2. E. Asensio, Entremeses, em J.B. Avalle-Arce (ed.), *Summa Cervantina*, p. 171-197; N. Spadaccini, Prólogo, em M. de Cervantes, *Entremeses*; M.E. Gerli, "El Retablo de las Maravillas": Cervantes, Arte Nuevo de Deshacer Comedias, *Hispanic Review*, v. 57, n. 4, p. 477-492.

3. M. del. V. Ojeda Calvo, Nuevas Aportaciones al Estudio de la *Commedia Dell'Arte* en España, *Criticón*, v. 63, p. 119-138.

para a consolidação de determinados argumentos teatrais de caráter exemplar que originarão tipos de fábulas populares jocosamente dramatizadas.

As inovações de Rueda não passam despercebidas e despertam a atenção de entremezistas posteriores. Um dos casos mais patentes é o de Cervantes, que reconheceu no prólogo de seu teatro a contribuição da força cômica do *batihoja*, admirando não só a incorporação de novas personagens, mas também de temas e argumentos que configuravam o cânone existente do teatro breve espanhol até então. É notória a recorrente citação da homenagem cervantina a Rueda, tanto por seu papel como autor dramático quanto pela capacidade de inovar na criação de personagens, como o bobo, considerado pelo autor do *Quixote* um dos mais genuinamente espanhóis. Assim como Garcilaso de la Vega adaptou com êxito o soneto ao espanhol, do italianizado repertório de Rueda surgem personagens, piadas e elementos folclóricos humorísticos que formam a identidade de um humor castiço que marcará o advir do teatro breve no futuro, usando uma fórmula dramática já bastante distante dos arquétipos hieráticos do teatro italiano de seu tempo[4].

Cervantes, Quiñones, Quevedo, Calderón e Castillo Solórzano se destacam entre os numerosos autores que dedicaram seu tempo a escrever entremezes, gênero que escolheram para elevar sua fama. Seus momentos autorreferenciais e autorreflexivos eram compatíveis com o fato de nunca haver a figura do rei no entremez, enquanto se experimentava um gênero teatral próximo à narrativa que, em alguns casos, por que não, poderia também ser lido, para ver com calma o que ocorre rapidamente[5]. A popularidade, unida à facilidade de sua representação, é um aspecto a ser considerado quando se pretende entender a existência de reflexões sobre a representação dramática na obra de

---

4. J.L. Canet Vallés, Introducción, em L. de Rueda, *Pasos*, p. 9-94; idem, Lope de Rueda y el Teatro Profano, J. Huerta Calvo (ed.), *Historia del Teatro Español*, p. 431-474.
5. M. Baquero Goyanes, El Entremés y la Novela Picaresca, *Estudios Dedicados a Menéndez Pidal*, v. VI, p. 215-246.

vários autores. No caso cervantino, a preeminência do teatro breve pode ser comparada à fama de Sancho na segunda parte do *Quixote*, em que se reconhece que o gosto popular acaba imperando entre os leitores sobre qualquer outro valor ou princípio.

Entremez, Humor, Comédia e Carnaval Entre os Séculos XVI *e* XVII

O entremez cômico, dentro do espetáculo dos *corrales* de comédia e incorporado à comédia, contrasta com ela no que tange a abordagem de temas sérios[6]. Ademais do entremez, a figura do gracioso se faz paulatinamente necessária no espetáculo dramático do Século de Ouro. A proximidade com a comédia faz com que o entremez se adapte à dinâmica do espetáculo global. Loas, mogigangas, bailes, entremezes e jácaras amenizarão comicamente os entreatos nos corrais, originando um tipo de espetáculo que, estudado como um todo, apresenta uma ampla e diversa combinação de possibilidades de entretenimento para o público espectador[7]. O viés humorístico do teatro breve contrastava não somente com a parte séria da comédia, como real conhecimento de ambas as temáticas, a trágica e a cômica, representando o destino da existência humana desde o teatro clássico. As representações breves também eram capazes de resumir em pouco tempo um argumento suficientemente atrativo para poder manter o público concentrado em seus lugares, de onde desfrutavam do espetáculo como observadores. É evidente, conforme consta na *Bibliografía de las Controversias Sobre la Licitud del Teatro en España*, recopilada por Cotarelo[8], que a ida ao teatro tinha, além de observar o que

---

6. Ver W.S. Jack, *The Early* Entremés *in Spain*.
7. Ver J. Huerta Calvo, *El Nuevo Mundo de la Risa*; A. Madroñal Durán, Comicidad Entremesil en Comedias de Algunos Dramaturgos del Siglo de Oro, *Bulletin of Spanish Studies*, v. 90, n. 4-5, p. 751-765. M.L. Lobato López, Un Actor en Palacio, Felipe IV Escribe Sobre Juan Rana, *Cuadernos de Historia Moderna*, n. 23, p. 79-111.
8. Ver E. Cotarelo y Mori, *Bibliografía de las Controversias Sobre la Licitud del Teatro en España*.

acontecia nos palcos, outros fins lúdicos, como arremessar objetos sobre outros espectadores e inclusive no próprio cenário. Dessa forma, muitos dos entremezes mais famosos provavelmente foram mais bem valorizados para os autores por seu papel pacificador nos entreatos.

Pode-se afirmar que no teatro breve não há riso, mas risos, já que são muito diferentes, dependendo do período e do autor. A comicidade nesse tempo reflete e se adapta às demandas do público; o humor carnavalesco, em que o carnal imperava, tornou-se patente no Século de Ouro, de Lope de Rueda a Calderón[9]. No entanto, as piadas em que o físico erotismo e/ou os golpes estavam presentes nem sempre mantinham um tom subversivo. Para resumir a ideia, a transgressão do humor do entremez no século XVI é diferente da do século XVII, assim como é distinto o humor de *Lazarillo de Tormes* e o de *El Buscón*.

O tipo de humor, piadas e burlas presentes no entremez do Século de Ouro origina a chave para a prevalência da obra e do próprio gênero. O êxito do humor está associado às demandas do espectador. É possível considerar que a maioria dos entremezes que estão preservados reflete e concentra precisamente grande parte dos gostos do público da época. A comicidade, para autores como Alonso López Pinciano, associava-se ao torpe, grotesco e exagerado. Nesse sentido, a imaginação literária, que pretendia fazer com que o entremez refletisse o que acontecia na sociedade, começará a incluir personagens reais, como o Escarramán, Juan Rana, e também modas, como a de esconder-se nos carros, além de continuar com a tradição de enganos e fraudes postos em cena. Assim, desde os *pasos* até o entremez pós-cervantino de autores como Calderón, há uma transformação do humor, revelando que as preferências do público irão mudando com o passar do tempo. Conforme o exposto, o teatro itinerante de Rueda é sobre sábios e tontos, enganadores e enganados, fundamentalmente o reflexo desse

---

9. Ver M. Bajtin, *Rabelais and His World*; R. Jammes, La Risa y su Función Social en el Siglo de Oro, *Risa y Sociedad en el Teatro Español del Siglo de Oro*, p. 3-11.

tipo de argumentos em muitos dos entremezes anônimos em prosa que se conservam, demonstrando certa influência da, ou em direção à novela curta de ambiente picaresco. O trabalho em cena de atores da *Commedia Dell'Arte* revela ainda a simplicidade básica de personagens como o médico e o examinador, que culminarão em outros mais castiços, como o bobo, a negra ou o *vizcaíno* (biscainho). Ainda que muitos desses arquétipos subsistam, os argumentos irão ganhando mais complexidade com a introdução do verso e da música no entremez barroco em forma de loas, jácaras ou mogigangas, de modo que a série de modelos e modas cômicas aumentará notavelmente. Sua função no espetáculo da comédia se orientará cada vez mais em direção à burla mais cruel e, em alguns casos, escatológica, ressaltando os estereótipos e, muito provavelmente, alinhado com a importância da corte como receptora da imigração, principalmente rural[10]. Os textos que se conservam do período formam um espetáculo no qual a ação argumental passará, em muitos casos, a ser secundária ao efeito dos truques cênicos mais utilizados para atrair a atenção dos espectadores.

A originalidade do conjunto de personagens típicas do entremez espanhol, como as de sotaque ou fala incomum, como os *franchotes* ou *vizcaínos*, unidas aos velhos e às malcasadas, entre outros, evidencia a trajetória que o tema do bobo, torpe, tonto, fantasioso (ou simplesmente o que era diferente) teve no entremez, de *La Tierra de Jauja* a *El Retablo de las Maravillas*, e em suas versões posteriores. Em algumas comédias, o gracioso cumpre a função de ser uma espécie de entremez embutido e adaptado às demandas e modas da obra e do momento. Personagens como Escarramán e Juan Rana conviverão no âmbito do teatro breve, gerando uma série de entremezes de diferentes autores sobre ambos, fato sem precedente no período. Seriam somente equiparáveis, talvez, às sagas picarescas dos filhos e filhas da celestina [alcoviteira] ou de Lazarillo, do final do

---

10. Ver V. Pérez de León, *Tablas Destempladas*.

século XVI e começo do XVII. O caso de Juan Rana é intrigante, uma vez que a separação entre personagem e pessoa parece que nunca será concluída totalmente, enquanto as popularíssimas *jácaras* ou baladas de bandidos dramatizadas por *jaques*, como Escarramán, inspirando até mesmo um baile original, propagarão no público espectador das comédias costumes e valores não necessariamente edificantes. A evolução do entremez do século XVI ao XVII reflete similares influências encontradas em outros gêneros literários, revelando movimentos estéticos afetados por numerosas circunstâncias e mudanças históricas e sociais. Um exemplo disso está no carisma de cidades como Madri, Sevilha ou da corte, incluindo sua mudança e retorno de Valladolid, assim como sua evolução econômica dependente do capital das colônias, trazendo e difundindo modas associadas à acumulação de capital (como ocorre em *Los Coches de Sevilla*). O entremez associado à corte pretendia ser uma espécie de notário da atualidade, por sua facilidade de incorporar e retornar os debates populares em direção à própria sociedade que os gerava de forma divertida e duradoura. Os temas abordados, tanto no âmbito urbano como rural, pretendiam ser um reflexo do que acontecia aos cômicos exames de personagens, em imaginativas cenas com enredos picarescos, em vendas e espaços similares. Tudo isso contribui para dar uma imagem mais ou menos distorcida ou parcial da realidade cotidiana das classes populares durante o Século de Ouro. Esse aspecto costumbrista dos entremezes se manterá anedoticamente como uma marca de identidade do teatro breve espanhol[11], conforme se apreciará nas célebres obras de autores como os irmãos Serafín e Joaquín Álvarez Quintero, no século XIX.

---

11. Ver E. Asensio, *Itinerario del Entremés*.

O Entremez Anônimo, Pouco Lembrado no Teatro do Século de Ouro, e o Autor Autoconsciente

A crítica romântica do século XIX, no que tange aos gêneros literários do Século de Ouro, associava frequentemente as transformações sofridas por estes ao trabalho de gênios como Lope e Cervantes no romance e no teatro, tentando encontrar seu equivalente no teatro breve em autores como Quiñones de Benavente. Mesmo sem grandes figuras, os gêneros literários podiam chegar a estagnar e perder sua eficácia entre o público. A energia da dinâmica autor-receptor, alimentada pelo surgimento de gerações diferentes de autores que contribuem paulatinamente para introduzir mudanças que facilitam a recepção das obras, é uma fonte tão ou mais confiável que a obra dos melhores entremezistas para a compreensão das transformações sofridas pelo gênero. Quando se considera o teatro de longa duração, desde a geração das tragédias senequistas de Cristóbal de Virués, Juan de la Cueva, de Cervantes até Lope de Vega e sua *comedia nueva*, nota-se a existência de uma grande distância estética que se confirma em autores posteriores, como Calderón, o que contribui para ampliar o êxito do teatro barroco, ao menos no final do século XVII. Se nos detemos também no romance, partindo da narrativa dramatizada da celestina e da falsa autobiografia de Lazarillo, chegamos às grandes inovações literárias que contribuíram com obras como *Guzmán de Alfarache* e *Don Quijote*. No caso do teatro breve, partindo do *paso* de Lope de Rueda, alcançamos os entremezes anônimos em prosa e o começo do teatro breve em verso, momento em que Cervantes publica seu teatro breve, justamente no meio dessa transição[12]. Durante e após a publicação das obras cervantinas, surgem autores como Quiñones, Quevedo, Calderón, entre outros, ao passo que entremezistas como Castillo Solórzano nos oferecem uma

---

12. D. Ynduráin, Rinconete y Cortadillo, *Boletín de la Real Academia Española*, v. 46, p. 321-333.

clarificadora autorreflexão sobre o valor do gênero no "mercado" literário madrileno.

Para não cair no erro interpretativo de estudar essas obras de modo visivelmente descontextualizado, é necessário compreender o alcance do entremez, considerando uma série de documentos imprescindíveis no estudo do teatro do Século de Ouro, como os reunidos por Emilio Cotarelo, em *Controversias Sobre el Teatro*, que oferecem uma clara visão sobre a evolução do humor no entremez, seja em prosa ou verso. Em outro momento, apontamos a importância de alguns deles para o futuro, não só do teatro breve, mas da narrativa do Século de Ouro.

La Castañera e a Ansiedade Pós-Cervantina

O Século de Ouro espanhol nos oferece dois comentários que delineiam o papel metaliterário do teatro breve. Por um lado, o do próprio Cervantes, que, no prólogo de suas *Ocho Comedias y Ocho Entremeses*, expressa sua preferência para que, em seu teatro, seja visto devagar aquilo que acontece depressa[13]. O outro exemplo, poucos anos depois, é de Castillo Solórzano, que passará à posteridade com seu *Las Aventuras del Bachiller Trapaza*. A reivindicação por parte de Cervantes acerca do teatro de Rueda coincide com a identificação do entremez como gênero que contém um tipo de essência literária primitiva e pura, distante das obras de alguns autores de comédia da época, que pareciam não respeitar a meritocracia literária do período, fato que corrobora com Castillo Solórzano em seu metacomentário entremezil. Enquanto a comédia necessitava de investimentos e contatos com autores, aceitava-se que o entremez lido pudesse ser desfrutado privadamente, reconhecendo de forma

---

13. Ver C. Reed, *The Novelist as Playwright*.

mais genuína a contribuição do autor ao gênero e os méritos para sua inclusão no parnaso espanhol.

A evolução dramática e também narrativa contribuiu para que houvesse casos de teatro breve dentro de romances, como ocorre em *La Castañera*. Em um parágrafo dessa obra, encontra-se uma reflexão sobre o próprio estado da questão do teatro na época, utilizando o entremez como gênero que garante a autenticidade literária, já que não está mediado pela influência de autores que haviam gerado um inacessível círculo de poder. No caso de *La Castañera*, inserida em *Las Aventuras del Bachiller Trapaza*, a estratégia não só contribuirá para a confirmação do teatro breve como gênero à altura da comédia, mas também para a consolidação de um tipo de narrativa de estilo cervantino que permitia a inclusão e o debate de outros gêneros literários ao gosto de um público capaz de conhecer e apreciar melhor esses jogos metaliterários. Assume-se, desde os tempos de Cervantes e também após esse período, que o entremez tem muito em comum com a arte visual que o acompanha, optando por uma plataforma de difusão acessível para sua representação. Assim, renunciar ao fato de ser encenado por autores de comédia pode ser entendido como um gesto de autenticidade literária. A introdução ao teatro de Cervantes e o comentário autoconsciente de Castillo Solórzano sobre *La Castañera* ratificam a possibilidade de o entremez ser uma obra na qual se podia escrever com liberdade, confirmando a existência de um público educado para lê-lo e ainda capaz de representá-lo no teatro de sua mente[14].

Concluímos com breves recomendações sobre algumas das obras selecionadas para este livro. Deve-se ler *Cornudo e Contente*, de Lope de Rueda, imaginando o tipo de público preparado para desfrutá-lo, em um teatro itinerante e enigmático, simples, mas com fabulada exemplaridade. É importante observar também o *Entremez dos Romances*, considerado por muitos

---

14. Ver V. Pérez de León, *Histéresis Creativa*.

uma obra inspiradora de *Dom Quixote*, ou *O Hospital dos Apodrecidos*, que, em minha opinião, é claramente cervantino. Cabe igualmente uma leitura mais atenta à *Carta de Escarramán a Méndez*, de Quevedo, que homenageia o famoso criminoso com um baile inventado em sua honra, somente superado em popularidade por Juan Rana como personagem real, levado aos palcos e transcendendo neles sua figura. Convém, por fim, desfrutar tanto das obras selecionadas de Quiñones de Benavente, representante do entremez novo que acompanhava a *comedia nueva*, como de o *Examinador Miser Palomo*, de Hurtado de Mendoza, e da peça de Calderón, *As Carnestolendas*, entremezes que representam a evolução barroca final do gênero, já avançado no século XVII, menos centrado no argumento e mais voltado ao efeito cômico.

O "ENTREMEZ DOS ROMANCES", ENTRE CERVANTES E GÓNGORA[1]

Durante mais de um século esse estupendo entremez esteve sob suspeita, decorrente de uma abordagem crítica alheia à aplicação de critérios objetivos para abordar a demanda de sua autoria. Em 1930, o ilustre gongorista Juan Millé y Giménez resumiu o estado da questão, não sem um pouco de humor cervantino, ao se ver "lidando com o perigoso Entremez"[2]. Millé destacou que na personagem de Bartolo se revela Lope de Vega "muito mais se considerarmos que existe uma comédia dos primeiros tempos de Lope, *Belardo Furioso*, cujo argumento apresenta certa concomitância com o do Entremez"[3]; Millé aponta que o título dessa primeira[4] comédia de Lope sugere uma referência

1. Alfredo Rodríguez López-Vázquez, Universidade da Coruña. Tradução ao português de Silvia Cobelo.
2. J. Millé y Giménez, *Sobre la Génesis del Quijote*, p. 88. Millé alude ao fato de que Menéndez Pidal, Rodríguez Marín e Emilio Cotarelo, entre outros, haviam estudado esse assunto antes dele. Pouco depois, voltou a se debruçar sobre o tema Dámaso Alonso, o editor de "vários entremezes atribuídos a Cervantes", não chegando a nenhuma conclusão ou proposta clara.
3. Ibidem, p. 100.
4. Morley e Bruerton propõe uma margem entre 1586 e 1595. Outros estudiosos a situam em torno do ano de 1588; em todo caso, trata-se da primeira época de Lope, antes de sua viagem a Valência.

ao *Orlando Furioso*, de Ludovico Ariosto, com o que encontramos que esse entremez remete a quatro autores de primeira ordem: Ariosto, Cervantes, Lope e Góngora.

Outro problema é o juízo crítico sobre o valor estético de tal entremez. Se nos ativermos a Francisco Rodríguez Marín, suas observações parecem bastante positivas: "Um engenhoso [autor] de bom humor presumiu que [...] poderia ser feita uma boa paródia dessa aventura [...] colocou-se mãos à obra e, em um instante, escreveu o lindo *Entremez dos Romances*."[5] Por outro lado, dom Armando Cotarelo [filho de Emilio] atribui a autoria da obra a "algum engenhoso [autor], certamente medíocre"[6]. Nem Rodríguez Marín, nem Cotarelo, nem Millé, nem Dámaso Alonso tinham conhecimento da metodologia com a qual S. Griswold Morley abordaria o problema das métricas nas obras de Lope de Vega, nem tampouco sabiam então das contribuições da estilística e da estilometria aos debates envolvendo atribuições autorais duvidosas[7]. As aplicações desses tipos de metodologias objetivas apoiam a ideia de que tal entremez foi escrito em uma data não muito distante de 1605, que existem razões sólidas, mas não definitivas, para atribuí-lo a Cervantes, e que devemos contemplar também a alternativa possível de que possa ter sido escrito por Luís de Góngora, logo após a exitosa publicação de *Dom Quixote*. O conceito teórico de metateatralidade e os que deste derivam[8] permitem-nos propor uma interpretação moderna sobre a articulação cênica e dramatúrgica da obra, o que reforça a autoria de Cervantes – um autor dramático experiente e consciente dos

---

5. "Un ingenio de buen humor coligió que [...] podría hacerse una buena parodia de esa aventura [...] puso manos a la obra, y a dos por tres, escribió el lindo *Entremés de los Romances*." Citado por ibidem, p. 132.

6. "Algún ingenio, ciertamente mediocre."

7. Um resumo atual do estado da questão pode ser consultado online no artigo de J.L. Pérez López, El Romance Morisco *Ensíllenme el Potro Rucio*, atribuido a Liñan, y su Parodia, *Revista de Filología Española*, v. XCII, n. 1.

8. Diferenciei três níveis de interação entre o texto e suas referências prévias em dois artigos teóricos: Epiteatro, Hipoteatro y Metateatro en el Siglo de Oro, *Teatro de Palabras*, n. 5, p. 143-161, e no Hipoteatro, Epiteatro y Metateatro na Dramaturgia de García Lorca, em P.G. Ruiz (coord.), *Federico García Lorca en el Espejo del Tiempo*, p. 177-192.

usos da metaficção, tanto em romance como no teatro – no lugar da autoria de Góngora, que, no entanto, subjaz como o autor necessário para o desenvolvimento dessa metaficção teatral que sustenta a estrutura cênica daquilo que Rodríguez Marín descreve como "um lindo entremez" de um "engenhoso [autor] de bom humor". A metaficção se distingue da ficção simples, na qual seus referentes semióticos não são unidades semânticas identificáveis no mundo real, mas unidades fictícias que são assumidas como entes de ficção dentro do mundo real. No caso das personagens que transitam pelo espaço dramático desse entremez, personagens como Pero Tanto não correspondem a pessoas identificáveis no mundo real, mas a entidades construídas ficcionalmente, atribuindo funções teatrais à conjunção adversativa mas [*pero*] por sua homonímia com o nome próprio Pero, de tal maneira que Tanto, passa a ser interpretado como sobrenome dentro de um paradigma compartilhado com outros, como Ponce, Sánchez ou Ansúrez. As demais personagens da obra passam a se constituir em unidades teatrais ficcionalizadas e, portanto, propensas a exercer o direito de caricatura. Isso é visto com muita clareza, comparando um entremez metateatral, como *O Retábulo das Maravilhas*, de Cervantes, com uma comédia construída a partir de uma personagem conscientemente fictícia, como Pedro de Urdemalas [ou das Malasartes]. Urdemalas, que é a personagem principal de *Viagem de Turquia*, escrito (mas não publicado) nos anos em que Cervantes era ainda uma criança, é uma personagem de ficção, assim como seus interlocutores Juan de Voto a Diós e Mátalas Callando, o que garante que o autor da obra (provavelmente Francisco López de Gómara) tem consciência de metaficção, apesar de o material que constitui o relato dialogado mesclar elementos fictícios a componentes provenientes da tradição popular. Não há certeza de que o leitor ou o espectador do *Entremez dos Romances* tenha essa consciência de ficcionalidade, mas é certo que seu autor a possui e sabe que Pero Tanto e Perico (Tantico?) são entes fictícios, como são também Bartolo e Bandurrio. E o fato de que seu discurso não seja real, mas imposto pelo procedimento de assumir distintos discursos literários, confirma que estamos ante uma obra metaficcional na qual são igualmente reconhecíveis os discursos metaliterários das personagens, como as estruturas de composição procedentes dos primeiros capítulos de *Dom Quixote*. É o que, de maneira tradicional, revela a observação de Millé y Giménez, ao comentar a dívida estrutural da obra com os capítulos IV, V e VII da primeira parte cervantina. Se é correta a intuição de Millé de que a ideia geral da obra está presente na comédia de Lope, *Belardo Furioso*, estamos então diante de um exemplo perfeito de hipoteatro, não necessariamente de metateatro, apesar de ser de metaficção. Isso converte o *Entremez dos Romances* em uma peça de indiscutível interesse teórico dentro da história do Teatro do Século de Ouro. E, mais uma vez, a mescla de metaficção e hipoteatro nos situa dentro da estética cervantina.

Esse nível metaficcional não atua no texto desse entremez no plano dos acontecimentos, naquilo que as personagens fazem, mas no plano dos discursos, naquilo que dizem. A trama das cenas que as afetam pode ser descrita de forma natural e corresponde à estrutura habitual de um entremez. É como segue.

No palco, aparecem Pero Tanto e sua esposa Mari Crespa, com seus filhos Perico e Teresa, todos eles, segundo a marcação, "vestidos de labradores". O diálogo informa que Bartolo, genro de Pero e Mari Crespa, "de leer el Romancero, ha dado en ser caballero / por imitar los romances, / y entiendo que, a pocos lances, será loco verdadero"[9]. Como resultado, Teresa se vê como uma viúva em vida. Nesse momento, Perico anuncia a chegada de Bartolo, acompanhado de seu criado, Bandurrio, para se despedir. Até aqui, tem-se a situação cômica habitual em um entremez. O que a modifica, fazendo entrar o nível metaficcional, é a subversão do discurso das

---

9. PERO TANTO: De ler o Romanceiro, /tem dado em ser cavaleiro, /por imitar os romances, /e entendo que, em poucos lances, /será louco verdadeiro.

personagens, que não têm voz própria, mas uma voz vicária, alheia e reconhecível, já que essa voz provém de *Las Fuentes del Romancero General*, de 1600. E essa subversão pode ser realizada graças à difusão do Romanceiro nos anos seguintes, de maneira que o espectador dos currais reconhece essas vozes vicárias e, ao ouvir Bartolo parodiando o romance de Góngora, *Ensíllenme el Asno Rucio* ("Ensíllenme el asno rucio / del alcalde Antón Llorente"[10], na variante "Ensíllenme el potro rucio / de mi padre Antón Llorente"), distingue a obra gongórica em sua versão paródica teatralizada. O autor desse entremez se apropriou do romance original, reutilizando-o segundo códigos teatrais que, no caso dos entremezes, correspondem aos códigos paródicos.

A metaficção teatral (e isso é o importante) não se limita a propor uma personagem cômica que enlouqueça com a leitura do *Romanceiro Geral*. São todas as personagens de tal entremez as que se expressam com vozes vicárias provenientes dos romances, em sua maior parte de Luís de Góngora. Ao saírem de cena Bartolo e Bandurrio, as personagens Teresa, Pero Tanto, Perico e Mari Crespa teatralizam entre si uma nova versão paródica de outra autoria de Góngora, um dos mais deliciosos da pluma do cordobês, *La Más Bella Niña* ("La más bella niña / de nuestro lugar"), um pequeno poema hexassílabo em agudo –á. No caso do protagonista, Bartolo, o uso de uma torrente de romances como forma de expressão poderia corresponder à sua situação de personagem enlouquecida. Ao lidar com todas as personagens desse entremez, o nível de aplicação não é a personagem isolada, mas todo o elenco das personagens da obra. Esse efeito metaficcional está articulado com plena consciência por parte do dramaturgo, como evidencia a disposição das réplicas das quatro personagens que permanecem no palco em relação ao poema de Góngora que está sendo teatralizado:

---

10. BARTOLO: Selem-me o potro ruço/ de meu pai Antón Llorente.

Perico	Crespa	Teresa	Tanto
Si es verdad aqueso,	¡Pobre de la triste,	¿Quién, señora madre,	La pobre Teresa,
mi hermana será	pues para su mal	muerta no se cae,	harta de llorar,
la más bella niña	hoy es viuda y sola	viendo que sus ojos	a su madre dice
de nuestro lugar.	y ayer por casar!	a la guerra van?	que escuche su mal.[11]

Como pode ser claramente visto, cada réplica de uma personagem provém da aplicação de uma operação anterior por parte do dramaturgo, uma operação que pode ser descrita matematicamente, o que demostra que não procede do acaso, mas é o resultado de um cálculo. Os oito versos iniciais do belo poema gongórico foram divididos em quatro subgrupos independentes e cada subgrupo foi incorporado a um discurso distinto, integrando-os como terceiros e quartos versos de cada réplica. Não se trata de uma centena de romances, como sustenta a crítica tradicional, mas de um uso metaficcional consciente por parte do autor. O texto do primeiro romance se constituía como paródico da réplica inicial de Bartolo e atuava como verificador da loucura transitória da personagem, mas isso não é mais válido para explicar o procedimento da teatralização do segundo romance de Góngora, que é de outra índole. Nota-se que o conjunto das quatro réplicas inclui variações na forma da enunciação: uma interrogativa e outra exclamativa. Eis o procedimento metaficcional que servirá para elaborar o enredo cômico. Falar de centenas evidencia a falta de critérios teóricos para analisar a obra; trata-se da crítica tradicional de fontes baseadas no armazenamento de erudição, levando a uma incapacidade de sustentar as conjecturas propostas. O desenlace da obra volta a reutilizar o material gongórico para propor um final de tom festivo e insolente, de acordo com a carnavalização cênica dos temas líricos dos romances de Góngora.

---

11. PERICO: Se é verdade isso, / minha irmã vai lograr / ser a mais bela moça / de nosso lugar. CRESPA: Pobre da triste, / pois para seu mal / hoje é viúva e só / e ontem por casar! TERESA: Quem, senhora Mãe, / morta não cai, / vendo que seu amado / para a guerra vai? TANTO: A pobre Teresa, / farta de chorar, / diz à sua mãe / que escute seu mal.

Há um último argumento, que entendo decisivo, para reforçar a hipótese de situar a redação desse entremez em uma data muito próxima a 1600, o ano da publicação do *Romanceiro Geral*, e de avalizar a autoria de Cervantes: as homologias do entremez em questão com a primeira parte de *Dom Quixote* se circunscrevem aos episódios da primeira saída do fidalgo manchego, antes que Sancho o acompanhe em suas aventuras. Isto é, não é necessário postular o *Entremez dos Romances* como obra de um autor alheio a Cervantes, um autor que teria provocado a iluminação do nativo de Alcalá de Henares para escrever sua história. É mais econômico, do ponto de vista crítico, sustentar que, em 1600, o próprio Cervantes se aproveitou dos vimes da redação inicial da primeira saída de dom Quixote para tecer esse "lindo entremez", típico de um "engenhoso [autor] de bom humor". E a escrita desse entremez metaficcional concorda com a evidência de que a metaficção entra na história de Alonso Quijano por meio da suspensão do relato da contenda com o biscainho e o encontro dos papéis de Cide Hamete Benengeli, no Alcalá de Toledo. Nessa época, na qual Cervantes já havia começado a escrever sua obra-prima, mas ainda não encontrara o caminho da metaficção para aprofundar em sua personagem, o *Entremez dos Romances* representa um momento da evolução novelística de um autor que até então escrevera uma quantidade importante de obras que remetem a entremezes, e que, sabemos, também criou um bom número de romances[12]. Postular como alternativa a um autor distinto de Cervantes implicaria que, no período de 1605-1610, houvesse um dramaturgo com o talento necessário para captar o tema da metaficcionalização das personagens procedentes dos romances gongóricos e as possibilidades que oferecia a primeira saída de Alonso Quijano, selecionando esses episódios iniciais e descartando os outros. É mais sólida a proposta que sustenta que o *Entremez dos Romances* é uma obra escrita por volta de

---

12. O autor se refere a romances, obras feitas em versos octossílabos, com os versos ímpares livres e os pares assonantes (N. da T).

1600 por Miguel de Cervantes, que descobriu o procedimento de metaficção, uma das características essenciais da modernidade do romance cervantino.

TRADUÇÕES E TEXTOS FONTES

Corno e Contente. RUEDA, Lope de. Equipe de tradutores do Grupo Estudos e Traduções de Teatro Espanhol (PPGLEN/UFRJ): Leticia Rebollo (PPGLEN/UFRJ), Miguel Ángel Zamorano (PPGLEN/UFRJ). Edição utilizada: *Pasos*. Edición Fernando Gonzáles Ollé. Madrid: Cátedra, 2013.

O Cárcere de Sevilha. ANÔNIMO. Equipe de tradutores do Grupo Estudos e Traduções de Teatro Espanhol (PPGLEN/UFRJ): Katia Jane de Souza Machado (FBN), Miguel Ángel Zamorano (PPGLEN/UFRJ). Edição utilizada: *Teatro Breve del Siglo de Oro.* Edición Ignacio Arellano. Barcelona: Penguin, 2016.

O Hospital dos Apodrecidos. ANÔNIMO. Equipe de tradutores do Grupo Estudos e Traduções de Teatro Espanhol (PPGLEN/UFRJ): Eliana Teruel (USP). Coordenação e revisão: Miguel Ángel Zamorano (PPGLEN/UFRJ). Edição utilizada: *Antología de Entremeses del Siglo de Oro.* Edición y Guia de Lectura Ignacio Arellano y Celsa Carmen García Valdés. Madrid: Austral, 2009.

Entremez dos Romances. ANÔNIMO. Equipe de tradutores do Grupo Estudos e Traduções de Teatro Espanhol (PPGLEN/UFRJ): Silvia Cobelo (USP). Coordenação e revisão: Miguel Ángel Zamorano (PPGLEN/UFRJ). Edições utilizadas: RODRÍGUEZ LÓPEZ-VÁZQUEZ, Alfredo, *Digilec* 3, 2016; *Teatro Breve del Siglo de Oro.* Seleccionado, presentado y anotado por Antonio Rey Hazas. Madrid: Alianza, 2002; *Varias Obras Inéditas de Cervantes.* Edición Adolfo Castro. Madrid: A. de Carlos e Hijo, 1874; EISENBERG, Daniel; STAGG, Geoffrey. Entremés de los Romances: Cervantes. *Bulletin of the Cervantes Society of America,* v. 22, n. 2, 2002.

Entremez de Mazalquiví. ANÔNIMO. Equipe de tradutores do Grupo Estudos e Traduções de Teatro Espanhol (PPGLEN/UFRJ): Fabi Emerick (PPGLEN/UFRJ), Giulia Nátali (PPGLEN/UFRJ). Coordenação e revisão: Miguel Ángel Zamorano (PPGLEN/UFRJ). Edição utilizada: *Teatro Breve del Siglo de Oro.* Seleccionado, presentado y anotado por Antonio Rey Hazas. Madrid: Alianza, 2002.

A Guarda Cuidadosa. CERVANTES, Miguel de. Equipe de tradutores do Grupo Estudos e Traduções de Teatro Espanhol (PPGLEN/UFRJ): Giovanna França (PPGLEN/UFRJ), Desirée Cardoso (PPGLEN/UFRJ). Coordenação: Miguel Ángel Zamorano (PPGLEN/UFRJ). Edição utilizada: *Entremeses*. Edición de Nicholas Spadaccini. Madrid: Cátedra, 1992.

O Retábulo das Maravilhas. CERVANTES, Miguel de. Equipe de tradutores do Grupo Estudos e Traduções de Teatro Espanhol (PPGLEN/UFRJ): Danielle Theodoro Olivieri (PPGLEN/UFRJ), Rafaela Iris Trindade Ferreira (PPGLEN/UFRJ). Coordenação e revisão: Miguel Ángel Zamorano (PPGLEN/UFRJ). Edições utilizadas: *Entremeses*. Edición de Nicholas Spadaccini. Madrid: Cátedra, 1992. *Antología de Entremeses del Siglo de Oro*. Edición y Guia de Lectura Ignacio Arellano y Celsa Carmen García Valdés. Madrid: Austral, 2009.

O Velho Ciumento. CERVANTES, Miguel de. Equipe de tradutores do Grupo Estudos e Traduções de Teatro Espanhol (PPGLEN/UFRJ): Beethoven Alvarez (UFF). Coordenação e revisão: Miguel Ángel Zamorano (PPGLEN/UFRJ). Edições utilizadas: *Entremeses*. Edición de Javier Huerta y Calvo. Madrid: Edaf, 1997. Edición de Florencio Sevilla Arroyo, 2001. Disponível em: <http://www.cervantesvirtual.com>.

A Remendeira. QUEVEDO, Francisco. Equipe de tradutores do Núcleo Quevedo de Estudos Literários e Traduções do Século de Ouro (UFSC). Coordenação: Profa. Dra. Andréa Cesco (PGET/UFSC), Mara Gonzalez Bezerra (PGET/UFSC), Beatrice Távora (CAPES/PGET/UFSC), Cleonice Marisa de Brito Naedzold de Souza (PGET/UFSC), Maria Eduarda da Cunha Kretzer (PGET/UFSC). Edição utilizada: *Antología de Entremeses del Siglo de Oro*. Edición y Guia de Lectura Ignacio Arellano y Celsa Carmen García Valdés. Madrid: Austral, 2009.

Entremez da Venda. QUEVEDO, Francisco. Equipe de tradutores do Núcleo Quevedo de Estudos Literários e Traduções do Século de Ouro (UFSC). Coordenação: Profa. Dra. Andréa Cesco (PGET/UFSC), Mara Gonzalez Bezerra (PGET/UFSC), Beatrice Távora (CAPES/PGET/UFSC), Cleonice Marisa de Brito Naedzold de Souza (PGET/UFSC), Maria Eduarda da Cunha Kretzer (PGET/UFSC). Edições utilizadas: *Antología de Entremeses del Siglo de Oro*. Edición y Guia de Lectura Ignacio Arellano y Celsa Carmen García Valdés. Madrid: Austral, 2009; *Teatro Breve del Siglo de Oro*. Seleccionado, presentado y anotado por Antonio Rey Hazas. Madrid: Alianza, 2002.

Carta de Escarramán a Méndez. QUEVEDO, Francisco. Equipe de tradutores do Núcleo Quevedo de Estudos Literários e Traduções do Século de Ouro (UFSC). Coordenação: Profa. Dra. Andréa Cesco (PGET/UFSC), Mara Gonzalez Bezerra (PGET/UFSC), Beatrice Távora (CAPES/PGET/UFSC), Cleonice Marisa de Brito Naedzold de Souza (PGET/UFSC), Maria Eduarda da Cunha Kretzer (PGET/UFSC), Maria Eduarda da Cunha Kretzer (CAPES/PGET/UFSC), Radharani Oribka Bejarano (PIBIC/CNPQ/UFSC). Edição utilizada: *Teatro Breve de la Edad Media y del Siglo de Oro*. Edición Jesús Maire Bobes. Madrid: Akal, 2003.

O Marido Pantasma. QUEVEDO, Francisco. Equipe de tradutores do Grupo Estudos e Traduções de Teatro Espanhol (PPGLEN/UFRJ): Danielle Theodoro Olivieri (PPGLEN/UFRJ), Rafaela Iris Trindade Ferreira (PPGLEN/UFRJ). Coordenação e revisão: Miguel Ángel Zamorano (PPGLEN/UFRJ). Edição utilizada: *Teatro Breve del Siglo de Oro*. Edición Ignacio Arellano. Barcelona: Penguin, 2016.

A Morte. QUIÑONES DE BENAVENTE, Luis. Equipe de tradutores do Grupo Estudos e Traduções de Teatro Espanhol (PPGLEN/UFRJ): Katia Jane de Souza Machado (FBN), Miguel Ángel Zamorano (PPGLEN/UFRJ). Edição utilizada: *Antología de Entremeses del Siglo de Oro*. Edición y Guia de Lectura Ignacio Arellano y Celsa Carmen García Valdés. Madrid: Austral, 2009.

Os Mortos-Vivos. QUIÑONES DE BENAVENTE, Luis. Equipe de tradutores do Grupo Estudos e Traduções de Teatro Espanhol (PPGLEN/UFRJ): Eliane Teruel (USP). Coordenação e revisão: Miguel Ángel Zamorano (PPGLEN/UFRJ). Edição utilizada: *Joco Seria: Burlas Veras, o Reprehensión Moral y Festiva de los Desórdenes Públicos*, 1645. Disponível em: <http://www.cervantesvirtual.com/obra-visor/los-muertos--vivos-entremes-famoso--0/html/ffaa2822-82b1-11df-acc7-002185ce6064_2.html>.

O Examinador Miser Palomo. HURTADO DE MENDOZA, Antonio. Equipe de tradutores do Grupo Estudos e Traduções de Teatro Espanhol (PPGLEN/UFRJ): Wagner Monteiro Pereira (UFPR/USP), Jacob Pierce. Coordenação e revisão: Miguel Ángel Zamorano (PPGLEN/UFRJ). Edição utilizada: *Antología de Entremeses del Siglo de Oro*. Edición y Guia de Lectura Ignacio Arellano y Celsa Carmen García Valdés. Madrid: Austral, 2009.

A Castanheira. CASTILLO SOLÓRZANO, Alonso. Equipe de tradutores do Grupo Estudos e Traduções de Teatro Espanhol (PPGLEN/UFRJ): Wagner Monteiro Pereira (UFPR/USP). Coordenação e revisão: Miguel Ángel Zamorano (PPGLEN/UFRJ). Edição utilizada: *Antología de Entremeses del Siglo de Oro*. Edición y Guia de Lectura Ignacio Arellano y Celsa Carmen García Valdés. Madrid: Austral, 2009.

As Carnestolendas. CALDERÓN DE LA BARCA, Pedro. Equipe de tradutores do Grupo Estudos e Traduções de Teatro Espanhol (PPGLEN/UFRJ): Silvia Cobelo (USP). Coordenação e revisão: Miguel Ángel Zamorano (PPGLEN/UFRJ). Edições utilizadas: *Antología de Entremeses del Siglo de Oro*. Edición y Guia de Lectura Ignacio Arellano y Celsa Carmen García Valdés. Madrid: Austral, 2009; e RODRÍGUEZ CUADROS, Evangelina; TORDERA, Antonio (eds.). Alicante: Biblioteca Virtual Miguel de Cervantes, 2000. (Edição digital.)

O Sininho. MORETO, Agustín. Equipe de tradutores do Grupo Estudos e Traduções de Teatro Espanhol (PPGLEN/UFRJ): Eduarda Vaz Guimarães (PPGLEN/UFRJ), Larissa Ribas Biban (PPGLEN/UFRJ). Coordenação e revisão: Miguel Ángel Zamorano (PPGLEN/UFRJ). Edição utilizada: Edição Moretianos (UBU). Disponível em: <http://www.moretianos.com/entremeses.php>.

O Retrato Vivo. MORETO, Agustín. Equipe de tradutores do Grupo Estudos e Traduções de Teatro Espanhol (PPGLEN/UFRJ): Danielle Theodoro Olivieri (PPGLEN/UFRJ), Rafaela Iris Trindade Ferreira (PPGLEN/UFRJ). Coordenação e revisão: Miguel Ángel Zamorano (PPGLEN/UFRJ). Edição utilizada: Edição e notas Moretianos (UBU), disponível em: <http://www.moretianos.com/entremeses.php>.

Loa. VEGA Y CARPIO, Lope. Equipe de tradutores do Grupo Estudos e Traduções de Teatro Espanhol (PPGLEN/UFRJ): Fabi Emerick (PPGLEN/UFRJ). Coordenação e revisão: Miguel Ángel Zamorano (PPGLEN/UFRJ). *Teatro Breve del Siglo de Oro*. Seleccionado, presentado y anotado por Antonio Rey Hazas. Madrid: Alianza, 2002.

BIBLIOGRAFIA

ALÍN, José María (ed.). *Cancionero Español de Tipo Tradicional*. Madrid: Taurus,1968
ÁLVAREZ BARRIENTOS, Joaquín; CEA GUTIÉRREZ, Antonio (eds.). *Actas de las Jornadas Sobre Teatro Popular en España*. Madrid: Consejo Superior de Investigaciones Científicas, 1987.
ALZIEU, Pierre; JAMMES, Robert; LISSORGUES, Yvan (Eds.). *Poesía Erótica del Siglo de Oro*. Barcelona: Crítica, 2000.
ARELLANO, Ignacio. Entremés Famoso de los Romances. In: *Silva de Varia Lección Quijotesca: Antología de Textos*. [S.l.: s.n.] 2005
____. *Historia del Teatro Español del Siglo XVII*. Madrid: Cátedra, 1995.
ARRÓNIZ, Othón. *Teatros y Escenarios del Siglo de Oro*. Madrid: Gredos, 1977.
____. *La Influencia Italiana en el Nacimiento de la Comedia Española*, Gredos: Madrid, 1969.
ASENSIO, Eugenio. Entremeses. In: AVALLE-ARCE, Juan Bautista (ed.). *Summa Cervantina*. London: Támesis, 1973.
____. *Itinerario del Entremés, desde Lope de Rueda a Quiñones de Benavente con Cinco Entreméses Inéditos de D. Francisco de Quevedo*. 2. ed. rev. Madrid: Gredos, 1971.
BAJTIN, Mijail. *La Cultura Popular en la Edad Media y el Renacimiento*. Madrid: Alianza, 1995.
____. *Rabelais and His World*. Trad. Hélène Iswolsky. Bloomington: Indiana UP, 1984.
BAQUERO GOYANES, Mariano. El Entremés y la Novela Picaresca. *Estudios Dedicados a Menéndez Pidal*, v. VI. Madrid: CSIC, 1956.
BAROJA, Julio Caro. *El Carnaval*. Alianza: Madrid, 2006.
BERGMAN, Hannah. *Luis Quiñones de Benavente y Sus Entreméses*. Madrid: Castalia, 1965.
BORQUE, José María Díez. *Los Espectáculos del Teatro y de la Fiesta en el Siglo de Oro*. Madrid: Laberinto, 2002.
____. *Sociología de la Comedia Española del Siglo XVII*. Madrid: Cátedra, 1976.
BUEZO, Catalina. *Prácticas Festivas en el Teatro Breve del Siglo XVII*. Kassel: Reichenberger, 2004.

_____. *La Mojiganga Dramática: De la Fiesta al Teatro*. v. I: Estudio. Kassel: Caja de Madrid- Reichenberger, 1993.

CANET VALLÉS, José Luis. Introducción. In: RUEDA, Lope de. *Pasos*. Madrid: Castalia, 1992.

CASTRO, Adolfo de. *Varias Obras Inéditas de Cervantes, Sacadas de Códices de La Biblioteca Colombina, Con Nuevas Ilustraciones Sobre la Vida del Autor y el Quijote, por Adolfo de Castro*. Madrid: A. de Carlos e Hijo, 1874.

CORREAS, Gonzalo [1626]. *Vocabulario de Refranes y Frases Proverbiales de la Lengua Castellana*. Alicante: Biblioteca Virtual Miguel de Cervantes, 2017.

COTARELO Y MORI, Emilio. *Bibliografía de las Controversias Sobre la Licitud del Teatro en España*. Edición José Luis Suárez. Granada: Universidad de Granada, 1997.

_____. *Bibliografía de las Controversias Sobre a Licitud del Teatro en España*. Madrid: Biblioteca Nacional, 1904.

DE SANTIS, Francesca. Sátira e Intertextualidad en la Poesía Erótica de Frailes del Siglo de Oro. *Hispanófila*, v. 166, sep. 2012.

EISENBERG, Daniel; STAGG, Geoffrey. Entremés de los romances. *Cervantes – Bulletin of the Cervantes Society of America*, v. 22, n. 2, 2002.

ESCRIBANO, Federico Sánchez; MAYO, Alberto Porqueras. *Preceptiva Dramática Española, del Renacimiento al Barroco*. Madrid: Gredos,1972.

ESTEPA, Luis. *Teatro Breve y de Carnaval en el Madrid de Los Siglos XVII y XVIII: Estudios Sobre los Géneros Dramáticos del Baile y la Folla*. Madrid: Comunidad de Madrid, 1994.

FALCONIERI, John V. Historia de la Commedia Dell'Arte em España, *Revista de Literatura*, t XII, n. 23-24, 1957.

FERNÁNDEZ OBLANCA, Justo. *Literatura y Sociedad en los Entreméses del Siglo XVII*. Oviedo: Universidad de Oviedo, 1992.

FLECNIAKOSKA, Jean-Louis. *La Loa*. Madrid: SGEL, 1975.

GARCÍA LORENZO, Luciano (ed.). *Los Géneros Menores en el Teatro Español del Siglo de Oro: Jornadas de Almagro 1987*. Madrid: Ministerio de Cultura, 1988.

_____. TME: El Teatro Menor en España a Partir del Siglo XVI. *Actas del Coloquio*. Madrid: Casa de Velázquez, 20-22 mayo 1982/C.S.I.C., 1983.

GRANJA, Agustín de la. El Entremés y la Fiesta del Corpus, *Criticón*, n. 42, 1988.

GRANJA, Agustín de la; LOBATO, María Luisa. [1999]. *Bibliografía Descriptiva del Teatro Breve Español (Siglos XV-XX)*. Madrid/Frankfurt: Iberoamericana/Vervuert, 2013.

GERLI, Michael E. El Retablo de las Maravillas: Cervantes, Arte Nuevo de Deshacer Comedias, *Hispanic Review*, v. 57, n. 4, 1989.

GENNEP, Arnold van. *O Folclore*. Salvador: Progresso, 1950.

HUERTA CALVO, Javier (dir.). *Historia del Teatro Breve Español*. Madrid: Gredos, 2008.

HUERTA CALVO, Javier (coord.). *El Gran Mundo del Teatro Breve*. Madrid: Ínsula, 2000.

HUERTA CALVO, Javier. *El Teatro Breve en la Edad de Oro*. Madrid: Laberinto, 2001.

_____. *El Nuevo Mundo de la Risa: Estudios Sobre el Teatro Breve y la Comicidad en los Siglos de Oro*. Barcelona: José J. de Olañeta, 1995.

INDURÁIN, Carlos Mata. Panorama del Teatro Breve Español del Siglo de Oro. *Mapocho: Revista de Humanidades*, n. 59, 2006.

INDURÁIN, Carlos Mata (coord.). *"Estos Festejos de Alcides": Loas Sacramentales y Cortesanas del Siglo de Oro*. New York, IDEA, 2017.

JACK, William Shaffer. *The Early Entremés in Spain: The Rise of a Dramatic Form*. Filadelfia: University of Pennsylvania, 1923.

JAMMES, Robert. La Risa y su Función Social en el Siglo de Oro. *Risa y Sociedad en el Teatro Español del Siglo de Oro*. Paris: CNRS, 1980.

KAMEN, Henry. *Cambio Cultural en la Sociedad del Siglo de Oro*, Madrid: Siglo XXI, 1998.

LLOYD, Paul M. *Verb-Complement Compounds in Spanish*. The Hague: De Gruyter Mouton, 2015. (Reprint.)

LOBATO, María Luisa. Medicine, Literature and Culture in the Early Modern Hispanic World, monográfico de la revista *eHumanista*, no prelo.
____. *La Jácara en el Siglo de Oro Español: Literatura de los Márgenes*. Colección Escena Clásica. Madrid/Frankfurt: Iberoamericana/Vervuert. (en prensa)
____. Figuronas de Entremés. In: GARCÍA LORENZO, L. (ed.). *El Figurón: Texto y Puesta en Escena*. Madrid: Fundamentos, 2007.
____. *Loas, Entremeses y Bailes de Agustín Moreto*. 2 v. Kassel: Reichenberger, 2003.
____. Mecanismos Cómicos en los Entreméses de Calderón. In: APARICIO MAYDEU, Javier (ed.). *Estudios Sobre Calderón*. 2. v. Madrid: Ediciones Istmo, 2000. (Colección Fundamentos.)
____. Dos Nuevos Entreméses para Juan Rana. In: STROSETZKI, Christoph (ed.). *Studia Hispanica (Münster) Teatro Español del Siglo de Oro. Teoría y Práctica*. Frankfurt/Madrid: Vervuert/Iberoamericana, 1998.
____. Un Actor en Palacio, Felipe IV Escribe Sobre Juan Rana. *Cuadernos de Historia Moderna*, n. 23, 1999.
LOPES DE ARAÚJO, Patrícia Vargas. *Folganças Populares: Festejos de Entrudo e Carnaval em Minas Gerais no Século XIX*. São Paulo/Belo Horizonte: Annablume/Fapemig, 2008.
LÓPEZ-VÁZQUEZ, Alfredo Rodríguez. Epiteatro, Hipoteatro y Metateatro en el Siglo de Oro. *Teatro de Palabras*, n. 5, 2011.
____. Hipoteatro, Epiteatro y Metateatro na Dramaturgia de García Lorca. In: RUIZ, Pedro Guerrero (coord.). *Federico García Lorca en el Espejo del Tiempo*. Alicante: Aguaclara, 1998.
MACHADO DE ASSIS, Joaquim Maria. *Obras Completas III: Poesia*. LL Library, 2015. (eBook.)
MADROÑAL DURÁN, Abraham. Comicidad Entremesil en Comedias de Algunos Dramaturgos del Siglo de Oro. *Bulletin of Spanish Studies*, v. 90, n. 4-5, 2013.
MARAVALL, José Antonio [1975]. *A Cultura do Barroco*, São Paulo: Edusp, 2009.
MARTÍNEZ LÓPEZ, María José. *El Entremés: Radiografía de un Género*. Toulouse: Presses Universitaires du Mirail, 1997.
MATA INDURÁIN, Carlos. Panorama de Teatro Breve Español del Siglo de Oro. *Mapocho*, n. 59, 2006.
MATTZA CARMELA, V. Écfrasis Discursiva y Metateatro: Rodamonte em el "Entremés" del viejo celoso. *Pictavia aurea: Actas del IX Congreso de la Asociación Internacional Siglo de Oro*. Poitiers, 11-15 jul. 2011.
MIGUEL, Víctor Infantes. *Las Danzas de la Muerte: Génesis y Desarrollo de un Género Medieval (Siglos XIII-XIV)*. Salamanca: Ediciones Universidad de Salamanca, 1997.
MILLÁN,Martínez; CONTI, Fernández (eds.). *La Monarquia de Felipe II: La Casa del Rey*. Madrid: Fundación Mafre, 2005.
MILLÉ Y GIMÉNEZ, Juan. *Sobre la Génesis del Quijote*. Barcelona: Araluce, 1930.
OJEDA CALVO, María del Valle. Nuevas Aportaciones al Estudio de la *Commedia Dell'Arte* en España: El Zibaldone de Stefanello Bottarga. *Criticón*, v. 63, 1995.
OROZCO, Sebastián de Covarrubias. *Tesoro de la Lengua Castellana o Española*. Madrid: Luis Sanchez, 1611.
PEDRAZA, Felipe; GONZÁLEZ CAÑAL, Rafael; MARCELLO, Elena E. (eds). *El Entremés y Sus Intérpretes*. Ciudad Real: Universidad de Castilla-La Mancha, 2017.
PÉREZ LÓPEZ, José Luis. El Romance Morisco *Ensíllenme el Potro Rucio*, Atribuido a Liñan, y su Parodia. *Revista de Filología Española*, v. XCII, n. 1, 2012.
PÉREZ DE LEÓN, Vicente. *Histéresis Creativa: La Injusticia Distributiva en el Origen de la Cultura Espectacular de la Corte Barroca, el Entremés Nuevo y la Estética Picaresca*. Chapel Hill: University of North Carolina Press, 2015.
____. *Tablas Destempladas: Los Entreméses de Cervantes a Examen*. Alcalá de Henares: Biblioteca de Estudios Cervantinos, 2005.

PUGA, Pedro Herrera. *Sociedad y Delincuencia en el Siglo de Oro*. Madrid: Editorial Católica, 1974.

RAPOSO, Francisco Sáez. *Juan Rana y el Teatro Cómico Breve del Siglo XVII*. Madrid: Fundación Universitaria Española, 2005.

RECOULES, Henri. *Les Intermèdes des collections imprimées. Vision caricaturale de la société espagnole au XVIIème siècle*. Tese Doutoral, Université de Lille III, Lille, 1973.

REED, Cory. *The Novelist as Playwright*. New York: Peter Lang, 1993.

RIERA, Jorge Braga. *Classical Spanish Drama in Restoration English (1660-1700)*. Amsterdam/Philadelphia: John Benjamins, 2009.

ROBERTS, Edward A. *A Comprehensive Etymological Dictionary of the Spanish Language with Families of Words based on Indo-European Roots*. Bloomington: Xlibris, 2014.

RODRIGUEZ CUADROS, Evangelina; TORDERA, Antonio. *Escritura y Palacio. El Toreador de Calderón*. Kassel: Reichenberger, 1985.

_____. *Calderón y la Obra Corta Dramática del Siglo XVII*. London: Tamesis Books Limited, 1983.

RODRÍGUEZ LÓPEZ-VÁZQUEZ, Alfredo. Un Tríptico Presuntamente Cervantino: La Jerusalén, Los Habladores y el Auto de la Virgen de Guadalupe. *Revista di Filologia e Letterature Ispaniche*, v. XIV, 2011.

RODRÍGUEZ MARÍN, Francisco. *El alma de Andalucía en sus mejores coplas amorosas*. Madrid: [S.N.], 1929.

ROMERA CASTILLO, José. Los Entreméses y el Descubrimiento de América. In: ARELLANO, I. (ed.). *Las Indias (América) en la Literatura del Siglo de Oro. Homenaje a Jesús Cañedo: Actas del Congreso Internacional. Pamplona, 15-18 enero 1992*. Kassel: Reichenberger-Gobierno de Navarra, 1992.

SÁEZ RAPOSO, Francisco. *Juan Rana y el Teatro Cómico Breve del Siglo XVII*. Madrid: Fundación Universitaria Española, 2005.

SFORZA, Nora H. *Teatro y Poder Político en el Renacimiento Italiano (1480-1542)*. Buenos Aires: Letra nomada, 2008

VAREY, John Earl; SHERGOLD, Norman David. *Teatros y Comedias en Madrid 1651-1665: Estudio y Documentos*. London: Tamesis Books Limited, 1973.

VERSTEEG, M. (dir.). Em Torno al Teatro Breve. *Foro Hispánico*, n. 19. Amsterdam/Atlanta: Rodopi, 2001.

VITSE, Marc. Burla e Ideología en los Entreméses. *Los Géneros Menores en el Teatro Español del Siglo de Oro*, 1988.

WARDROPPER, Bruce W. El Entremés Como Comedia Antigua em La Comedia Española del Siglo de Oro. In: OLSON, Elder. *Teoría de la Comedia*. Barcelona: Ariel, 1978.

YNDURÁIN, Domingo. Rinconete y Cortadillo: De Entremés a Novela. *Boletín de la Real Academia Española*, v. 46, 1966.

ZAMORANO HERAS, Miguel Ángel. El Motivo del Engaño en Cuatro Entreméses Cervantinos. La Pluma es la Lengua del Alma. In: VV.AA. (ed.). *Actas del IX Congreso de la AIC*. São Paulo, 2015.

ZAMORANO, Miguel Ángel. Subversión y Censura en el Entremés Carnavalesco. *Hipogrifo – Revista de literatura y cultura del Siglo de Oro*, v. 8, n. 1, 2020.

Edições Críticas

AVELLANEDA, Francisco. *El Teatro Breve de Francisco de Avellaneda: Estudio y Edición*. Edición de Gema Cienfuegos Antelo. Madrid: Fundación Universitaria Española, 2006.

CALDERÓN DE LA BARCA, Pedro. *Teatro Cómico Breve*. Edición de María Luisa Lobato. Kassel: Reichenberger, 1989.

____. *Entremeses, Jácaras y Mojigangas*. Edición de Evangelina Rodríguez Cuadros e Antonio Tordera. Madrid: Castalia, 1983.
MORETO, Agustín. *Loas, Entremeses y Bailes de Agustín Moreto*. 2. v. Edición de María Luisa Lobato. Kassel: Reichenberger, 2003.
QUIÑONES DE BENAVENTE, Luis. *Entremeses Completos I. Jocoseria*. Edición de Ignacio Arellano; Juan Manuel Escudero; Abraham Madroñal Durán. Navarra/Frankfurt: Universidad de Navarra/Iberoamericana/Vervuert, 2001.
____. *Nuevos Entremeses Atribuidos a Luis Quiñones de Benavente*. Edición de Abraham Madroñal Durán. Kassel: Reichenberger, 1996.
SALAZAR Y TORRES, Agustín. *Dramaturgia y Espectáculo del Elogio: Loas Completas de Agustín de Salazar y Torres*. 2. v. Edición de Judith Farré Vidal. Kassel: Reichenberger, 2003.
SUÁREZ DE DEZA, Vicente. *Teatro Breve*. 2. v. Edición de Esther Gutiérrez. Kassel: Reichenberger, 2000.
VEGA, Lope de. *Arte Nuevo de Hacer Comedias*. Edición de Enrique García Santo-Tomás. Madrid: Cátedra, 2006.
VÉLEZ DE GUEVARA, Luis. *Teatro Breve*. Edición de Héctor Urzáiz Tortajada. Madrid/Frankfurt: Navarra/Iberoamericana/Vervuert, 2002.
ZAMORA, Antonio. *Teatro Breve (Entremeses)*. Edición de Rafael Martín Martínez. Madrid/Frankfurt: Navarra/Iberoamericana/Vervuert, 2005.

Antologia

ANTOLOGÍA *del Entremés Barroco*. Edición de Celsa Carmen García Valdés. Barcelona: Plaza y Janés, 1985. (Nueva ed. Madrid: Libertarias/Prodhufi, 2003.)
ANTOLOGÍA *de Entremeses del Siglo de Oro*. Edición de Ignacio Arellano e Celsa Carmen García Valdés. Madrid: Austral, 2009.
ANTOLOGÍA *del Teatro Breve Español del Siglo XVII*. Edición de Javier Huerta Calvo. Madrid: Biblioteca Nueva, 1999.
ANTOLOGÍA *del Teatro Español del Siglo XVI: Del Palacio al Corral*. Edición de Alfredo Hermenegildo. Madrid: Biblioteca Nueva, 1998.
COLECCIÓN *de Entremeses, Loas, Bailes, Jácaras y Mojigangas Desde Fines del Siglo XVI a Mediados del XVIII*. 2. v. Edición de Emilio Cotarelo y Mori. Madrid: Bailly-Baillière, 1911. (Edición de Emilio Cotarelo y Mori; José Luis Suárez García; Abraham Madroñal Durán. Facsímil con estudio preliminar e índices. Granada: Universidad de Granada, 2000.)
TEATRO *Breve de la Edad Media y del Siglo de Oro*. Edición de Jesús Maire Bobes. Madrid: Akal, 2003.
TEATRO *Breve de los Siglos XVI y XVII*. Edición de Javier Huerta Calvo. Madrid: Taurus, 1985.
TEATRO *Breve de los Siglos de Oro: Antología*. Edición de Catalina Buezo. Madrid: Castalia, 1992.
TEATRO *Breve del Siglo de Oro*. Edición de Ignacio Arellano. Barcelona: Penguin, 2016.
TEATRO *Breve del Siglo de Oro*. Edición de Antonio Rey Hazas. Madrid: Alianza, 2002.

Internet

APUNTES *Sobre la Loa Sacramental y Cortesana: Loas Completas de Bances Candamo*. Estudios y ediciónes críticas. Volumen dirigido por Ignacio Arellano, Kurt Spang e M. Carmen Pinillos. Kassel: Reichenberger, 1994. Disponível em: <http://dadun.unav.edu/>.

GONZÁLEZ MAESTRO, Jesús. Las Formas de lo Cómico en los Entreméses de Quevedo. *La Perinola*, v. 12, 2008. Disponível em: <http://dadun.unav.edu/>.

GRUBBS, Anthony H. Major Changes in "Minor" Theater: Luis Quiñones de Benavente's Dramatization of Dramatic Theory and its Effects on the Interlude in Early Modern Spain. *Hispanofila-Chapell Hill*, v. 151. Disponível em: <http://romlpub.unc.edu/>.

LOBATO, María Luisa. Historiografía de los Géneros Teatrales Breves Áureos: Hacia la Concepción de la Fiesta Teatral en su Conjunto. *Teatro de Palabras*, n. 6, 2012. Disponível em: <https://www.uqtr.ca/>.

LISTERMAN, Randall W. La Commedia dell'Arte: Fuente Técnica y Artística en la Dramaturgia de Lope de Rueda. In: GORDON, A.M.; RUGG, E. (ed.). *Actas del Sexto Congreso Internacional de Hispanistas*, Toronto, 22-26 ago. 1977. Toronto: University of Toronto, 1980. Disponível em: <http://cvc.cervantes.es>.

MADROÑAL DURÁN, Abraham. Estado Actual de los Estudios Sobre Teatro Breve del Siglo de Oro. *Arbor*, v. CLXXVII, n. 699-700, mar.-abr. 2004. Disponível em: <http://arbor.revistas.csic.es/>.

____. Suplemento al Catálogo de Entremeses de la Real Academia Española. *Boletín de la Real Academia Española*, n. 78, 1998. Disponível em: <http://www.cervantesvirtual.com/>.

____. Estructuras Teatrales de la Comedia en el Entremés Barroco. In: CAMPBELL, Y. (ed.). *El Escritor y la Escena VI: Estudios Sobre el Teatro Español y Novohispano de los Siglos de Oro*. [*Estructuras Teatrales de la Comedia*]. Ciudad Juárez: Universidad Autónoma de Ciudad Juárez, p. 167-178, 1998b, disponível em: <http://www.cervantesvirtual.com/>.

____. Catálogo de Entremeses de la Biblioteca de la Real Academia Española. *Boletín de la Real Academia Española*, n. 75, 1995. Disponível em: <http://www.cervantesvirtual.com/>.

MORY, Emilio Cotarelo y. *Colección de Entremeses, Loas, Bailes, Jácaras e Mojigangas*, 1911. Disponível em: <https://archive.org/>.

OLIVA, César. Tipología de los "Lazzi" en los Pasos de Lope de Rueda. *Criticón*, n. 42, 1988. Disponível em: <http://cvc.cervantes.es/l>.

RUBIO SAN ROMÁN, Alejandro. Aproximación a la Bibliografía Dramática de Luis de Belmonte Bermúdez. *Cuadernos para Investigación de la Literatura Hispánica*, n. 9, 1988. Disponível em: <http://www.cervantesvirtual.com/>.

SENABRE SEMPERE, Ricardo. Píramo y Tisbe, Entremés Inédito de Alonso de Olmedo. *Anuario de Estudios Filológicos*, v. 4, 1981. Disponível em: <https://dialnet.unirioja.es/>.

SERRALTA, Frédéric. Juan Rana Homosexual. *Criticón*, n. 50, 1990. Disponível em: <http://cvc.cervantes.es/>.

TEATRO Breve del Siglo de Oro. *Criticón*, n. 37, 1987. Disponível em: <http://cvc.cervantes.es/>.

VEGA GARCÍA-LUENGOS, Germán. Teatro e Imprenta en Sevilla Durante el Siglo XVIII: Los Entreméses Sueltos. *Archivo Hispalense*, v. 74, n. 226, 1991. Disponível em: <http://www.cervantesvirtual.com/>.

Este livro foi impresso na cidade de São Bernardo do Campo,
nas oficinas da Paym Gráfica e Editora, em fevereiro de 2020,
para a Editora Perspectiva